질문이 답이 될 때

질문이 답이 될 때

지은이 | 장창수
초판 발행 | 2021. 5. 21

등록번호 | 제1988-000080호
등록된 곳 | 서울특별시 용산구 서빙고로 65길 38
발행처 | 사단법인 두란노서원
영업부 | 2078-3352 FAX | 080-749-3705
출판부 | 2078-3331

책값은 뒤표지에 있습니다.
ISBN 978-89-531-4014-1 03230   Printed in Korea

독자의 의견을 기다립니다.
tpress@duranno.com www.duranno.com

질문이 답이 될 때

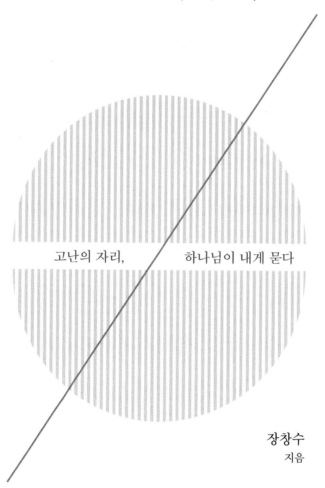

고난의 자리,　　하나님이 내게 묻다

장창수
지음

두란노

2부

질문이 있다면
아직 희망이 있다

3부

질문하는 이를 알면
답이 보인다

오늘 우리는 많은 질문을 안고 살아갑니다. 그러나 이 질문들은 얼마나 중요할까요? 당신은 하나님이 물으신 질문들에 직면해 보았습니까? 여기 저자는 성경에서 하나님의 질문을 찾습니다. 그리고 그 질문들에 대한 해답을 시도합니다. 성경이 묻고 성경이 해답하게 한 것입니다. 그래서 이 책에서는 인생의 근본 문제가 다루어집니다.

여기 단순한 설교를 넘어선 삶의 근본 물음 앞에 섭니다. 저자는 설교 형식을 빌려 현대인과 대화를 시도합니다. 그리고 우리를 궁극적 존재이신 하나님 앞으로 인도합니다.

이 책은 복음 전도의 훌륭한 증언이 될 수 있고, 이미 믿는 성도들의 삶의 길잡이가 될 수도 있습니다. 성경적 근거와 현대적 이야기가 우리를 긴장하게 합니다. 그리고 우리가 믿음으로 살아야 할 이유를 설득합니다. 좋은 책으로 이야기하는 장창수 목사의 인도를 따라 보십시오. 당신의 가장 중요한 질문에 대한 해답을 찾을 것입니다. 삶의 곤고함에 힘들어하는 이들에게 이 귀한 책을 추천합니다.

이동원 목사 지구촌교회 원로 / 목회리더십센터 대표 설교학 교수로서 자주 받는 요청이 있습니다. 그것은 '우리나라에서 설교 잘한다고 생각하는 설교자들 서너 명만 말해 달라'는 것입니다. 그럴 때마다 늘 떠올리는 설교자가 있습니다. 그가 바로 대구 대명교회의 장창수 목사입니다. 설교 잘하는 이들 중 한 명으로 즐겨 소개하는 그가 소중한 작품을 하나 선보였습니다.

제가 아는 장창수 목사는 타고난 설교자입니다. 설교의 전달 (Preaching)도 탁월하지만, 설교의 내용(Sermon)도 설교자들이 배울 만한 요소들을 두루 갖추고 있습니다. 《질문이 답이 될 때》라는 설교문 속에서 분석해 본 장창수 목사 설교의 장점은 다음과 같습니다.

첫째, 그의 설교는 성경 '본문에 충실합니다'(Biblical). 성경 원문에 대한 설명과 공신력 있는 학자들의 견해들이 자주 등장합니다. 이럴 경우 자칫 설교가 딱딱할 가능성이 있겠으나, 이해하기 쉬운 예증들을 통해 청중에게 잘 들리게 하는 재능이 있습니다.

둘째, 그의 설교는 본문 속의 문제 있는 인물들에 대해서 정죄하고 비난하는 입장이 아닌, 그들 입장에서 '생각하고 배려하는 따뜻함'(Thoughtfulness & Warmth)을 선보입니다. 이는 듣는 이들로 하여금 설교자에게 신뢰와 존경심을 갖게 하는 장점이 있습니다.

셋째, 그의 설교는 자비로우신 하나님을 주인공으로 소개하는 '하나님 중심의 설교'(Theocentric Sermon)입니다. 하나님보다 본문 속 인물을 주인공으로 등장시키는 설교(Anthropocentric sermon)들이 많은 현실에서 모범이 되는 설교의 방향이라 평가됩니다.

넷째, 그의 설교는 한 지붕 세 가족인 삼대지 설교가 아니라 설교의 제목에서 던지는 질문에 대한 구체적 해답으로 자연스럽게 흘러가는 '원 포인트의 설교'(One point Sermon)입니다.

다섯째, 그의 설교는 강해 설교를 이루는 두 가지 중요한 요소 중 하나인 '적용'(Application)이 강점입니다. 적용 없는 설교는 강해 설교가 아닙니다. 본문의 핵심적 내용도 중요하지만, 그것을 오늘의 청중에게 적용하는 것 역시 필수적이기 때문입니다.

여섯째, 그의 설교는 감칠맛 나고 감동적인 '예증과 예화들의 보고'(Precious Illustration)입니다. 예화는 설교의 수단 정도가 아니라 설교 그 자체를 구성하는 중요한 요소 중 하나이므로 결코 무시할 수 없습니다.

일곱째, 그의 설교는 청중의 긴장을 풀어 주고 그들과 설교자를 하나 되게 해 주는 '적절한 유머'(Humor)가 약방의 감초 역할을 합니다.

여덟째, 그의 설교는 '간결함'(Brevity)이 특별한 장점으로 평가됩니다. 문장이 길고 복잡한 설교는 잘 들리지 않습니다. 하지만 장창수 목사의 설교문은 단문으로 되어 있기 때문에 독자와 청중에게 쉽게 전달되는 매력이 있습니다.

아홉째, 그의 설교는 강압적으로 몰아붙이거나 권위적으로 도전하는 형태가 아닌, 주로 질문을 통해 스스로 답을 떠올려 적용하게 하는 '개방 결론'(Open Ended) 방식을 사용하고 있습니다. 자발적인 순종과 결단과 헌신을 유발케 만들 수 있는 설교가 수준 높은 설교입니다.

이처럼 그의 설교 속에는 설교자가 갖추어야 할 필수 장점들이 많이 들어 있음을 보았습니다. 따라서 모든 설교자들이 배우고 흉내 낼 수 있는 모범 설교로 이만한 책은 없기에 본서를 적극 추천합니다. 뿐만 아니라 코로나19로 인해 하나님 앞에서 여러 가지 의문과 질문을 갖고 있는 성도들에게도 필독서로 강력하게 추천합니다.

신성욱 교수 아세아연합신학대학교 설교학

프레드릭 뷰크너(Frederick Buechner)는 자신의 고통스럽고 힘들었던 유년기와 청소년기의 경험을 토대로 쓴《하나님을 향한 여정》(요단출판사 역간)이란 책에서 누구나 피하고 싶은 아픈 삶에 대한 생각을 담고 있습니다. 그는 수많은 감추고 싶은 사건과 시간을 그대로 인정합니다. 그리고 자신의 인생 여정이 수많은 아픔과 실패에도 불구하고 찾아오신 하나님의 은혜와 사랑으로 여행할 만한 가치 있는 인생이 되었음을 고백합니다.

하나님은 인생들이 실패하고 힘들고 도저히 불가능한 현실 속에 있을 때 찾아오십니다. 이것이 어리석은 인간이 만든 세상 종교와는 다른 점입니다. '찾아오시는 하나님'이라는 문장은 우리 기독교를 잘 표현한 말이라고 할 수 있습니다. 하나님은 절망 가운데 있거나 문제 있는 인생을 찾아와 가장 먼저 '질문'을 던지십니다.

성경에는 하나님과 인간의 수많은 만남이 기록되어 있습니다. 찾아오신 하나님은 그들에게 회복과 은혜를 주기 위한 첫 단초를 질문으로 시작하셨습니다. 신학을 시작한 초기에는 '하나님의 질문'에 대해 두 가지 의구심이 들었습니다. 하나는, '하나님은 모든 것을 알면서 왜 질문을 하시는가'였고, 다른 하나는, '하나님은 왜 문제와 아픔을 한 번 더 확인시키며 힘들게 하시는가'였습니다. 그러나 성경에 대한 깊은 이해와 말씀의 묵상을 통해 하나님의 질문이 정말 중요하다는 것을 깨달았습니다. 하나님의 질문 속에는 인간이 가진 근본적인 문제와 답이 포함되어 있으며, 참으로 따뜻한 하나님의 마음과 위로 그리고 그분의 안타까워하시는 마음이 들어 있기 때문입니다.

지금 우리는 한 번도 경험해 보지 못한 충격과 절망의 코로나 팬데믹 시대를 살고 있습니다. '하나님의 뜻은 무엇일까?', '하나님이 무슨 말씀을 하실까?'를 묵상하지 않는다면 그리스도인이 아닐 것입니다. 이러한 고민과 묵상 중에 인간의 절망의 현장에 나타나 던지신 주님의 질문에 주목하게 되었습니다. 그동안 바라보았던 시각과는 다른 모습으로 다가왔고, 하나님의 질문 속에서 여전히 포기하지 않으시는 측량할 수 없는 은혜와 사랑을 느끼게 되었습니다. 질문에 담긴 의미와 주님의 사랑을 전하고 싶은 마음에 성도들에게 주일 메시지로 전하게 되었고, 주변의 간곡한 부탁으로 책을 내는 용기를 얻었습니다.

하나님에게는 모든 인생이 소중합니다. 죄가 크고 문제가 많은 인생이라도, 하나님은 그 사람을 소중히 여기십니다. 그 한 사람, 한 사람을 위해 하나님은 놀라운 구원의 계획을 세우셨습니다. 무엇보다 하나님은 절망 가운데 있는 인생을 찾아가십니다. 저는 이 책에 참으로 소중한 그 사람을 향한 하나님의 마음을 담으려고 했습니다.

하나님의 질문 속에는 삶의 다양한 문제를 해결하시기 위한 의미가 내포되어 있습니다. "네가 어디 있느냐", "네가 무엇을 보느냐", "네가 나를 사랑하느냐", "여호와께 능하지 못한 일이 있겠느냐" 등, 수많은 문제를 안고 살아가는 성도들에게 던지시는 질문을 통해 우리는 우리를 향한 하나님의 마음이 무엇인지를 깨달을 수 있어야 합니다.

회복은 이 땅의 모든 문제 있는 사람들의 간절한 바람일 것입니다. 완벽한 회복은 우리를 찾아와 여전히 함께하시는 하나님만이 주실 수 있습니다. 성경에는 물론 더 많은 하나님의 질문이 나와 있지만, 본서에 담은 열여섯 가지 질문에 대한 정리가 회복에 목말라하는 이 땅의 많은 구도자와 성도들에게 작은 도움이 되었으면 좋겠습니다.

메시지를 선포하거나 책을 쓸 때마다 부족하고 무능한 사람에게 최고의 좋은 것으로 채워 주시는 하나님에게 모든 감사와 영광을 올려 드립니다. 그리고 이 책을 읽고 기쁨으로 추천사를 써 주신 존경하는 이동원 목사님께 감사를 드립니다. 한국 교회의 자산이며 위대한 설교자이십니다. 리버티(Liberty) 대학교에서의 설교학 수업을 통해 성경을 보는 눈과 설교의 틀을 가르쳐 주신 분입니다. 신성욱 박사님은 개인적으로 친형님같이 지내는, 늘 따뜻한 조언과 사랑을 아끼지 않는 참 좋으신 분입니다. 두 분의 추천의 글은 부족한 저에게 엄청난 영광이며 기쁨입니다.

책 출간을 따뜻함과 사랑으로 받아 준 두란노서원과 부족하고 투박한 글에 예쁜 옷을 입혀 주고 실무적인 고민과 수고를 아끼지 않은 출판부에 진심 어린 감사를 전합니다. 목회와 연구를 마음껏 할 수 있도록 도와준 사랑하는 대명교회 성도들과 부교역자들에게도 깊은 감사를 드립니다. 늘 평안과 위로를 주는 아내 지숙 그리고 하나님의 선물 유신, 효근의 이름도 떠올려 봅니다.

오늘도 찾아와 따뜻한 눈으로 잠잠히 지켜보고 물어 오시는 주님을 묵상하며,

2021년 5월 Gracecomplex에서
장창수 드림

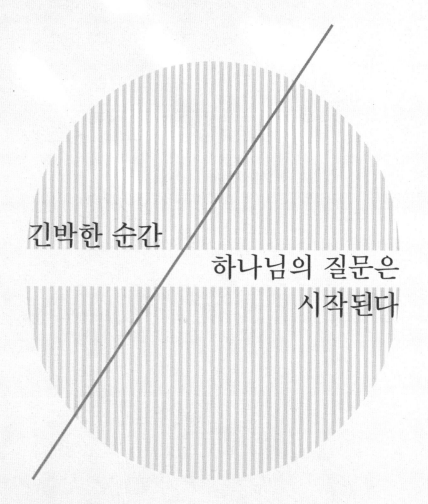

·1부·

긴박한 순간
하나님의 질문은
시작된다

01

관계를 지속하는
'회복의 질문'

"네가
　　어디 있느냐"

창 3:8-10

2020년에 발생한 코로나 팬데믹으로 인해 인류는 지금까지 한 번도 가 보지 못한 길고 긴 터널을 지나고 있습니다. 이것은 여러 가지 이유가 있겠지만, 영적으로는 교만과 탐욕으로 얼룩진 인류에 대한 하나님의 안타까운 경고가 아닌가 생각합니다.

미국 뉴욕에 가면 마천루(摩天樓)를 이루는 맨해튼이 있습니다. 맨해튼에는 엠파이어스테이트 빌딩을 비롯한 많은 관광지가 있습니다. 하지만 그곳에는 관광객들뿐 아니라 미국인들조차 지나가면서 고개를 돌리는 특별한 장소가 있습니다. 바로 타임스퀘어 근처 웨스트 42번가에 있는 '국가 부채 시계'입니다.

이 시계는 1989년, 시모어 더스트(Seymour Durst)라는 부동산 재벌이 설치했습니다. 처음 '국가 부채 시계'를 설치할 때 미국의 국가 부채는 약 2조 7천억 달러였습니다. 이후 미국의 나라 빚은 계속 불어나서 2020년에는 27조 달러를 넘어섰습니다. 이 시계 아래에는 가

구당 평균 부채 금액도 표시되어 있는데, 현재 미국의 한 가정 당 부채는 약 21만 달러, 우리 돈으로 2억 3천만 원쯤 된다고 합니다.

'국가 부채 시계'는 미국인들에게 엄청난 국가의 빚과 개인의 빚이 있다는 경각심을 일깨우기 위해 만든 것입니다. 지금도 이 시계에서는 미국의 부채가 늘어날 때마다 숫자가 올라가면서 '딸깍딸깍' 소리가 납니다. 이 같은 이유로 사람들은 이 시계가 보기 싫어 시계 근처로는 가지 않거나, 가더라도 고개를 돌려 버린다고 합니다.

성경은 사람들의 죄를 부채로 표현하는 경우가 많습니다. 그래서 '죄를 지었다'라는 말을 '빚을 졌다'라고 표현할 때가 있습니다. 예를 들면, 예수님이 가르쳐 주신 주기도문이 있습니다. 주기도문의 내용 중에 "우리 죄를 사하여 주시옵고"(마 6:12)의 '죄'가 헬라어 원문으로는 '부채'입니다. 즉, 원문의 정확한 의미는 '하나님, 우리 죄의 부채를 용서해 주십시오'라는 뜻이 됩니다.

인간은 창조 이후부터 지금까지 죄의 부채를 하나님 앞에 끊임없이 쌓아 가고 있습니다. '죄'는 헬라어로 '하마르티아'인데, 이 단어는 '과녁을 벗어나다'라는 의미가 들어 있습니다. 하나님이 원하시는 과녁에서 벗어난 것은 모두 죄입니다. 즉, 하나님의 말씀에 불순종하는 모든 것이 죄입니다.

앞서 언급한 '국가 부채 시계'처럼 오늘도 우리가 짓는 온갖 죄 때문에 하늘에 있는 죄의 부채 시계는 계속해서 늘어 가고 있을 수 있습니다. 이처럼 인간은 하나님 앞에 끊임없이 죄라는 부채를 쌓아 가고 있으며, 그 죄의 부채는 심각한 결과를 가지고 올 것입니다.

빚을 진 사람에게는 특징이 있습니다. 바로 사람을 피하고, 숨으려고 하는 것입니다. 이것이 인간의 본성입니다. 마찬가지로 하나님 앞에 죄의 부채를 진 사람들은 하나님을 무시하거나, 하나님이 없다고 하거나, 하나님을 떠나서 숨으려고 합니다. 태초에 하나님이 천지를 창조하실 때, 이 땅은 정말 아름답고 멋진 곳이었습니다. 사람과 하나님과의 관계 역시 좋았습니다. 성경은 하나님이 창조하신 모든 것이 "하나님이 보시기에 좋았더라"(창 1:4, 10, 12, 18, 21, 25)라고 말씀합니다. 영어 표현으로는 간단하게 'Good'입니다. 특별히 우리 사람을 만드신 후에는 얼마나 좋으셨던지 "보시기에 심히 좋았더라"(창 1:31)라고 말씀합니다.

하지만 하나님과 사람의 관계는 우리가 하나님 앞에 불순종함으로 멀어지게 되었습니다. 하나님이 우리와의 관계를 단절하신 것이 아니라, 죄의 부채를 쌓은 결과 사람들이 하나님의 진노를 받게 된 것입니다. 그러나 하나님은 진노를 받아 마땅한 우리를 여전히 포기하지 않으십니다.

창세기 3장 8절은 "그들이 그날 바람이 불 때 동산에 거니시는 여호와 하나님의 소리를 듣고 아담과 그의 아내가 여호와 하나님의 낯을 피하여 동산 나무 사이에 숨은지라"라고 말씀합니다. 여기서 '바람이 불 때'라는 표현은 히브리어로 '레 루아흐 하이욤'이라 하는데, '루아흐'는 '영적인 기운'이라는 뜻입니다. 이 표현은 레위기 26장, 신명기 23장, 사무엘하 7장 등 성경의 여러 곳에서 등장합니다. 모두 하나님이 임재하실 때 나타나는 신령한 기운을 가리킵니다.

'동산에 거니시는'이라는 말은 히브리어로 '미타 할레크'라 하는데, 이는 하나님의 임재를 표현한 것입니다. 하나님이 영적인 기운 속에 실제로 임하여 아담에게 나타나신 것입니다. 본문은, 아담과 하와는 죄로 인해 하나님을 피하려고 하는데 오히려 하나님이 아담과 하와를 찾아오신 상황입니다. 하나님 앞에 범죄함으로 말미암아 엄청난 죄의 빚을 지고 숨어 있는 인간에게 하나님이 나타나신 것입니다. 그 이유에 대해 마이어(F. B. Meyer)는 이렇게 설명합니다. "비록 인간은 죄를 지었지만, 하나님은 인간을 포기할 수 없었기에 적절한 시점에 그들을 찾아오신 것이다."

즉, 하나님이 아담에게 나타나 '네가 어디 있느냐'라고 물으신 가장 큰 이유는, 여전히 아담을 사랑하고 계셨기 때문입니다. 하나님이 사랑스런 음성으로 '나는 여전히 너를 포기하지 않았다'라고 말씀하시며 친히 죄인인 아담을 찾아오신 것입니다. 이 장의 제목은 하나님이 아담을 찾아가 가장 먼저 하신 질문인 동시에 우리 인류에게 던지신 첫 번째 질문입니다. 바로 '네가 어디 있느냐'라는 것입니다.

이것은 어떻게 보면 매우 쉬운 질문입니다. 하나님이 우리에게 '네가 어디 있느냐'라고 물으신다면, 우리는 집, 교회, 직장 등에 있다고 쉽게 대답할 수 있습니다. 부모들도 자녀에게 이렇게 질문할 때가 많습니다. 그런데 부모들이 이렇게 질문할 때는 자녀가 어디에 있는지를 알면서 물어보는 경우가 많습니다. 자녀의 음성만 듣고도 아이가 독서실에 있는지, 학원에 있는지, 아니면 PC방에 놀러 갔는지를 알아채는 것이 바로 부모입니다.

하나님이 아담에게 '네가 어디 있느냐'라고 물으신 질문에는 조금 다른 의미가 있습니다. 본문 말씀을 통해서 창조주 하나님이 죄인인 인간 아담을 향해 '네가 어디 있느냐'라고 물으신 뜻이 무엇인지를 함께 생각해 보고자 합니다.

믿음이 있어야 할 곳

일본인 오히라 미쓰요(大平光代)가 쓴 《그러니까 당신도 살아》(북하우스 역간)라는 책이 있습니다. 이 책은 저자의 자전적인 이야기를 담고 있습니다. 그녀는 중학교 1학년 때 왕따를 당해 자살을 결심합니다. 16세에는 야쿠자 두목의 아내가 됩니다. 22세에는 이혼을 당한 후 갈 곳이 없어 술집에서 일하는 신세가 됩니다. 어느 날 아버지의 친구가 술집에서 일하는 오히라 미쓰요를 보게 됩니다. 그는 그녀에게 "네가 왜 여기 있느냐?"라고 묻습니다. 이는 '네가 있어야 할 자리는 여기가 아니지 않느냐'는 물음입니다. 부모 곁에 있어야 할 네가 왜 이런 술집에 있느냐는 안타까운 질문입니다. 그 후 그녀는 자신이 있어야 할 곳은 그곳이 아님을 깨닫고 그 자리를 뛰쳐나옵니다. 그리고 주경야독(晝耕夜讀)하며 방송통신대 4학년 때 일본 사법고시에 합격해 변호사가 됩니다.

하나님이 범죄한 인간에게 가장 먼저 하신 '네가 어디 있느냐'는 질문은 책망과 경고의 의미가 아닙니다. '네가 내 말을 어기고 선악과를 먹었으니, 너를 찾아내어 벌을 주겠다'는 뜻이 아닙니다. 어긋난 길로 가는 자녀를 향해 '내 품으로 돌아오라'고 외치시는 창조주 하나님의 사랑의 음성입니다.

사람은 고난이 닥쳐와도, 심지어 죽음 앞에서도 있어야 할 자리에 있는 것이 명예이자 축복입니다. 2001년 9월 11일, 미국에서는 상상하지 못할 사건이 있었습니다. 바로 9.11 테러입니다. 이때 많은 사람들이 비행기가 돌진해 세계무역센터를 들이박는 실제 사건을 보면서도 믿지를 못했습니다. 그만큼 충격적인 사건이었습니다. 사건 직후, 뉴스에서는 수백 명의 사람이 빌딩에서 급하게 뛰쳐나오는 장면이 보도되었습니다. 그런데 건물이 곧 무너질 것 같은 매우 급박한 상황에서 거꾸로 쏜살같이 뛰어 들어가는 사람들이 있었습니다. 바로 소방관과 경찰들이었습니다. 건물에서 뛰쳐나오는 사람들과 달리, 죽음을 무릅쓰고 곧 무너질 것 같은 건물로 들어가는 소방관과 경찰들의 모습은 많은 사람들에게 커다란 울림을 주었습니다.

이처럼 위험하고 목숨을 잃을 수도 있지만 소방관이 있어야 할 자리는 사고 현장입니다. 만일 두려워서 밖에 머문다면, 그들은 평생 죄책감과 부끄러움 속에 살게 될 것입니다. 죽음의 현장이지만 '내가 있어야 할 자리'에 있던 소방관들은 자신에게 주어진 사명을 완수하게 됩니다. 설령 목숨을 잃더라도 자신의 자리를 포기하지 않은 명예를 얻게 되는 것입니다(바로 9.11 테러의 현장에서 900명이 넘는 소방관들이 목숨을 바쳤습니다). 하나님이 아담을 향해 하신 질문에는 '아담아, 네가 있어야 할 자리, 내 품으로 돌아와라'라는 의미가 들어 있습니다.

하나님을 떠난 성도의 인생에는 '두려움'이 나타납니다. 두려움은 타락한 인간의 모습입니다. '네가 어디 있느냐'는 하나님의 물음에 아담은 이렇게 대답합니다. "내가 동산에서 하나님의 소리를 듣고 내가 벗었으므로 두려워하여 숨었나이다"(창 3:10). 예수를 믿고 구원받은 사람에게서 나타나는 가장 큰 삶의 변화는 두려움이 사라진 것입니다. 창조주 하나님을 믿은 후에는 우리에게서 두려움이 사라지게 됩니다. 어떤 것도 하나님의 자녀인 성도들을 두려움에 얽매이게 할 수 없습니다. 예수님이 부활하신 이후 제자들에게 가장 먼저 하신 말씀이 바로 "너희에게 평강이 있을지어다 … 어찌하여 두려워하며"(눅 24:36, 38)였습니다. 이사야 41장 10절도 "두려워하지 말라 내가 너와 함께함이라 놀라지 말라 나는 네 하나님이 됨이라"라고 말씀합니다. 하나님이 함께하신다면 두려워하거나 놀라지 않아도 된다는 말씀입니다. 계속해서 "내가 너를 굳세게 하리라 참으로 너를 도와주리라 참으로 나의 의로운 오른손으로 너를 붙들리라"라고 말씀합니다.

두려움은 상황이 아닙니다. 하나님이 함께하신다면 어느 곳이든 두려워할 필요가 없습니다. 어떤 상황 속에서도 부모와 함께 있는 자녀는 두려워하지 않습니다. 부모가 함께 있으면 아이들은 높은 곳에서도 부모를 향해 그대로 뛰어내립니다. 그러나 부모가 없다는 것을 깨달으면 가만히 있어도 두려워서 울고 맙니다.

아담은 동산에서 거니시는 하나님의 소리를 듣고는 자신이 벗었으므로 두려워 숨어 버립니다. 하지만 실제로는 벗지 않았습니다. 창세기 3장 7절에 보면, 죄를 지은 후 "자기들이 벗은 줄을 알고 무화과나무 잎을 엮어 치마"로 삼았습니다. 그러나 아담은 여전히 부끄러움을 느낍니다. 무화과나무 잎을 엮어서 치마로 만들어 입고 있는데도 오히려 부끄러움이 심해집니다. 그래서 하나님이 두려워 숨어 버립니다.

창세기 2장 25절은 "아담과 그의 아내 두 사람이 벌거벗었으나 부끄러워하지 아니하니라"라고 말씀합니다. 하나님이 함께하시면 벌거벗고 있어도 두려워하거나 부끄러워할 필요가 없습니다. 그러나 하나님 곁을 떠나면 부끄러움이 찾아옵니다. 두려움은 우리가 있어야 할 자리에 없을 때 생기는 것입니다. 예수님을 믿고 진정으로 그분과 함께한다면, 우리 삶의 온갖 염려와 근심과 두려움은 사라질 것입니다.

예수를 믿기 전에는 헛되게 신경 써야 할 것들이 많습니다. 결혼식을 올릴 날도 함부로 정하면 안 됩니다. 이사도 마찬가지입니다. 손(損)이 있는 날인지, 없는 날인지 따지고 신경을 씁니다. 잠을 자는 것도 쉽지 않습니다. 머리는 동쪽으로 향하고 땅 아래로는 수맥이 없어야 한다고 합니다. 못도 함부로 박아서는 안 되고, 사람을 만날 때도 궁합을 봐야 합니다. 언뜻 보면 세상 사람들은 당당하게 살아가는 것처럼 보입니다. 하지만 하나님의 형상으로 지음 받은 사람이 하나님을 떠나면 헛된 미신에 사로잡힌 삶을 살게 됩니다. 하나님은 없다며 자기 마음대로 살아가는 것처럼 보이지만, 오히려 염려, 불안, 두려움에 얽매여 자유가 없습니다.

예수 믿는 우리는 헛된 미신들을 두려워할 필요가 없습니다. 하나님이 우리와 함께하시면 자유함이 있습니다. 프랑스의 실존주의 철학자 장 폴 사르트르(Jean Paul Sartre)는 인간의 자유에 관해 많은 연구를 한 유명한 석학으로 대통령보다 더 권위가 있었습니다. 한 예로, 그가 방송에 나와 어떤 이야기를 하면 모든 프로그램을 중단하고 그의 이야기를 실시간으로 중계할 정도였습니다. 그러나 인간의 존엄과 자유에 대한 그의 주장을 깊이 들여다보면 하나님을 부인하는 것

26

이었습니다.

그러던 중 1980년 3월, 사르트르는 파리의 부르세 병원에 폐수종(肺水腫)으로 입원을 하게 됩니다. 사실 당시에도 폐수종은 죽을 정도의 심각한 병은 아니었습니다. 그래서 아내는 사르트르에게 이 병에 대해서 자세히 이야기해 주지 않았습니다. 그런데 오히려 그는 자신이 죽을병에 걸렸다고 생각하면서 엄청난 불안감에 빠지게 됩니다. 위대한 철학자이자 존경받는 석학인 사르트르는 그때부터 공포에 떨기 시작합니다. 간호사에게 소리를 지르고 절규합니다. 결국 스스로 만들어 낸 공포에 얽매인 그는 한 달 만에 세상을 떠나고 맙니다.

이처럼 하나님 없이도 살아갈 수 있는 것처럼 보이는 대단한 사람도 결국에는 하나님과 함께 있지 않을 때 두려움과 부끄러움에 사로잡힐 수밖에 없습니다. 이것이 하나님을 떠나 숨고 피했던 인생의 마지막 모습입니다. 하나님은 죄로 인해 당신과 멀어지려 하는 부끄러움에 사로잡힌 인생을 향해 안타까운 마음으로 말씀하십니다. '네가 어디 있느냐?' 이것은 언제나 하나님과 함께 있어야 한다는, 우리에게 주신 사랑의 메시지입니다.

우리를 향한 하나님의 시선

창세기 3장 8절에서 아담과 하와는 하나님을 피해 동산 나무 사이에 숨습니다. 하지만 전지전능하신 하나님 앞에서는 숨을 곳이 없습니다. 인간의 짧은 생각으로 기껏 동산 나무 사이에 숨어서 하나님을 속이려 해서는 안 됩니다. 사람의 머리카락까지도 세시고, 우리의 모든 생각을 아시는 하나님 앞에 우리는 숨을 곳이 없음을 깨달아야 합니다.

우리는 인생을 살며 여러 가지 고난 또는 시험을 만나게 됩니다. 그때마다 우리의 의지만으로 그 시간을 이겨 낼 수는 없습니다. 여기서 우리가 잊지 말아야 할 사실은, '하나님이 보고 계신다'는 것입니다. 하나님이 보고 계신다는 것은 우리의 행동을 바꿀 수 있는 중요한 열쇠가 됩니다. 자신을 지키는 힘이 되기도 합니다. 우리가 어려울 때도 하나님이 알고 계시고, 우리에게 죄의 유혹이 있을 때도 하나님이 보고 계심을 깨달아야 합니다. 고난과 죄의 유혹은 자신의 의지만으로는 이겨 낼 수 없습니다. 우리는 스스로를 신뢰해서는 안 됩니다.

창세기 39장 9절에서 요셉은 보디발의 아내가 유혹할 때 이렇게 이야기합니다. "내가 어찌 이 큰 악을 행하여 하나님께 죄를 지으리이까." 즉, 하나님이 보고 계신다는 것입니다. '당신의 남편이자 나의 주인인 보디발은 모를 수 있습니다. 집에 함께 있는 여러 하인들의 눈은 속일 수 있습니다. 하지만 가장 중요한 것은, 하나님께서 보고 계신다는 사실입니다. 그런데 내가 어떻게 감히 하나님께 죄를 지을 수 있겠습니까'라는 요셉의 고백인 것입니다. 우리에게는 하나님 앞에서 숨을 곳이 없습니다.

위대한 종교 개혁가 존 칼빈(John Calvin)은 이렇게 이야기합니다. "우리의 삶을 여는 열쇠는 바로 '코람데오', 곧 '하나님 앞에서'이다." 그래서 칼빈이 늘 강조하는 것이 '우리는 하나님의 눈앞에 있는 존재'

라는 것입니다. 안상헌이라는 분이 쓴 《미치도록 나를 바꾸고 싶을 때》(북포스)라는 책이 있습니다. 저자는 자신의 책에서 '나'를 정말로 바꾸고 싶다면 '자극과 반응'을 기억하라고 조언합니다. 사람은 정말 잘 안 바뀝니다. 원망과 불평하는 모습을 바꾸고 싶은데 잘되지 않습니다. 여러 죄를 지으며 회개해도 다시 죄를 짓는 자신을 볼 때가 많습니다. 이때 자극과 반응이 중요하다는 것입니다. 우선 자신을 바꾸고 싶다면 큰 자극을 받아야 합니다. 우리가 죄를 지었을 때, 두 번 다시 죄를 지으면 안 되겠다는 강한 자극을 받아야 한다는 것입니다. 그리고 그 자극에 대한 반응은 겸손과 솔직함이어야 합니다. 우리는 하나님 앞에 선 존재로서, 하나님은 다 알고 계시기 때문에 회개하는 척을 하는 것이 아니라, 겸손과 솔직함으로 반응해야 자신을 바꿀 수 있다는 것입니다.

예를 들어, 어떤 아이가 학교에 가던 중 길에 도시락이 놓여 있는 것을 봅니다. 주위를 둘러봤지만 아무도 없습니다. 아이는 아무도 없다고 생각하고 도시락을 챙겨서 가려고 합니다. 그런데 갑자기 어디선가 "거기 놓아라"라는 음성이 들립니다. 놀란 아이는 도시락을 그 자리에 다시 둡니다. 잠시 후 다시 주위를 둘러봅니다. 여전히 아무도 없습니다. 자신이 소리를 잘못 들었다고 생각한 아이는 다시 도시락을 챙겨서 가려고 합니다. 그때 다시 "거기 놔둬라"라는 고함이 들립니다. 그제야 깜짝 놀라서 위를 쳐다보니 전봇대를 수리하는 아저씨가 위에서 자신을 내려다보고 있었습니다. 아이가 아무도 보지 않는다고 생각하고 가져가려던 도시락은 그분의 것이었습니다.

어떻게 보면 우리가 하나님 앞에 이런 존재입니다. 하나님은 위에서 다 보고 계시는데, 우리는 아무도 없다며 죄를 지으려고 합니다. 우리는 하나님의 눈을 피할 수 없습니다. 우리가 '하나님 앞에 선 존재'라는 뜻은 하나님이 보고 계시니 '꼼짝하지 마라'는 부담감이 아닙니다. 오히려 하나님이 보고 계시니 당당하고 떳떳할 수 있습니다. 죄악을 이길 힘이 생깁니다. 어려울 때마다 용기를 낼 수 있습니다. 왜냐하면 하나님이 우리의 모든 상황을 알고 계시며, 우리를 지금도 사랑스러운 눈길로 바라보고 계시기 때문입니다.

회개, 새로운 출발
===

하나님이 친히 죄인을 찾아와 '네가 어디 있느냐'라고 물으셨습니다. 사실 버림받은 인생이라면 하나님이 찾아오실 이유가 없습니다. 죄인들을 하나님이 다시 부르실 필요도 없습니다. 그런데 하나님은 아담을 다시 한 번 부르십니다. 바로 이 질문에는 '나는 여전히 너를 포기하지 않았다'라는 하나님의 사랑이 담겨 있습니다. 즉, 하나님은 아담에게 다시 한 번 회복할 기회를 주기 위해 이 질문을 하신 것입니다.

이러한 하나님의 사랑은 요한복음 21장에서도 찾아볼 수 있습니다. 예수님을 세 번이나 부인했던 베드로는 인생의 실패자가 되어 고향으로 돌아가 다시 어부의 일을 하고 있습니다. 하지만 밤새도록 물고기를 한 마리도 잡지 못합니다. 아마도 베드로는 예수님을 배반했다는 죄책감에 평생을 부끄러움과 두려움 속에 살아가야 했을 것입니다. 그때 부활하신 예수님이 베드로에게 찾아오십니다. 그리고 그물을 배 오른편에 던지라고 명하심으로 물고기를 잡을 수 있게 해 주십니다. 그 후에 예수님은 해변에서 떡과 생선을 구워 주십니다. 밤새도록 떨며 수고했지만 빈손이었던 제자들입니다. 죄책감으로 두려움에 떨던 실패한 제자들입니다. 그러나 예수님은 그들을 책망하지 않으셨습니다. 예수님이 제자들에게 처음 하신 말씀은 "와서 조반을 먹으라"(요 21:12)였습니다.

조반을 먹은 후에 예수님이 베드로에게 질문하십니다. "요한의 아들 시몬아, 네가 나를 사랑하느냐?" 이것은 '네가 어떻게 나를 세 번이나 부인할 수 있느냐' 하며 베드로를 책망하기 위해 하신 질문이 아닙니다. 베드로의 죄를 용납하신다는 의미도 아닙니다. 예수님의 방법은 베드로에게 새로운 책임을 주시는 것이었습니다. 베드로를 보고 안타까워하신 주님이 새로운 사명을 주기 위해 질문을 하신 것입니다. "요한의 아들 시몬아, 네가 나를 사랑하느냐? 그렇다면 내 어린 양을 먹여라. 또 내 양을 쳐라."

이처럼 하나님은 실수투성이에 죄인인 우리의 모습보다 회개하는 우리의 모습을 보십니다. 그러므로 우리는 실패 속에서도 철저히 회개함으로 하나님을 만나야 합니다. 그 실패를 인생의 새로운 터닝 포인트(Turning Point)로 삼아야 합니다. 그럴 때 우리는 실패가 변하여 기쁨이 되는 기적을 경험하게 될 것입니다. 요한복음 8장에서 간음하다가 현장에서 잡힌 여인도 마찬가지입니다. 예수님은 간음한 여인을 향해 "여자여 너를 고발하던 그들이 어디 있느냐 너를 정죄한 자가 없느냐"(10절)라고 물으십니다. 여인이 모두 떠나가고 없다고 대답하자 예수님은 이렇게 말씀하십니다. "나도 너를 정죄하지 아니하노니 가서 다시는 죄를 범하지 말라"(11절). 예수님이 죄를 용납하신다는 것이 아닙니다. 다시는 죄를 범하지 말라고 말씀하신 것입니다. 우리가 하나님 앞에 철저히 회개하고 죄악에서 결단해 돌이킬 때, 하나님은 우리에게 사명을 주십니다.

이현수 목사의 《위대한 실패》(규장)라는 책이 있습니다. 이 책에서 저자는 자신의 절망과 실패 속에서 깨달은 것을 말합니다. 요약하면 이렇습니다. ① 당신의 죄와 실패를 하나님 앞에 인정하라. ② 당신의 죄와 실패를 고백하고 회개하라. ③ 당신의 죄와 실패를 십자가에 못 박으라. ④ 당신의 죄와 실패에 대한 대가를 지불하라. 이것은 인과응보(因果應報)의 차원이 아닙니다. 우리가 감당하고 해결할 수 있는 문제들은 분명히 정산해야 합니다. 집착, 후회, 미련, 상처, 죄책감을 모두 털어 버리고 새 출발하라는 것입니다. 예수님은 그것을 원하십니다. 실패한 죄인들의 비참한 말로(末路)가 아니라, 철저히 회개한 다음 새로운 사명을 감당하기 원하시는 것입니다. 이것이 바로 하나님의 사랑입니다.

흔히 인류 역사상 가장 위대한 전도자를 빌리 그레이엄(Billy Graham) 목사라고 합니다. 이분은 많은 사람을 예수님에게로 인도해 영접하게 하고, 죄인들의 인생을 새롭게 출발할 수 있게 한 위대한 전도자입니다. 빌리 그레이엄 목사에 관한 여러 연구 중 그의 설교를 연구한 학자들의 공통된 이야기가 있습니다. 빌리 그레이엄 목사의 설교에 특별한 것은 없지만, 한 번도 빠짐없이 들어가는 구절이 있다는 것입니다. 바로 'God has prepared a great future for you', 곧 '하나님은 당신을 위해 위대한 미래를 준비해 놓으셨다'라는 구절입니다. 우리가 죄악 속에 빠져 헤매다 하나님의 곁을 떠나도, 하나님은 반드시 우리를 찾아와 포기하지 않고 이렇게 물으신다는 것입니다. '네가 어디 있느냐? 나는 너를 위해 위대한 미래를 준비해 놓았다.'

밤무대 색소폰 연주자에서 찬양 사역자로 거듭난 어느 목사님은 이렇게 고백합니다. "저는 모태 신앙으로 어릴 때부터 신앙 안에서 자라났습니다. 하지만 주님을 떠나고 하나님의 바운더리(boundary)를 떠나 부끄러운 아담처럼 살아왔습니다. 술집에서 색소폰 연주를 하고, 몇 푼을 벌면 또 술을 마시며 죄를 짓는 방황을 거듭했습니다. 그때 마음에 주신 찬양의 가사가 이것입니다. '나 어느 날 괴로워서 눈물로써 아뢸 때, 주님께서 나의 맘 아시고 위로하여 주셨네. 갈 길 몰라 방황할 때 들려오는 주의 음성. 나를 사랑한다는 그 말씀, 기쁨 되어 용기 주네.'"

죄악에 거하는, 도무지 자격 없는 그에게 '두려워하지 마라. 내가 너와 함께한다. 나는 너에게 더 좋은 미래를 준비해 놓았다'라고 말씀하시는 주님의 위로, 이것은 주님이 우리에게 하시는 말씀입니다.

하나님은 인류의 조상 아담에게만 '네가 어디 있느냐'고 질문하신 것이 아닙니다. 오늘 우리에게도 동일한 질문을 하십니다. 때로는 하나님 앞을 벗어나고 그분을 떠난 자들을 향해서도 포기하지 않고 찾아와 이렇게 질문하십니다. '네가 어디 있느냐' 우리가 이 질문을 받았다면, 그것은 하나님이 우리를 정죄하시는 것이 아니라, 우리에게 회복할 기회를 주시고 계신 것입니다.

02

**견고한 삶을 위한
'믿음의 질문'**

"네가 어디서 왔으며
어디로 가느냐"

창 16:6-11

미국의 제42대 대통령인 빌 클린턴(Bill Clinton)의 영적 멘토이자 이스턴(Eastern) 대학교의 사회학 교수로 재직하고 있는 토니 캠폴로(Tony Campolo) 목사는 《토니 캠폴로의 회복》(두란노 역간)이라는 자신의 저서에서 하나님의 속성에 대한 이야기를 소개하고 있습니다.

어느 기독교 대학에서 있었던 일입니다. 어느 날 교목에게 한 여학생이 눈물을 흘리며 찾아와 상담을 요청합니다. 상담의 내용은, 자신이 연애를 하던 중 임신을 했는데 그 소문이 학교 전체에 퍼졌다는 것입니다. 여학생은 이 사실이 엄한 아버지에게 알려지게 될 것이 너무도 무서워 도망가고 싶다고 말합니다. 이야기를 들은 교목은 여학생에게 자신이 직접 아버지에게 전화를 해 주겠다고 말하고는 바로 전화를 걸어 이렇게 말합니다.

"저는 따님이 다니는 학교의 교목입니다. 이제까지 따님을 지켜보았는데, 봉사활동도 많이 하는 참 좋은 따님을 두셨습니다."

그러자 아버지도 자기 딸이 참 착하고 좋은 아이라는 것을 잘 알고 있다고 말합니다. 아버지의 대답을 듣고 교목은 이렇게 말합니다.

"이제부터 30초 동안 아버님이 정말로 아버지라 불릴 자격이 있는지 제가 확인해 보겠습니다."

그러고는 이제까지 여학생에게 있었던 이야기를 아버지에게 모두 말합니다. 연애 중에 임신을 했는데, 지금 딸의 임신 사실이 학교 전체에 소문이 나서 도망가려 한다는 것을 이야기합니다. 교목의 이야기를 듣고 아버지는 눈물을 흘리며 이렇게 말합니다.

"그 아이는 어떤 경우에도 제 딸입니다. 저는 제 딸을 여전히 사랑합니다. 제 마음과 우리 교회에는 언제나 딸의 자리가 있을 것입니다. 딸아이에게 꼭 그렇게 말해 주십시오."

토니 캠폴로는 이야기를 이렇게 정리합니다.

"우리는 이해할 수 없지만, 이야기 속의 아버지처럼 하나님은 나와 같이 연약한 자를 필요로 하십니다. 그리고 어떤 경우에도 받아 주시는 분입니다."

우리는 살아가면서 종종 도망가고 싶을 때가 있습니다. 토니 캠폴로는 사람들이 현재 상황에서 도망가는 세 가지 이유를 이야기합니다. 첫째는, 실패와 실수로 인한 부끄러움 때문에 도망간다는 것입니다. 둘째는, 지금의 현실이 너무나 견디기 어려워 도망간다는 것입니다. 셋째는, 회복 가능성이 없고 이제 끝이라고 생각하면 도망간다는 것입니다.

창세기 16장에 나타나는 하갈의 사건은 삶의 실패와 실수 때문에 도망가고 싶은 사람들에게 우리에 대한 하나님의 깊은 사랑을 느끼게 해 주는 위로의 말씀입니다. 본문에 등장하는 하갈은 아브라함의 아내인 사라의 여종입니다. 그런데 여주인이었던 사라의 학대로 인해 도망자의 신세가 됩니다(하갈이라는 이름의 뜻 자체가 '도망자'라는 의미를 가지고 있습니다). 하갈은 하찮은 여종이었습니다. 자신의 실수로 인해 사라의 미움을 사서 도망칠 수밖에 없는 여인이었습니다.

'인싸'와 '아싸'라는 요즘 젊은이들이 사용하는 신조어가 있습니다. '인싸'라는 말은 영어 '인사이더'(insider)의 준말입니다. 즉, 무리 속에서 눈에 띄는 사람, 공동체를 주도적으로 이끌어 가는 사람을 일컬을 때 사용하는 단어입니다. 마치 주인공 같은 사람입니다. 반대로 '아싸'는 '아웃사이더'(outsider)의 준말입니다. 무리 밖을 겉도는 사람, 공동체에서 주목받지 못하는 하찮은 사람을 일컬을 때 사용하는 말입니다.

성경을 읽다 보면 성경에 등장하는 인물들은 모두가 '인싸'처럼 느껴집니다. 하나님은 늘 아브라함의 하나님, 이삭의 하나님, 야곱의 하나님, 요셉의 하나님이라고 말씀하시기 때문입니다. 아브라함과 이삭과 야곱 그리고 요셉은 믿음의 조상이었습니다. 하나님의 놀라운 계획의 주인공이었습니다. 많은 사람들의 주목을 받는 인물들이었습니다. 하지만 성경을 깊이 살펴보면, 하나님은 '아싸'에게도 동일한 관심을 가지고 계십니다. 하나님은 이삭에게만 관심을 가지고 계신 것이 아니라, 첩의 자식으로 태어난 이스마엘에게도 관심을 가지고 계십니다. 실패와 실수 속에 도망자의 신세가 된 하갈과 같은 여인에게도 깊은 관심을 두고 계십니다. 하나님은 하갈이 도저히 견딜 수 없어 도망을 간 시나이반도의 한 광야의 샘 곁으로 그녀를 찾아오십니다. 그리고 이렇게 물으십니다. "네가 어디서 왔으며 어디로 가느냐"(창 16:8).

창세기 16장의 내용은 이렇습니다. 하나님은 아브라함과 사라에게 자녀를 약속하셨지만, 그들에게는 오랫동안 자녀가 없었습니다. 그래서 자신들의 생각으로 하나님의 약속이 이제는 이뤄지지 않을 것 같다는 판단을 합니다. 이때 사라가 남편 아브라함에게 의견을 말합니다. 바로 애굽 출신인 자신의 여종 하갈을 통해 자녀를 얻자는 것입니다. 이것은 하나님의 계획이 아니었습니다. 아무리 아내의 의견이라도 하나님의 말씀을 어기는 비신앙적인 행동이라면 동의해서는 안 됩니다. 그러나 아브라함은 동의하고 맙니다. 이렇게 해서 하갈을 첩으로 맞아들이고, 그 후에 하갈이 임신을 하게 됩니다.

하지만 곧 문제가 생깁니다. 창세기 16장 4절은 "아브람이 하갈과 동침하였더니 하갈이 임신하매 그가 자기의 임신함을 알고 그의 여주인을 멸시한지라"라고 기록하고 있습니다. '멸시하다'라는 히브리어 '칼랄'이라는 단어 안에는 '가볍게 여기다, 하찮게 여기다, 경멸하다'라는 의미가 들어 있습니다. 여기서 하갈이 여주인 사라를 멸시한 것은 사무엘상 1장에 나오는 브닌나처럼 사라를 괴롭히고 비인격적으로 대했다는 의미가 아니라, 자신이 아브라함의 후손을 임신하고 있다는 자부심으로 여주인을 약간 낮춰보는 정도의 의미로 이해하면 좋을 것입니다.

하갈의 경멸의 눈을 느낀 사라는 가만히 있지 않았습니다. 그녀는 남편 아브라함에게 이렇게 말하며 따집니다. "내가 받는 모욕은 당신이 받아야 옳도다"(창 16:5). 아브라함에게도 문제가 있습니다.

사라와 하갈 사이에 문제가 있으면 그것을 정리하고 해결해 주는 것이 남편의 역할인데, 그는 오히려 이렇게 이야기합니다. "당신의 여종은 당신의 수중에 있으니 당신의 눈에 좋을 대로 그에게 행하라"(창 16:6). 아내 사라에게 '네 마음대로 하라'고 말한 것입니다. 그러자 사라는 곧바로 하갈을 학대합니다. '학대하다'는 히브리어로 '왓테 안네하'라 하는데, 이는 '고통을 주다, 벌을 주다, 굴복시키다'라는 뜻입니다. 이스라엘 백성이 애굽에서 받는 고난을 표현할 때도 이 단어가 사용되었습니다. 즉, 사라가 하갈을 아주 혹독하게 괴롭혔다는 것입니다. 하갈은 억울했을 것입니다. 자신은 아이를 임신한 것이 기쁘고 자부심도 들어서 상대적으로 여주인을 가볍게 멸시했을 뿐인데, 여주인 사라는 자기에게 고통과 모욕을 주고 굴복을 시켰다는 것입니다. 사라의 학대가 얼마나 심했던지 도저히 하갈이 견딜 수 없을 정도였습니다. 그래서 하갈은 그 고통을 피해 도망을 가 버린 것입니다.

본문에서 하갈이 있는 시나이반도의 샘 곁은 아브라함과 함께 있던 헤브론에서 자신의 고향인 애굽으로 돌아가는 길목이었을 것으로 보입니다. 도망친 하갈이 광야의 샘 곁에서 절망하고 있을 때, 본문에 따르면 하나님의 사자가 나타났습니다. 저명한 구약신학자인 폰 라드(Gerhard von Rad)에 따르면, 여기에서 하나님의 사자는 천사가 아니라 하나님이 잠시 인간의 모습으로 현현(顯現)하신 것으로서, 이는 장차 오실 예수 그리스도를 예시해 주는 것입니다. 즉, 하갈에게 나타나신 여호와의 사자는 구약에 나타나신 예수님이라는 것입니다.

이렇게 하나님이 주인을 멸시해서 학대를 당하다 더는 견디지 못하고 도망간 여종 하갈의 슬픔의 현장에 직접 나타나셨습니다. 그렇다면 하갈에게 하신 하나님의 질문에는 구체적으로 어떤 의미가 담겨 있는 것일까요?

'왜'가 아닌 '어떻게'

본문 8절은 "사래의 여종 하갈아 네가 어디서 왔으며 어디로 가느냐 그가 이르되 나는 내 여주인 사래를 피하여 도망하나이다"라고 말씀합니다. 이 질문은 하나님이 하갈이 어디에서 왔는지를 몰라서 물으신 것이 아닙니다. 여기에는 중요한 두 구절이 나옵니다. '에 밋제 바트'와 '웨아나 텔레키'입니다. '에 밋제 바트'는 '네가 어디서 왔느냐'는 질문으로 하갈의 과거에 대한 물음입니다. 그리고 '웨아나 텔레키'는 '너는 어디로 가느냐'는 질문으로 하갈의 미래에 대한 물음입니다. 즉, 하나님은 하갈에게 '네가 지금까지 살아온 삶과 네가 앞으로 걸어가려 하는 삶이 옳은지' 한번 돌이켜 보라는 것입니다. 이것은 오늘날 우리 모든 성도들에게 던지시는 하나님의 질문이기도 합니다.

성경은 하갈에 대해 간단하게 언급합니다. 애굽 출신이었고, 사라의 여종이었으며, 아브라함의 첩이었습니다. 유대 랍비 주석은 하갈에 대해서 좀 더 자세히 언급하는데, 그 내용은 이렇습니다. 창세기 12장에 보면 아브라함이 아내 사라와 기근(饑饉)을 피해 애굽으로 갑니다. 그런데 애굽 사람들이 사라의 아름다움에 반해서 그녀를 바로의 궁으로 들여보내게 됩니다. 하지만 아브라함과 사라의 후손을 통해 예수 그리스도의 탄생이라는 구속사를 계획하고 계신 하나님이 직접 개입해 사라를 다시 아브라함에게로 돌려보내십니다. 바로의 집에 재앙을 내리심으로 깨닫게 하신 것입니다. 이에 대한 보상으로 바로가 사라에게 주었던 여종이 하갈이었습니다. 처음에 사라와 하갈은 굉장히 사이가 좋았습니다. 관계가 얼마나 좋았던지, 남편에게 첩으로 주어 대를 잇게 할 정도였습니다.

이러한 상황들을 생각해 보면 하갈은 한 많은 여인일 수밖에 없습니다. 자신의 고향을 떠났습니다. 여종이자 첩의 신분입니다. 게다가 스스로 계획해서 주인을 유혹한 것이 아니라, 사라가 시켜서 임신을 하게 됩니다. 임신 후에 여주인을 조금 멸시한 것은 사실이지만, 그 대가가 너무도 큽니다. 상상할 수 없는 모욕을 받고, 고통을 당합니다. 그래서 견디지 못하고 도망을 갑니다. 인간적으로 생각하면 하갈에게는 큰 잘못이 없었습니다. 오히려 하갈을 학대한 사라나 그것을 말리지 않고 내버려둔 아브라함이 더 나쁜 것처럼 보입니다. 그런데 하나님의 관점은 다릅니다. 하나님의 관점에서 하갈의 잘못은 자신의 위치, 자신이 있어야 할 곳을 떠난 것이었습니다. 그래서 하나님은 하갈을 '사래의 여종 하갈'이라고 부르며 말씀하십니다.

하나님은 우리에게 '다움'과 '위치'라는 중요한 명제를 주셨습니다. 예를 들면, 성도는 성도의 위치에 있어야 하고, 그리스도인은 그리스도인다움이 있어야 합니다. 독일의 신학자인 랑게(J. P. Lange)는 자신의 주석에 이렇게 썼습니다. "'네가 어디서 왔으며 어디로 가느냐'는 하나님의 질문은 범죄한 인간이 자신의 현 위치를 파악하고 회개하기를 바라시는 눈물 어린 호소다." 이것은 자녀가 옳은 길로 가기를 원하는 부모의 간절한 마음으로 하나님이 하갈에게 던지시는 질문 이라는 것입니다. 범죄한 인간이 회개하기를 바라시는 하나님 아버지의 호소인 것입니다.

그러므로 그리스도인들은 비록 절망스러운 상황에 맞닥뜨린다 해도 그 상황 속에서 고통만을 바라봐서는 안 됩니다. 어려운 상황 속에서도 이 질문을 스스로에게 던져야 합니다. '내가 여기까지 어떻게 왔으며, 나는 앞으로 어디로 가야 하는가?' 그리고 이것은 우리 모두가 늘 생각해 봐야 할 질문입니다. 어떤 사람들은 스스로 이 질문을 했을 때 자신이 이제까지 온 인생의 여정이 '억울하다', '한 많은 인생이다', '나는 잘못한 것이 없다', '불행하다'라고 대답할 수 있습니다. 그러나 중요한 것은 우리의 생각이 아니라 하나님의 생각입니다.

사무엘하 11장 27절에 보면 다윗이 우리아를 죽이고 그의 아내 밧세바를 취한 것이 "여호와 보시기에 악하였더라"라고 기록되어 있습니다. 우리는 늘 자신의 기준으로 스스로를 판단합니다. 그렇기 때문에 늘 '나는 억울하다. 내가 뭐 그렇게 큰 잘못을 했나'라고 생각하기 쉽습니다. 하지만 우리는 하나님의 기준으로 스스로를 보는 자세가 필요합니다. 하갈은 직분을 망각했습니다. 주인을 멸시했습니다. 하갈의 마음에는 주인을 미워하는 쓴 뿌리, 상한 감정이 있었습니다. 하나님이 하갈에게 하신 질문은 '하갈아, 네 자신을 돌아봐라'라는 하나님의 준엄하신 말씀이었습니다.

《치유하심》(터치북스)의 저자인 박남주 목사는 어머니로부터 집착에 가까울 만큼의 특별한 사랑을 받고 자랐다고 합니다. 그가 태어나기 전 형이 한 명 있었는데 어릴 때 그만 죽고 말았기 때문입니다. 어머니는 큰아들의 죽음으로 마음의 상처를 받은 후 귀하게 얻은 막내아들이 바로 박남주 목사였습니다. 그런데 정작 어머니의 사랑은 어린 박남주 목사에게는 큰 부담으로 다가왔습니다. 그는 어릴 때 외톨이였습니다. 친구를 마음대로 사귈 수 없었습니다. 친구를 사귈 때마다 어머니는 그 친구에게 문제가 없는지를 확인한 후 마음에 들지 않으면 만나지 못하게 막았습니다. 그래서 그는 외로웠다고 말합니다.

고등학교 2학년 때 아버지가 병환으로 돌아가시자 아들에 대한 어머니의 집착은 더 강해졌습니다. 어머니는 사소한 것에도 모두 참견했습니다. 그가 조금만 잘못해도 '내가 너를 어떻게 키웠는데' 하면서 마음에 부담을 주었습니다. 어머니의 기준에 미치지 못할 때마다 구박을 받았습니다. 그러다가 박남주 목사는 고등학교 선배의 전도로 교회에 나가게 됩니다. 박남주 목사에게는 교회가 마치 피난처 같았다고 합니다. 그래서 거의 교회에서 살다시피 합니다.

그러던 중 성탄절을 앞둔 12월 21일, 텅 빈 교회에서 박남주 목사는 평생 잊지 못할 체험을 하게 됩니다. 성탄 준비를 마치고 모두가 떠난 예배당의 차가운 마룻바닥에 홀로 앉아 있는데 주님이 박남주 목사를 찾아오신 것입니다. 바로 성령 체험이었습니다. 성령 체험의 첫 단계는 자신에 대한 회개였습니다. 성령님이 찾아와 그동안 보지 못했던 것, 깨닫지 못했던 것을 알게 하셨습니다. 박남주 목사는 이제까지 자신만이 외롭고 어머니는 자신을 힘들게 할 뿐이며, 주위의 모든 상황이 괴롭게만 여겨졌습니다. 그런데 주님을 만난 뒤에 깨달게 된 것은, 어머니를 비롯한 주변 사람이 아닌 바로 자신이 문제라는 것이었습니다. 어머니에게 함부로 말했던 것, 불효한 것 등 자신의 죄악을 깨닫게 된 것입니다. 그래서 밤새도록 통곡하며 하나님 앞에서 회개합니다. 자신이 지나온 길에 대해서 회개하고, 앞으로 하나님의 영광을 위해 살겠다고 다짐을 합니다.

박남주 목사는 책에서 이렇게 말합니다. "주님을 만나기 전에는 상처받은 나만 보였습니다. 그러나 주님이 찾아오신 후에는 상처 주는 나를 보게 되었습니다." 이처럼 '네가 어디서 왔으며 어디로 가느냐'는 질문은 우리를 끝까지 사랑하시며, 우리가 회개하고 새로운 삶을 살기 원하시는 하나님의 따뜻한 음성입니다.

옳음은 울음을 가치 있게 한다

창세기 16장 9절은 "여호와의 사자가 그에게 이르되 네 여주인에게로 돌아가서 그 수하에 복종하라"라고 말씀합니다. 하갈의 입장에서는 다시 돌아가기 싫은 길입니다. 하갈이 순종하기 쉬운 말씀이 아닙니다. '하나님, 견딜 수 있었으면 도망치지 않았을 겁니다. 오죽하면 도망쳤겠습니까?'라고 생각할 수 있습니다.

'오이더도'라는 말이 있습니다. '오죽하면, 이제는, 더는, 도저히'의 앞 글자를 따온 말입니다. 하갈과 같이 우리도 때로는 현재의 고통스러운 상황에서 도망가고 싶고, 벗어나고 싶고, 떠나고 싶은 순간들이 있습니다. 이럴 때마다 우리는 스스로를 기준으로 '내가 오죽하

면 그랬을까, 이제는 못 참겠다, 더는 안 되겠다, 도저히 못 견디겠다'
라고 합리화하기 쉽습니다. 아마 하갈은 하나님의 사자가 다시 돌아
가라고 말했을 때 자기 귀를 의심했을 것입니다. 하나님이 자신의 형
편과 처지를 아신다면 '하갈아, 네가 그동안 고생이 많았다. 내가 새
로운 도피처를 줄 테니 그곳으로 가라'고 말씀하셔야 했기 때문입니
다. 하지만 하나님은 하갈에게 이제까지 그녀를 학대한 여주인 사라
에게 돌아가라고 말씀하십니다. 더 나아가 복종하라고 하십니다. 물
론 하나님의 깊은 뜻은 하갈이 하나님 말씀에 순종해서 믿음을 가지
고 참고 기다리면 더 좋은 것을 주신다는 것입니다. 하지만 본문에
서 하나님은 단순하게 '돌아가라, 네 자리를 지키라'고 말씀하십니다.

　하나님은 우리에게도 그렇게 말씀하실 수 있습니다. 우리가 지금
의 위치에서 도망가고 싶을 때, 현실에서 떠나고 싶을 때, 절망의 상
황에서 벗어나고 싶을 때 '네 위치와 자리를 지키고 견디라'고 하실
수 있습니다. 우리 생각에 사랑의 하나님이라면 '떠나라, 내가 다른
길을 열어 주겠다, 더 좋은 상황을 주겠다'라고 말씀하실 것 같습니
다. 하지만 하나님은 현실이 너무 힘들지라도 지금의 자리에서 도망
치지 말라고 말씀하십니다. 이처럼 하나님의 사람은 현실이 힘들다
고 해서 함부로 도망쳐서는 안 됩니다.

　한 사내가 있습니다. 이 사내는 주일 아침이 되자 어머니에게 이
렇게 이야기합니다. "어머니, 오늘은 도저히 교회에 가기가 싫습니
다." 어머니는 이렇게 이야기합니다. "그래도 주일인데 하나님 앞에
예배해야 하지 않겠니?" 그러자 사내는 교회에 가면 보기 싫은 사람
도 많고 자기를 힘들게 하는 사람도 많아서 가기 싫다고 말합니다.

어머니는 사람이 아니라 하나님을 보고 신앙생활하는 것이라며 아들을 설득합니다. 하지만 사내는 끝까지 어머니에게 자신이 고생해도 알아주는 사람이 없고, 기도하는 장로님도 마음에 안 들고, 찬양대도 마음에 안 들고, 성도들의 태도도 마음에 들지 않아서 안 가겠다고 고집을 부립니다. 그래도 어머니는 끝까지 사내에게 교회에 가야 한다고 말합니다. 참다못한 사내가 "어머니, 도대체 제가 이 모든 상황에도 불구하고 교회에 가야 하는 이유가 무엇입니까?"라고 묻습니다. 그러자 어머니는 이렇게 대답합니다. "네가 담임 목사잖니." 이처럼 아무리 힘들어도 목사는 목사의 자리를, 성도는 성도의 자리를 지켜야 합니다.

성도들 가운데도 정말 힘든 사람들이 있습니다. 직장도 어렵고, 가정도 쉽지 않고, 물질적으로도 힘들어서 더는 못 견디겠다는 사람들이 많습니다. 본문은 그래도 성도들이 자신의 자리를 지켜야 한다고 말씀합니다. 아무리 자녀가 애를 먹이고 고생을 시키고 힘들게 해도 어머니가 자신의 자리에서 도망가서는 안 되는 것처럼, 하나님은 '네가 있어야 할 자리에 돌아가서 참고 기다리는 것'이 당신의 뜻이라고 말씀하십니다. 더 나아가 성경은 참고 견디는 것이 성도의 표징이라고 말씀합니다. "무슨 일에든지 대적하는 자들 때문에 두려워하지 아니하는 이 일을 듣고자 함이라 이것이 그들에게는 멸망의 증거요 너희에게는 구원의 증거니 이는 하나님께로부터 난 것이라"(빌 1:28). 아무리 힘들고 어려워도 자신의 자리를 지키고, 견디고, 기다리는 것이 구원받은 사람의 증거라는 것입니다.

과거 우리나라는 어려운 시절이 많았습니다. 식민지 시대를 거쳐

전쟁을 겪고, 경제 발전을 이루기까지 지난 세대의 부모들은 끝까지 참고 견디며 자신의 자리를 지켰습니다. 만약 우리의 부모들이 자신의 위치를 지키지 않았더라면 지금의 우리 세대는 없을 것이며, 현재 우리나라의 다음 세대는 더 큰 절망 가운데 있었을 것입니다. 죽을 만큼 괴로웠어도 어머니가 자식들을 지켰고, 고된 노동과 어려움 속에서도 아버지가 가정을 지켰기에 지금 우리가 이 땅에서 살아가고 있는 것입니다.

본문에 나타나는 하갈은 다행히 하나님의 말씀에 순종해서 다시 돌아갑니다. 하갈의 순종 때문에 배 속에 있는 자녀 이스마엘이 복을 받습니다. 만약 하갈이 하나님의 말씀에 순종하지 않고 애굽으로 돌아갔다면, 이스마엘은 애굽에서 또 다른 이방인으로 비참하게 끝나는 인생이 되었을 것입니다.

하나님이 하갈에게 다시 돌아가라고 말씀하신 것은 죽을 자리로 가라는 것이 아닙니다. 인간적으로 독하게 견디라는 뜻도 아닙니다. 삶의 방법을 바꾸어 자신의 자리를 포기하지 말고 살라는 의미입니다. 과거에는 사라의 종으로서 자신과 주인을 비교하며 살았습니다. 매사에 불만을 가졌습니다. 주인의 권위를 무시했습니다. 하나님은 그런 하갈에게 '네 자리로 돌아가서 주어진 환경에 최선을 다하고 서로 사랑하며 살라'고 말씀하십니다. 다시 말하면, 하갈 스스로가 바뀌어야 한다는 것입니다. 하갈 스스로가 변하면 상황도 환경도 처지도 모두 바뀝니다. 환경과 처지가 그대로일지라도, 자신의 관점과 태도가 긍정적으로 변하면 모든 것이 긍정적으로 바뀝니다. 더 중요한 것은, 말씀에 순종할 때 하나님이 함께해 주신다는 것입니다. 상황과 환경뿐만 아니라 하나님이 함께해 주실 때 다시 일어설 수 있습니다. 그때 기적이 시작되는 것입니다.

하나님이 함께하신다는 믿음

하나님이 하갈에게 질문하신 이유는 여전히 하갈을 사랑하고 계시기 때문입니다. 하갈의 실패와 잘못에도 불구하고 당신의 사랑을 보여 주고자 다시 하갈을 부르시는 것입니다. 나아갈 길을 알지 못해 절망 속에 있는 하갈에게 하나님이 함께해 주시겠다는 뜻입니다. 하나님은 하갈에게 '다시 해보자'고 말씀하십니다. '내가 너와 함께할 테니 돌아가서 네 자리를 지키라' 하십니다.

창세기 16장 10-11절에 보면, 하갈이 하나님 말씀에 순종해서 돌아갔을 때 주시겠다는 복이 기록되어 있습니다. 그리고 '또'라는 단어가 두 번이나 사용됩니다. 그만큼 하갈을 사랑하신다는 것입니다. 그래서 포기하지 않고 붙들고 계신 것입니다. 하나님은 하갈에게 아들 이스마엘과 그 후손이 크게 번성한다는 약속을 주십니다. 하갈의 고통을 들었다며 위로해 주십니다. 하나님의 약속대로, 현재 이스마엘의 후손으로 아랍어를 모국어로 쓰는 자들이 4억 8천만 명이나 됩니다.

하나님의 위로와 약속의 말씀을 들은 하갈은 13절에서 이렇게 말합니다. "하갈이 자기에게 이르신 여호와의 이름을 나를 살피시는 하나님이라 하였으니 이는 내가 어떻게 여기서 나를 살피시는 하나님을 뵈었는고 함이라." 한글 성경과는 달리 히브리어 원문은 하갈의 감탄문으로 되어 있습니다. '오! 내가 광야에 홀로 있다고 생각했는데, 하나님은 광야에서조차도 나를 돌아보며 위로해 주고 계셨구나!'라는 뜻입니다. '살피시는 하나님'이란 단어는 '엘 로이'로서 '살피고 지키고 인도하시는 하나님'이라는 뜻입니다.

하갈을 비롯한 성경의 여인들에 대해 쓴 기엔 카젠(Gien Karssen)의 《믿음의 여인들》(생명의말씀사 역간)이라는 책이 있습니다. 이 책에서는 하갈에 대해서 이렇게 소개합니다. "시내 반도의 거친 사막에서 천천히 움직이고 있는 한 점과 같은 하갈의 모습은 하나님의 시야를 벗어나지 못했다. 오늘날에도 온 인류에게 그러하시듯, 하나님은 하갈에게서 눈을 떼지 않으셨다. 하나님은 그녀가 누구인지 분명히 알고 계셨고, '네가 어디서 왔으며 어디로 가느냐'는 말씀은 하갈이 자신의 마음을 열고 이야기할 수 있도록 여유를 주는 비무장적인 접근이었다. 이 질문은 요한복음 4장과 8장에서 예수님이 죄 많은 여인들에게 다가가 그들의 마음을 구원하실 때 사용하셨던 따뜻한 방법이었고, 하갈과 함께해 주시겠다는 하나님의 음성이었다."

천지만물을 말씀으로 창조하신 하나님 앞에서는 아무리 잘난 사람도 한 점에 지나지 않습니다. 그런 하갈을 하나님은 보고 계셨고, 포기하지 않으셨습니다. 이처럼 하나님이 우리를 알고 계시고, 지금도 보고 계시며, 끝까지 포기하지 않으신다는 것이 우리의 소망이 되는 것입니다.

《맥스 루케이도의 하나님, 저도 고치실 수 있나요?》(두란노 역간)라는 책이 있습니다. 이 책에서 맥스 루케이도(Max Lucado)는 아프리카

에티오피아의 아다마라는 언덕에 사는 35세의 부주내 툴레마라는 한 남자의 이야기를 소개하고 있습니다. 부주내 툴레마는 술고래였고, 동네 망나니였습니다. 처음으로 꾸렸던 가정은 깨어졌고, 두 번째로 맞은 아내는 알코올 의존자였습니다. 자녀들은 돌보지 않고 동네 사람들에게 모두 떠넘겼습니다. 그러다 보니 모든 동네 사람이 부주내 툴레마를 문젯거리로 취급했습니다.

하지만 선교사를 통해서 복음을 받은 근처 교회 성도들은 부주내 툴레마 부부를 안타깝게 여겨, 그들에게 먹을 것과 입을 것을 주며 사랑을 베풉니다. 이에 아내는 술을 끊고 예수님을 영접합니다. 하지만 부주내 툴레마는 계속해서 1년이 넘도록 술을 먹고 망나니짓을 합니다. 그러다가 취한 상태에서 협곡에 떨어져 안면이 움푹 들어가는 심각한 부상을 당합니다. 어느 누구도 돌보지 않던 그를 교회와 성도들이 정성껏 돌봅니다. 마침내 부주내 툴레마도 술을 끊고 복음을 받아들입니다.

그러던 어느 날, 부주내 툴레마는 월드비전에서 일하는 매스크램 트랭고를 만나게 됩니다. 트랭고는 부주내 툴레마가 새로운 삶을 시작하게 도와주고 싶었습니다. 지금까지의 삶을 청산하고 앞으로 나아갈 길을 만들어 주고 싶었던 것입니다. 그래서 고민하던 중, 소똥을 보는 순간 좋은 묘안이 떠오릅니다. 트랭고는 소액 대출을 받아서 부주내 툴레마에게 소 한 마리와 외양간을 사 줍니다. 그리고 소똥으로 메탄과 비료를 생산해서 팔게 합니다. 그러자 1년 만에 대출금을 갚을 수 있게 되었습니다. 그리고 시간이 지나자 자식까지 키울 형편이 됩니다.

이 이야기를 책에 소개하면서 맥스 루케이도는 이렇게 씁니다. "이 모든 기적은 누군가를 유심히 살펴보고 도움의 손길을 내민 한 사람으로부터 시작되었다. 하나님께서 우리의 고통을 위로하고 해결해 주시는 방법도 이와 같을 것이다."

하나님은 한 점보다 못한 우리를 살피는 분이십니다. 에티오피아에 사는 가난한 사람들 중에서도 가장 망나니였던 부주내 툴레마에게 관심을 가지신 하나님은 은혜를 베풀며 함께하겠다고 말씀해 주십니다. 그 하나님이 오늘 우리에게도 사랑스러운 음성으로 똑같은 질문을 던지십니다. '네가 어디서 왔으며 어디로 가느냐?' 이것은 하나님이 우리에게 답을 요구하시는 질문이 아닙니다. 오히려 하나님은 이미 그 답을 알고 계십니다. 지금까지 우리가 어떤 삶을 살았든지, 앞으로는 우리와 함께하시겠다는 약속의 말씀입니다. 바로 '내가 너와 함께하고 있다. 두려워하지 말라'는 하나님의 음성인 것입니다.

03

존재의 의미를 깨우치는
'정체성의 질문'

"네 이름이
무엇이냐"

창 32:24-32

미국의 여성 지도자 중 2007년에 타계(他界)한 바바라 존슨(Barbara Johnson)이라는 분이 있습니다. 바바라 존슨은 유명한 작가이자 방송인으로 미국을 이끄는 영향력 있는 지도자 중 한 사람이었습니다. 그녀는 그리스도인으로서 선교 단체를 설립해 이끌기도 했습니다.

바바라 존슨이 1987년에 쓴 《자신이 가장 고통 중에 있다고 생각하는 이들에게》(소망사 역간)라는 책이 있습니다. 이 책은 미국에서 수십만 부 이상이 팔린 베스트셀러입니다. 바바라 존슨은 원래 평범한 가정주부였습니다. 하지만 그녀의 가정에 엄청난 불행이 계속해서 들이닥칩니다. 자신에게 뇌종양이 생깁니다. 남편은 교통사고로 식물인간이 됩니다. 첫째 아들은 음주운전자가 몰던 트럭에 치어 목숨을 잃습니다. 둘째 아들은 대학을 졸업할 무렵 동성애에 빠져 집을 나갑니다. 셋째 아들은 베트남전쟁에 자원입대했다가 만 18세의 나이로 전사합니다. 바바라 존슨은 연속되는 절망 속에서 자신의 삶을 포기하고 싶을 정도였습니다. 그때 그녀가 하나님에게 가장 많이 했던 질문이 '하나님, 어찌하여 나에게는 불행만 찾아옵니까?'였습니다. 이렇게 하나님을 원망하고 자신의 처지를 비관하던 바바라 존슨에게 하나님이 찾아오십니다. 그리고 이렇게 말씀해 주십니다. '너는 이렇게 살아서는 안 돼. 네 삶을 나에게 맡겨라. 네 부정적인 생각과 과거에 얽매이지 마라.'

이 사건 이후로 바바라 존슨은 다시 하나님 앞에 나아갑니다. 하나님이 삶의 주인이심을 고백하며 하나님을 원망했던 자신의 삶을 회개합니다. 그 뒤로 바바라 존슨은 하나님을 붙들었습니다. 감사의 삶으로 자신의 인생을 변화시키자 놀라운 기적들이 나타났습니다. 식물인간으로 오랜 세월 누워 있던 남편이 기적적으로 깨어나게 됩니다. 또한 자신에게 주신 하나님의 은혜에 보답하고자, 자신보다 불행한 사람들을 돕기 시작합니다. 당시 베트남전쟁에서 전사한 미국 병사들이 5만 명이 넘었습니다. 그녀는 자녀를 전쟁으로 잃은 부모를 찾아가 위로하는 일을 시작합니다. 뿐만 아니라 교통사고로 자녀를 잃은 부모들에게 편지를 쓰고, 함께 기도하며, 세미나를 개최하기도 합니다. 이러한 사역을 더욱 잘 감당하기 위해 남편과 함께 '스패튤라'(Spatula Ministries)라는 선교회도 조직합니다. 바바라 존슨 덕분에 수백만 명의 사람들이 위로를 받고, 하나님을 만나서 삶의 의미를 찾게 되었습니다.

얼마의 시간이 지나지 않아 동성애에 빠졌던 둘째 아들이 회개하며 집으로 돌아옵니다. 바바라 존슨이 동성애에 빠졌던 아들이 돌아오는 시점에 자신의 이야기를 쓴 책이 바로《자신이 가장 고통 중에 있다고 생각하는 이들에게》입니다. 그녀는 책에서 이렇게 말합니다. "삶이란 항상 당신이 바라는 대로 되는 것은 아닙니다. 하지만 삶에 있어서 고통은 피할 수 없는 것이지만, 불행은 선택의 문제입니다. 우리는 불행이라는 인생의 가시 속에서 헤어나지 못하든지, 아니면 기쁨과 소망의 꽃을 선택함으로 하나님의 사랑을 느끼며 인생을 살 수 있습니다. 그리고 그 선택은 당신에게 달려 있습니다."

세상 속에서 살아가는 그리스도인의 삶은 만만하지 않습니다. 세상 사람들에게도 고난이 찾아오지만, 그리스도인들은 세상 사람들의 고난에 더해서 예수 믿기 때문에 받는 고난까지도 감당해야 합니다. 세상에서 성공한다는 것도 쉽지 않습니다. 자신의 삶의 현장에서 치열하게 살아가지만, 어느 순간 엄청난 파도처럼 더 큰 문제가 닥쳐오는 것이 인생입니다. 이때는 닥쳐오는 문제를 어떤 시각으로 바라보는지가 중요합니다. 바바라 존슨이 책에서 계속해서 강조하는 것은, 고통과 절망의 문제는 상황도 환경도 아닌 자기 자신의 관점의 문제라는 것입니다. 세상을 살아가다 보면 수많은 문제가 있습니다. 하지만 그 문제들의 뿌리를 찾아가면 결국은 두 가지입니다. 하나는 하나님과의 영적인 문제, 다른 하나는 나 자신의 문제입니다. 우리는 끊임없이 다른 곳에서 해답을 찾으려 합니다. 하지만 문제의 크기와 모양은 다를지라도 모든 문제의 핵심은 하나님 또는 자신입니다.

종교 개혁가 존 칼빈은 《기독교 강요》 첫 장에서 이렇게 말합니다. "참된 지식이란, 하나님을 아는 것과 나를 아는 것이다." 많은 사람들이 이 사실을 받아들이기 힘들어합니다. 하나님 혹은 자신의 문제를 풀면 삶의 여러 가지 문제가 해결되느냐는 의문을 가집니다. 하지만 하나님은 성경 말씀을 통해서 하나님과의 영적인 문제가 해결되고 자신의 문제를 적나라하게 되돌아볼 때, 모든 문제를 하나님의 방법으로 단번에 해결해 주겠다고 말씀하십니다.

본문인 창세기 32장에서 세상적으로 성공한 인생처럼 보였던 야곱은 절망과 고독의 상황에 놓여 있습니다. 이때 야곱은 하나님을 만납니다. 정확하게는 야곱이 하나님을 찾은 것이 아니라, 얍복 강가에 있던 야곱을 하나님이 찾아오십니다. 성도들의 믿음은 하나님이 우리를 찾아오신다는 것부터 시작됩니다. 어떤 모습으로 살든지 우리의 고독과 절망의 현장에 하나님은 반드시 찾아오신다는 것이 우리의 믿음입니다. 본문의 얍복 강가에서 있었던 야곱의 사건을 통해 이 사실을 함께 나누고자 합니다.

야곱은 형인 에서와 아버지 이삭을 속여 장자권을 빼앗아 도망을 갑니다. 도망자의 신세가 된 야곱은 가나안 땅에서 1,600킬로미터나 떨어진 외삼촌 라반의 집으로 향합니다. 도망가던 중에 벧엘에서 여전히 자신을 사랑한다고 약속해 주시는 하나님을 만나게 됩니다. 그후 그는 외삼촌 라반의 집에서 20년 동안 종처럼 살아갑니다. 하지만 야곱은 집요한 사람이었습니다. 외삼촌과의 갈등, 착취 등 많은 고난이 있었지만 끝까지 자기가 원했던 것을 차지했습니다. 그리고 그렇게 20년의 세월이 지났습니다. 그동안 치열하게 살았던 야곱은 자기 재산을 소유하게 되었고, 많은 자식들을 낳았으며, 어느 정도 명예를 가진 위치에 오르게 되었습니다.

그런데 창세기 31장 3절에서 하나님이 다시 한 번 야곱의 삶에 개

입하십니다. "여호와께서 야곱에게 이르시되 네 조상의 땅 네 족속에게로 돌아가라 내가 너와 함께 있으리라 하신지라." 야곱은 '그동안 죽을 고생했으니 이제는 편하게 누리면서 살 수 있겠다'고 생각했을 수 있습니다. 하지만 하나님의 기준에서는 아닙니다. 하나님의 기준에서는 세상적으로 아무리 형통해도 하나님을 떠난 자리는 저주이며, 이 땅에서 아무리 어려움을 당해도 하나님과 함께하는 것이 축복의 자리입니다. 그래서 하나님이 야곱을 부르십니다. '야곱아, 이곳을 떠나 믿음의 땅으로 돌아가라. 내가 너와 함께하겠다'는 약속을 해 주십니다. 야곱은 하나님 말씀에 순종합니다. 자신의 모든 기득권을 내려놓고 떠납니다.

그런데 고향 땅에 거의 다다른 야곱은 선뜻 앞으로 더 나아가지 못합니다. 바로 형 에서 때문입니다. 에서가 아직도 화가 풀리지 않아서 400명이나 되는 군사를 이끌고 오고 있었던 것입니다. 당시 족장 사회의 400이란 숫자는 전군(全軍)을 이끌고 오는 것입니다. 많은 구약학자들은 공통적으로 형 에서가 야곱의 귀향을 환영하는 것이 아니라, 죽이려고 오고 있는 모습이라고 해석합니다. 중동의 문화 속에서 사람을 환영할 때는 군사를 데려가지 않기 때문입니다. 에서가 군사 400명을 거느리고 자신을 죽이려고 온다는 소문을 들은 야곱의 마음이 창세기 32장 7절에 "야곱이 심히 두렵고 답답하여"라고 표현되어 있습니다. 히브리어 원문은 야곱의 심정을 '메오드 와이라'라고 표현합니다. 이것은 보통 죽음의 공포를 느낄 때 쓰는 단어들입니다. 따라서 원문의 의미를 해석하자면, 야곱은 죽음의 공포를 느끼듯 크게 두려워하며 심히 고민했다는 뜻입니다. 하지만 야곱은 이런 극한의 상황 속에서 하나님을 찾고 붙잡는 것이 아니라, 또다시 인간적인 방법으로 해결하려 합니다.

야곱은 먼저 재산을 반으로 나누었습니다. 혹시 형이 군대로 한쪽을 공격하면 그동안 다른 쪽은 도망가겠다는 계획입니다. 다음으로는 형의 환심을 사기 위해 뇌물을 준비합니다. 마지막으로 야곱은 아내와 아들들을 자기보다 앞세워 얍복 강을 건너게 합니다. 그리고 자신은 얍복 강가에 홀로 남습니다. 야곱이 얍복 강가에서 고민하며 홀로 지새우던 밤은 절망과 공포로 뒹굴던 시간입니다. 이러지도 저러지도 못한 야곱은 급한 대로 인간적인 방법을 써 보지만, 가슴은 답답하고 죽음의 공포는 여전히 남아 있습니다. 이러한 야곱에게 하나님이 찾아오십니다. 이것을 신학적인 표현으로 '하나님의 현현'이라고 합니다. 학자에 따라서는 야곱이 만난 하나님의 사람을 구약에 나타나는 예수 그리스도라고 해석하기도 합니다. 성경은 하나님의 사람이라고 표현하지만, 엄격히 말하면 하나님입니다. 야곱은 이곳의 이름을 '브니엘'이라 하면서 '내가 하나님을 봤다'고 말합니다.

그런데 친히 나타나 야곱을 만나 주신 하나님이 이해되지 않는 행동을 하십니다. 야곱은 지금 공포에 떨고 있습니다. 어찌할 바 모르는 절망 속에 있습니다. 하나님은 이러한 상황에서 야곱을 위로하고 해결책을 주시는 것이 아니라 씨름을 걸어오십니다. 영어 성경에는 레슬링(Wrestling)이라고 되어 있습니다. 우리가 아는 것처럼 서로 자세를 잡고 하는 씨름이 아니라, 하나님이 그대로 야곱을 넘어뜨리십니다. 하지만 야곱은 도망치지 않습니다. 오히려 하나님에게 끝까지 밤새도록 달려듭니다. 그 이유를 성경은 이렇게 밝히고 있습니다.

"그가 이르되 날이 새려 하니 나로 가게 하라 야곱이 이르되 당신이 내게 축복하지 아니하면 가게 하지 아니하겠나이다"(창 32:26). 야곱이 끈질기게 붙들자 하나님이 야곱의 허벅지 관절을 치십니다. 도저히 야곱을 어찌하지 못한 하나님이 그제야 그에게 물으십니다. "네 이름이 무엇이냐 그가 이르되 야곱이니이다"(창 32:27). 그러자 하나님은 이렇게 선포하십니다. "네 이름을 다시는 야곱이라 부를 것이 아니요 이스라엘이라 부를 것이니 이는 네가 하나님과 및 사람들과 겨루어 이겼음이니라"(창 32:28). 하나님이 야곱의 이름을 몰라서 질문하신 것이 아닙니다. 전지전능하신 하나님은 우리의 이름뿐 아니라 우리의 모든 상황과 형편, 처지를 다 알고 계십니다. 그렇다면 하나님이 야곱에게 '네 이름이 무엇이냐'고 질문하신 까닭은 무엇이겠습니까?

무엇이라 불리는가

이는 '네 이름과 같이 살았던 과거의 삶을 내려놓으라'는 것입니다. 야곱이라는 이름의 뜻은 '발뒤꿈치를 잡다, 붙잡다, 집착하다, 약탈하다'라는 의미입니다. 야곱의 삶은 이름처럼 남의 것을 빼앗고 집착했던 인생이었습니다. 하나님을 붙잡고 그분을 의지하는 삶이 아니라, 세상의 것들에 집착하며 살아왔습니다.

첫째, 야곱은 여자에게 집착했습니다. 얼마나 한 여인을 사랑했던지, 14년 동안 라헬을 위해 외삼촌 밑에서 종처럼 일을 합니다. 야곱은 자기가 가지고 싶은 것이 있으면 집요하게 그것을 쟁취하는 사람이었습니다.

둘째, 야곱은 재물에 집착했습니다. 재물을 얻기 위해서라면 수단과 방법을 가리지 않았습니다. 아버지 이삭과 할아버지 아브라함과는 달랐습니다. 아브라함은 "네가 좌하면 나는 우하고 네가 우하면 나는 좌하리라"(창 13:9) 말하면서 조카 롯에게 결정권을 줍니다. 실제 이스라엘에 가 보면 이것이 쉽지 않은 결정임을 알 수 있습니다. 남쪽을 바라봤을 때, 아브라함의 오른쪽은 전부 산악 지역입니다. 그리고 왼쪽은 소알 땅과 소돔과 고모라 땅으로 인간의 눈으로 보기에 마치 천국 같다고 표현할 수 있는 땅입니다. 하지만 아브라함은 더 가치 있는 것을 바라봅니다. 어떤 곳이든 하나님이 함께하시는 곳이 내 땅이라는 믿음이 있었습니다. 아브라함은 집착하지 않았습니다. 아버지 이삭 역시 마찬가지입니다. 당시 우물은 귀중한 재산이자 생명의 근원으로, 그것을 중심으로 마을이 형성될 정도였습니다. 그런데 이삭이 우물을 파니 주변 사람들이 빼앗아 갑니다. 그러면 이삭은 다시 다른 곳에서 우물을 팝니다. 자기 우물에 집착하지 않은 채 빼앗기면 주고, 다시 다른 곳에서 우물을 팝니다. 그러나 야곱은 다릅니다. 야곱은 자신의 것, 물질에 대해서는 민감한 사람이었습니다.

셋째, 야곱은 자식에게 집착했습니다. 특히 사랑하는 아내 라헬이 낳은 요셉에 대한 집착은 대단했습니다. 요셉에 대한 집착이 얼마나 강했던지, 요셉이 아직 어렸음에도 상속권을 의미하는 색깔 있는 옷을 입힙니다. 야곱의 편애 때문에 요셉은 형들에게 미움을 받고 애굽에 노예로 팔려가게 됩니다.

이처럼 야곱은 집요한 사람입니다. 물론 모든 사람은 본능적으로 집착을 가지고 있습니다. 태어날 때부터 손을 꽉 쥐고 힘을 줍니다. 하지만 인생에서 우리가 집착하는 것이 사실은 아무것도 아니라는 것을 깨닫기가 쉽지 않습니다. 내가 집착하는 것, 집요하리만큼 움켜쥐려 했던 것을 내려놓는다는 것은 쉬운 일이 아닙니다.

그런데 하나님이 야곱에게 찾아와 내려놓으라고 말씀하십니다. 야곱은 이제 고생도 끝이 났으니 어깨에 힘도 좀 주고 누리면서 인생을 즐기려고 하는데, 하나님이 찾아와 '네가 지금까지 붙잡고 있던 것들, 집요하게 움켜쥐고 있었던 손을 펴서 내려놓으라'고 하십니다. 초대 교회 교부 중 한 사람인 어거스틴(Augustine)은 인생을 "포기시키시는 하나님과 집착하는 인간과의 싸움"이라고 표현합니다. 하나님은 '내가 책임질 테니 네 손을 펴서 더 가치 있는 것을 위해 달려가라' 하십니다. 그렇지만 인간은 움켜잡은 손을 놓지 않습니다. 우리는 지나고 나면 아무것도 아닌 것에 집착하는 경우가 많습니다.

이런 유머가 있습니다. 평생을 인색하게 살며 많은 돈을 모아서 장사를 하는 구두쇠가 있었습니다. 이 구두쇠에게는 아들 셋과 딸 하나가 있었습니다. 그러던 어느 날, 구두쇠에게도 죽음이 찾아옵니다. 악착같이 벌어 놓은 돈을 보람 있게 써 보지도 못하고, 평생을 비참하게 살다가 숨이 넘어가기 직전입니다. 구두쇠의 임종의 자리에 자녀들이 다 모였습니다. 구두쇠가 첫째는 어디 있느냐고 묻습니다. 첫째가 '아버지, 저 여기에 있습니다'라고 대답합니다. 그러자 또 둘째는 어디 있느냐고 묻습니다. 둘째도 '아버지, 제가 옆에 있습니다. 걱정하지 마십시오'라고 대답합니다. 구두쇠가 힘겨운 목소리로 셋째는 어디 있느냐고 묻습니다. 셋째 역시 아버지 옆에 있다고 대답합니다. 구두쇠는 숨이 넘어갈 듯한 목소리로 딸도 옆에 있느냐고 묻습니다. 그러자 딸이 울먹이며, 자기도 같이 있다고 대답합니다. 그 소리를 듣고 구두쇠는 '이놈들아, 그럼 가게는 누가 보고 있냐!'고 소리를 지르며 숨을 거두었다고 합니다.

우리에게는 누구나 마지막 순간에도 내려놓지 못한 채 집착하는 것들이 있습니다. 돈, 자녀, 권력, 명예, 심지어 취미까지도 집착할 수 있습니다. 나의 노후 보장을 위해서, 내가 대접받기 위해서 내 눈에 좋아 보이고 세상에서 가치 있게 여기는 것들을 내려놓지 못합니다.

또한 야곱은 험악한 인생을 살았습니다. 걸어온 길이 피곤한 인생입니다. 창세기 47장 9절에 보면 "야곱이 바로에게 아뢰되 내 나그네 길의 세월이 백삼십 년이니이다 내 나이가 얼마 못 되니 우리 조상의 나그네 길의 연조에 미치지 못하나 험악한 세월을 보내었나이다"라고 회상합니다. 야곱이 험악한 세월을 보낸 이유는, 따지고 보면 그가 세상에 집착했기 때문입니다. 집착하지 않으면 인생이 험악할 이유가 없습니다. 내려놓고 받아들이면 되기 때문입니다. 무엇인가를 악착같이 가지려 하고, 다른 사람들과 치열하게 싸워 이기려 하니 험악한 세월을 살아온 것입니다. 하지만 야곱의 이런 험악한 인생에 전환점이 찾아옵니다. 바로 '아마르'라는 단어를 통해서 알 수 있습니다. 창세기 32장의 야곱의 이야기 중에 처음으로 나오는 단어가 바로 '아마르'입니다.

히브리어로 '아마르'는 '생각하다'라는 뜻을 가지고 있습니다. 야곱이 악착같은 인생을 살다 처음으로 자신의 삶을 돌아보며 생각을 하는 것입니다. 다 이룬 것처럼 보여도 단번에 무너질 수 있는 것이 인생입니다. 야곱의 경우에는 갖은 고생을 하며 모았던 재물, 사랑하는 아내, 자녀들을 형 에서가 군대를 데리고 모두 쓸어버리면 한순간에 사라질 수 있는 것입니다. 여기서 야곱은 깨닫습니다. 자신이 집착해야 할 대상은 세상의 어떤 것들이 아니라 바로 하나님이시라는 것을 생각합니다. 그래서 야곱은 얍복 강가에서 하나님을 붙들고 놓지 않습니다.

우리가 바라봐야 할 대상은 세상의 어떤 것이 아닌 하나님이십니다. 창세기 29장 31절에 보면 야곱에게 사랑받지 못한 레아의 이야기가 기록되어 있습니다. 하나님은 레아가 사랑받지 못함을 보고 태의 문을 열어 주십니다. 야곱에게 사랑받았던 라헬은 당시에 자식을 낳지 못했습니다. 레아는 자녀를 낳으면서 기대합니다. 아들을 낳으면 남편 야곱이 자신을 사랑해 주리라는 기대입니다. 그래서 첫째의 이름을 '르우벤'이라 짓고 "여호와께서 나의 괴로움을 돌보셨으니 이제는 내 남편이 나를 사랑하리로다"(창 29:32)라고 말합니다. 그러나 야곱은 여전히 레아를 사랑하지 않습니다. 그 후 둘째 아들 '시므온'을 낳습니다. 그래도 여전히 야곱은 레아를 사랑하지 않습니다. 다시 레아는 셋째 아들을 낳은 후 이름을 '레위'라 짓고 "세 아들을 낳았으니 내 남편이 지금부터 나와 연합하리로다"(창 29:34)라고 기대하지만, 야곱은 여전히 레아에게 시선도 주지 않습니다. 이후 레아는 넷째 아들 '유다'를 출산합니다. 창세기 29장 35절에는 "그가 또 임신하여 아들을 낳고 이르되 내가 이제는 여호와를 찬송하리로다 하고 이로 말미암아 그가 그의 이름을 유다라 하였고 그의 출산이 멈추었더라"라고 기록되어 있습니다.

레아는 남편인 야곱의 사랑에 집착했습니다. 아들을 셋이나 낳을 동안에는 어떻게 해야 야곱의 사랑을 받을 수 있는지에만 몰두하고 있었는데, 넷째 유다를 낳고서 깨닫게 됩니다. '아마르', 생각해 보니 남편이나 아들에게 집착해 봐야 무슨 의미가 있느냐는 것입니다. '유다'라는 이름처럼 세상에 집착했던 것들을 모두 내려놓고 '내가 이제는 여호와를 찬송하리로다'라고 고백합니다.

부모는 자녀에게 너무 집착해서는 안 됩니다. 특히 젊은 부부들 중에는 자녀가 우상이 되는 경우도 많습니다. 물론 하나님이 맡겨 주신 자녀니 열심히 최선을 다해서 양육해야 합니다. 하지만 내 자녀가 아니라 하나님의 자녀입니다. 내 생각의 틀에 자녀를 맞추려고 하거나 자녀를 손에 쥐고 양육하려 해서는 안 됩니다. 나보다 하나님에게 맡기는 것이 가장 좋은 방법입니다. 우리는 세상을 붙들고 사람에게 집착하는 것이 아니라, 하나님을 붙들고 하나님에게 집착해야 합니다.

얍복 강가에서 밤새도록 하나님과 붙잡고 씨름했던 야곱은 드디어 하나님의 마음을 움직입니다. 하나님이 야곱에게 '네 이름이 무엇이냐'고 물으십니다. 야곱이 자신의 이름을 대답하자 하나님은 그의 이름부터 바꿔 주십니다. "그가 이르되 네 이름을 다시는 야곱이라 부를 것이 아니요 이스라엘이라 부를 것이니 이는 네가 하나님과 및 사람들과 겨루어 이겼음이니라"(창 32:28). 하나님이 야곱의 이름을 이스라엘로 바꿔 주신 이유는, 다시는 집착하는 삶을 살지 말라는 의미입니다. 우리 또한 마찬가지입니다. 어렵지만 세상에서 집착하던 것들을 내려놓을 때, 하나님이 찾아와 주십니다. 그리고 우리 손을 붙잡고 져 주십니다. 하나님이 야곱에게 지신 것이 아닙니다. 하나님이 야곱에게 져 주신 것입니다. 미국 IVF 이사와 배링턴 대학(Barrington College) 총장을 역임했던 찰스 험멜(Charles E. Hummel)은 《늘 급한 일로 쫓기는 삶》(IVP 역간)에서 이렇게 말하고 있습니다. "우리의 삶에서 경험하는 온갖 딜레마는 우선순위를 잘못 선택해서 오는 것이다." 특히 그는 "하나님, 지금 당신이 보실 때 제 삶의 우선순위는 무엇이라고 생각하십니까?"라고 기도하면 개인적인 목표 설정은 물론 집착하던 것을 내려놓을 수 있게 된다고 이야기합니다.

우리가 집착하던 것들을 내려놓고 하나님을 우선순위로 놓을 때 하나님이 하시는 방법은 우리에게 져 주시는 것입니다. 앞서 언급한 바바라 존슨의 경우처럼, 우리의 능력으로는 도저히 불가능한 일들도 하나님을 붙들 때 하나님의 방법으로 해결해 주십니다. 사람들은 자기를 높이려고 안간힘을 씁니다. 명예에 집착합니다. 자리에 연연합니다. 교회 안에서도 특정 사역에 집착하며 이건 자기 것이라고 악착같이 움켜쥐려는 사람들이 있습니다. 그러나 스스로 높아지려 해서는 안 됩니다. 하나님이 높여 주셔야 합니다.

세계적으로 존경받는 데이비드 리빙스턴(David Livingstone)이라는 선교사가 있습니다. 스코틀랜드의 가난한 집안에서 태어난 그는 십 대 청소년 때 형과 함께 예수님을 영접하고 성령 체험을 합니다. 두 형제는 어렸을 때부터 수재였습니다. 형은 열심히 공부해서 의사가 됩니다. 형은 의사로서 명예와 돈을 다 가졌습니다. 그런데 동생인 데이비드 리빙스턴은 졸업 후에 아프리카에 가서 선교 활동을 하겠다고 말합니다. 그러자 형은 '너는 아프리카 정글 속에서 미개인들과 살다가 거기서 죽어 이름 없이 매장되고 말 것'이라고 이야기합니다. 데이비드는 자신의 모든 것을 내려놓고 아프리카로 향합니다. 부귀도, 영화도, 명예도 없고, 이름도 없고 빛도 없이 살아가는 인생을 스스로 선택합니다. 하지만 200년이 지난 지금, 동생인 데이비드 리빙스턴의 이름은 남아 있지만 형의 존재는 잘 알려져 있지 않습니다. 브리태니커 백과사전에 형제 모두의 이름이 기록되어 있지만, 당시에 돈 많고 명예로운 의사였던 형은 '유명한 아프리카 선교사 데이비드 리빙스턴의 형'이라고 한 줄이 기록되어 있을 뿐입니다. 형이 아프리카 정글 속에서 흔적도 없이 사라질 것이라고 했던 데이비드 리빙스턴은 영국의 국왕보다도 더 웅장한 장례식을 치렀습니다. 그의 시신은 웨스트민스터 사원 안에 왕들의 무덤보다 더 높은 제단 곁에 안치되었습니다.

우리는 늘 자기 자신을 돌아봐야 합니다. 자신이 하나님보다 집착하는 것은 없는지 살펴봐야 합니다. 명예, 자존심, 돈과 같이 내가 악착같이 붙잡고자 하는 모든 것은 하나님을 붙잡는다면 단번에 해결해 주실 수 있는 것들입니다. 하버드에서 박사 학위를 받고 몽골에서 선교 사역을 했던 이용규 선교사의 《더 내려놓음》(규장)이라는 책에는 이런 구절이 있습니다. "당신이 내려놓으면 하나님이 움직이신다. 아직도 마음 깊은 곳에 포기하지 못한 것이 있는가? 우리의 삶 가운데 이것만은 건드리지 말아 달라고 막는 영역들이 무엇인지 헤아려 보자. 예수님의 발치에까지 가지고 나갔지만 더는 깨뜨리지 못한 채 여전히 두 손에 꽉 틀어쥐고 있지는 않은가? '하나님, 저는 깨어지기 싫습니다. 상처 받기 싫습니다. 내 체면도 좀 생각해 주세요. 나도 영광을 같이 받고 싶습니다. 나도 적당히 같이 누리면 안 될까요?' 그러나 하나님은 단호하게 말씀하신다. '네 안에 네가 너무 크면 내가 들어갈 수 없단다. 나는 너에게 가장 좋은 것을 주고 싶구나. 그것은 바로 나 자신이다. 그러나 네 안에 네가 너무 커서 내가 들어갈 자리가 없구나. 네 것을 달라는 이유는 너의 것을 빼앗기 위해서가 아니란다. 너를 온전케 하려면 네가 잡고 있는 그것을 깨뜨려야 한단다. 네게 가장 좋은 것을 주고 싶은데 네가 그것을 끝까지 잡고 있으니 줄 수 없는 거란다.' 우리 안에 혹시 하나님조차 들어갈 수 없는 영역이 있는가? 이 영역 안으로 주님을 초청하라. 주님이 내 의식 깊숙한 곳까지 들어오셔서 나의 주관자가 되어 주셔야 한다."

새 이름을 받으라

창세기 32장 28절은 "그가 이르되 네 이름을 다시는 야곱이라 부를 것이 아니요 이스라엘이라 부를 것이니 이는 네가 하나님과 및 사람들과 겨루어 이겼음이니라"라고 말씀합니다. 삶을 새롭게 변화시키는 것은 사람의 힘으로는 불가능하고, 오직 하나님을 만남으로써 가능합니다. 야곱은 하나님과 씨름했던 곳의 이름을 '브니엘'이라고 명명(命名)합니다. 하나님을 만났는데 죽이시기는커녕 자신에게 져 주셨다는 고백이 담긴 이름입니다.

하나님은 형과의 문제로 절망과 고민에 빠진 야곱에게 씨름을 걸어오셨습니다. 그 이유는 야곱이 하나님과의 영적인 문제를 먼저 해결해야 했기 때문입니다. 하나님과의 관계가 회복되면 새로운 인생을 살 수 있다는 의미입니다. 직장, 물질, 관계, 질병과 같은 문제들을 인간의 방법으로 풀려 하니 해결이 되지 않습니다. 더욱 고통과 절망 속에 빠져듭니다. 그러나 오히려 하나님은 세상의 문제를 해결하는 것보다 먼저 하나님과의 문제를 해결하라고 말씀하십니다. 옥성석 목사는 《인간 야곱, 이스라엘 되다》(예책)라는 책에서 이렇게 말하고 있습니다. "우리는 엉뚱한 문제를 붙잡고 허비하는 우를 범하지 않아야 한다. 언제나 하나님과의 관계를 먼저 생각해야 한다. 하나님의 뜻에 순종하고 나면, 다른 문제는 눈 녹듯이 사라진다. 그때부터 새로운 삶을 살게 된다." 하나님은 능력이 많으신 분입니다. 전지전능하신 분입니다. 말씀 한마디로 천지를 창조하신 분입니다. 이러한 하나님의 방법은 우리가 생각하는 것 이상입니다.

야곱을 찾아오신 하나님은 에서를 물리치게 해 주겠다고, 에서와 싸워서 이길 수 있게 해 주겠다고 말씀하지 않으십니다. 오히려 야곱의 허벅지 관절을 치십니다. 하나님과의 영적 관계가 회복되고 하나님을 붙드는데도 삶이 더욱 어려워지거나 문제가 생길 때가 있습니다. 우리의 생각으로는 이해가 되지 않습니다. 야곱이 그런 모습입니다. 야곱은 세상의 집착을 버리고 하나님에게만 매달리고 있습니다. 하나님과의 문제를 해결하려고 몸부림을 칩니다. 그런데 하나님은 야곱의 허벅지 관절을 쳐서 절뚝거리게 하십니다. 우리 생각처럼 걸음이 약간 불편한 정도가 아니라, 억지로 걸으려 하면 쓰러지거나 기어서 갈 정도의 형편입니다.

창세기 33장에서 야곱이 드디어 형 에서를 만납니다. 야곱은 의문을 가졌을 수도 있습니다. 하나님과의 관계가 회복되었습니다. 자신에게 새로운 이름도 주셨습니다. 그런데 이름만 주신 것이 아니라 장애도 함께 주셨습니다. 하지만 에서를 만나고 나서 야곱은 이것이 자신을 살리시기 위한 하나님의 방법임을 깨닫습니다. 창세기 33장 3절을 보십시오. "몸을 일곱 번 땅에 굽히며 그의 형 에서에게 가까이 가니." 그리고 야곱을 죽이려고 왔던 에서에 대해서는 이렇게 기록되어 있습니다. "에서가 달려와서 그를 맞이하여 안고 목을 어긋맞추어 그와 입 맞추고 서로 우니라"(창 33:4).

이상한 일입니다. 야곱을 죽이려고 왔던 에서가 달려와서 안고 입 맞추고 울고 있습니다. 많은 구약학자들은 이 장면을 이렇게 해석합니다. 야곱은 지금 잘 걷지 못합니다. 조금 걷다가 넘어지고, 또 일어나서 걷다가 넘어집니다. 불쌍한 모습입니다. 에서에게 절뚝거리며 가다가 일곱 번이나 땅에 몸을 굽힙니다. 에서가 기억하는 동생 야곱은 악착같고, 교활하고, 집요한 사람입니다. 에서는 많은 재물을 가지고 성공해서 오는 동생의 소식을 듣고 으스대며 귀향하는 야곱을 죽이겠다고 마음을 먹었습니다. 그런데 막상 동생의 모습을 보니 그런 마음이 다 사라집니다. 잘난 체하던 동생이 자신에게 기어옵니다. 동생이 절뚝거리며 걷다가 넘어집니다. 20년 새에 야곱이 어쩌다가 저렇게 되었는가 하는 불쌍한 마음이 듭니다. 하나님이 당신의 방법으로 야곱과 에서의 문제를 해결해 주신 것입니다.

우리는 문제나 절망 속에서 하나님에게 집중해야 합니다. 하나님을 만나야 합니다. 하나님만을 붙잡아야 합니다. 그때에야 비로소 하나님은 우리를 찾아오시고, 새로운 인생을 살게 하시고, 삶의 문제 자체를 당신의 방법으로 해결해 주십니다. 이것이 바로 야곱이 만난 하나님, 곧 '나에게 져 주시고, 문제 있는 나를 안아 주시고, 축복해 주시는 하나님'입니다. 종교 개혁가 존 칼빈은 이렇게 이야기합니다. "현재 성도들의 경험과 야곱의 경험 사이에 비슷한 점이 있다. 야곱에게 절망의 얍복 강가에서 보이는 형태로 나타나셨던 하나님은 오늘도 성도들의 개개인의 삶에서 나타나 주신다. 이처럼 성도들은 자신들의 시험 속에서 하나님과 씨름할 필요가 있다."

시편 27편 8절은 "너희는 내 얼굴을 찾으라 하실 때에 내가 마음으로 주께 말하되 여호와여 내가 주의 얼굴을 찾으리이다 하였나이다"라고 말씀합니다. 실패해도 괜찮습니다. 문제 있는 과거여도 괜찮습니다. 우리가 세상의 어떤 것에 집착했어도 괜찮습니다. 중요한 것은 지금 하나님에게 집중하는 것입니다. 우리는 지금 하나님과 씨름해야 합니다. 그랬을 때 하나님은 우리에게 져 주시며, 우리가 새로운 이스라엘로 살게 하십니다.

한 편의 글을 소개하고 싶습니다. 'The next time you feel like God can't use you, just remember the following people', 우리말로는 '하나님이 당신을 쓰실 수 없다고 느껴질 때, 다음의 사람들을 기억하십시오'라는 제목의 글입니다. "노아는 술 취한 사람이었습니다. 아브라함은 너무 늙었습니다. 이삭은 공상가였습니다. 야곱은 집요한 거짓말쟁이였습니다. 레아는 못생겼습니다. 요셉은 학대를 받았습니다. 모세는 말이 어눌했습니다. 기드온은 두려워했습니다. 삼손은 바람둥이였습니다. 라합은 기생이었습니다. 예레미야와 디모데는 어렸습니다. 다윗은 간음한 살인자였습니다. 엘리야는 심한 우울증 환자였습니다. 이사야는 벌거벗은 설교자였습니다. 요나는 하나님을 피해 도망했습니다. 나오미는 과부였습니다. 욥은 파산했습니다. 세례 요한은 벌레를 먹었습니다. 베드로는 예수님을 부인했습니다. 제자들은 기도하다가 잠이 들었습니다. 마르다는 모든 일에 대해 근심했습니다. 막달라 마리아는 귀신이 들렸었습니다. 사마리아 수가 성 여인은 다섯 번이나 이혼했습니다. 삭개오는 키가 작았습니다. 바울은 너무 율법적이었습니다. 디모데는 몸에 문제가 있었습니다. 나사로는 죽었습니다. 이제 더 이상 핑계거리는 없습니다."

그렇습니다. 이제는 더 이상 핑계할 수 없습니다. 하나님은 이런 사람들도 다 사용하셨기 때문입니다. 우리는 지금부터 세상의 것을 모두 내려놓고 하나님을 붙잡아야 합니다. 그때 하나님은 우리를 야곱에서 이스라엘로 변화시키고 승리하게 하실 것입니다.

04

**본질을 붙드는
'사명의 질문'**

"네 손에 있는 것이
무엇이냐"

출 4:1-9

중국의 유명한 기업 알리바바(阿里巴巴)의 회장인 마윈(馬雲)은 알리바바 그룹을 세계 최대 규모의 온라인 쇼핑몰로 키워 낸 창업자입니다. 그런데 마윈은 명문대 출신도 아니고, 정보통신(IT) 분야의 전공자도 아닙니다. 외모도 보잘것없습니다. 집안도 형편없습니다. 가난한 집안에서 태어나 평범한 영어 강사로 지내던 사람입니다. 하지만 마윈이 창업한 알리바바는 15년 만에 중국을 넘어서 세계적으로 이름난 기업이 되었습니다. 그래서 마윈은 2015년 미국 서부의 명문대인 스탠퍼드(Stanford) 대학에서 강연을 하는 등 전 세계적으로 주목받는 기업가가 되었습니다.

이 강연에서 한 학생이 '아무것도 가진 것이 없었던 당신이 이토록 빨리 사업에 성공할 수 있었던 비결이 무엇이냐'고 질문했습니다. 그때 마윈은 사람들의 상식과는 다른 대답을 합니다. "저는 돈과 기술과 계획이 없었기 때문에 성공할 수 있었습니다. 저는 돈이 없었기 때문에 아이디어와 노력으로 그것을 해결했습니다. 제가 기술이 부족하니 능력 있는 기술자를 우대하고 존중했습니다. 또 저는 계획을 세울 만한 자질이 없었기 때문에 환경에 발 빠르게 대처하는 유연성을 가질 수 있었습니다."

계속해서 마윈은 학생들에게 이렇게 말합니다. "가진 것이 없다고 길이 막히는 것은 아닙니다. 능력이 없고 연약하다고 할 수 없는 것도 아닙니다. 오히려 아무것도 없기에 무한한 성공의 가능성을 가지고 있습니다."

물론 마윈은 세상적인 가치관을 가진 기업가지만, 강연의 내용만큼은 그리스도인들이 가져야 할 신앙의 자세와 가치관을 생각해 보게 합니다. 그리스도인들은 세상 사람들의 눈에는 가진 것이 없고, 무능하고, 연약해 보입니다. 하지만 신앙의 눈으로 보면 세상에서 빈털터리이기 때문에 하나님의 능력이 임할 때 무한한 성공의 가능성을 품을 수 있습니다.

한홍 목사는 《하나님이 내시는 길》(규장)이라는 책에서 이렇게 말합니다. "그리스도인은 가진 것이 없기에 하나님이 길을 보여 주셔야 합니다. 그리스도인은 능력이 없기에 더 겸손히 기도할 수 있습니다. 그리스도인은 자기 계획이 없기에 하나님의 인도하심을 따를 수 있습니다. 그리스도인은 혼자서는 아무것도 할 수 없기에 다른 사람을 더욱 소중하게 여기며, 아름다운 팀워크를 이루어 갑니다. 이처럼 그리스도인은 자신의 능력으로는 아무것도 할 수 없지만, 하나님이 함께하신다면 분명히 승리할 수 있습니다."

아무것도 가진 것이 없었지만 하나님이 함께하심으로 승리한 대표적인 인물이 바로 모세입니다. 하나님은 모세를 부를 때 '네 손에 있는 것이 무엇이냐'고 물으셨습니다. 당시 모세는 나이가 많았습니다. 그저 목동에 불과한, 아무것도 가진 것이 없는 사람이었습니다. 그런데 하나님이 모세에게 나타나 '네 손에 있는 것이 무엇이냐'고 질문하십니다.

출애굽기는 3장부터 5장까지를 함께 연결해서 이해해야 합니다. 특히 출애굽기 3장은 모세의 '소명 장'이라고 부릅니다. 이 장에는 하나님이 모세에게 새로운 사명을 주며 다시 부르시는 사건이 기록되어 있습니다. 과거에 모세는 애굽의 왕자였습니다. 그러나 살인 후에 도망하여 미디안 광야에서 양을 치며 40년을 보냅니다. 세월이 흘러 몸은 늙었습니다. 가진 것도 없습니다. 현재 모세는 양을 치는 80세 노인일 뿐입니다. 노년에도 여전히 양을 쳐야 먹고살 만큼 형편없는 처지입니다. 하나님은 그제야 모세를 부르십니다. 모세가 양들에게 풀을 먹이기 위해 하나님의 산 호렙에 이르렀을 때, 하나님은 떨기나무 가운데서 모세를 부르십니다. 하나님이 모세를 부르신 이유는, 모세를 통해 이스라엘 백성을 고통 받는 애굽 땅에서 구출해 약속의 땅으로 인도하기 위함이었습니다.

그러나 출애굽기 3장부터 5장까지 모세는 계속해서 하나님에게 변명하고 있습니다. 모세는 자기 자신을 잘 알고 있었기 때문입니다. 모세는 80세 노인입니다. 할 줄 아는 것은 양 치는 것뿐입니다. 말도 잘하지 못합니다. 그의 변명은 한마디로 '나는 아무것도 가진 것이 없고, 할 수 있는 것도 없는 사람'이라는 것입니다. 하나님이 택하여 부르셨음에도 불구하고 모세는 계속해서 '못 하겠다', '할 수 없다'고 변명합니다.

모세는 총 다섯 가지 변명을 합니다. 첫째, 자신에게는 능력이 없다고 변명합니다. "모세가 하나님께 아뢰되 내가 누구이기에 바로에게 가며 이스라엘 자손을 애굽에서 인도하여 내리이까"(출 3:11). 자신은 바로 앞에 갈 능력도 없고, 이스라엘 자손을 이끌 만한 능력도 없다는 것입니다.

둘째, 자신은 하나님을 잘 모른다고 변명합니다. "모세가 하나님께 아뢰되 내가 이스라엘 자손에게 가서 이르기를 너희의 조상의 하나님이 나를 너희에게 보내셨다 하면 그들이 내게 묻기를 그의 이름이 무엇이냐 하리니 내가 무엇이라고 그들에게 말하리이까"(출 3:13). 떨기나무 가운데서 찾아오신 하나님을 믿기는 하지만, 하나님이 누구신지는 확실히 알지 못한다는 것입니다. 즉, 하나님을 믿지만 하나님에 대한 확신은 없다는 변명입니다. 그리스도인들도 하나님을 믿지만, 때로는 하나님의 살아 계심과 함께하심에 의심이 들거나 확신하지 못할 때가 있습니다. 모세는 이런 의미로 자신이 하나님을 잘 모른다고 이야기합니다.

셋째, 사람들이 자신을 믿어 주지 않고, 자신의 말도 듣지 않을 것이라고 변명합니다. "모세가 대답하여 이르되 그러나 그들이 나를 믿지 아니하며 내 말을 듣지 아니하고 이르기를 여호와께서 네게 나타나지 아니하셨다 하리이다"(출 4:1). 자신은 이제 하나님이 살아 역사하시는 분임을 확신하지만, 사람들은 자신의 말을 믿어 주지 않을 것이라는 변명입니다.

넷째, 자신은 말을 잘하지 못하는 자라고 스스로를 평가합니다.

"모세가 여호와께 아뢰되 오 주여 나는 본래 말을 잘하지 못하는 자니이다 주께서 주의 종에게 명령하신 후에도 역시 그러하니 나는 입이 뻣뻣하고 혀가 둔한 자니이다"(출 4:10). 바로에 대항해서 백성을 이끌 지도자라면 말도 당당하게 하고 연설도 잘해야 할 텐데, 입이 뻣뻣하고 혀가 둔해서 할 수 없다는 변명입니다.

마지막으로 모세는 보낼 만한 다른 사람을 보내시라고 이야기합니다. "모세가 이르되 오 주여 보낼 만한 자를 보내소서"(출 4:13). 하나님은 모세의 다섯 가지 변명에도 불구하고 각각에 대한 해결책을 말씀해 주셨습니다. 그래도 모세는 가기 싫다고 변명을 합니다. 자신 말고 다른 사람을 보내시라는 것입니다. 그런데도 하나님은 모세를 사용하십니다. 하나님은 모세의 모든 걱정과 염려와 변명에 대해 조목조목 답하면서 한 가지 큰 약속을 해 주십니다. 모세가 가진 모든 걱정과 변명에 대한 해결책이 바로 출애굽기 3장 12절에 기록되어 있습니다. "하나님이 이르시되 내가 반드시 너와 함께 있으리라 네가 그 백성을 애굽에서 인도하여 낸 후에 너희가 이 산에서 하나님을 섬기리니 이것이 내가 너를 보낸 증거니라." 하나님은 모세에게 '네 말처럼 너 혼자서는 아무것도 할 수 없는 형편없는 존재일 수 있다. 하지만 내가 반드시 너와 함께하겠다'고 약속하십니다. 바로 이것이 하나님의 답입니다.

하나님이 모세에게 하신 '네 손에 있는 것이 무엇이냐'는 질문은 모세의 세 번째 변명에 대한 하나님의 답변입니다. 모세가 '백성이 나를 믿지 않고 내 말도 듣지 않을 것'이라고 변명할 때 하나님은 '네 손에 있는 것이 무엇이냐'고 질문하십니다. 모세는 당연히 지팡이라고 대답합니다. 하나님은 '사람들이 나를 믿어 주지 않는다, 나에게는 능력이 없다'고 변명하는 우리에게도 동일하게 물으십니다. '네 손에 있는 것이 무엇이냐?' 지금 당신의 손에 들려 있는 것은 무엇입니까?

사실 모세가 들고 있는 지팡이는 특별한 것이 아닙니다. 모세가 자신의 손에 든 것이 지팡이라고 말하자 하나님은 "그것을 땅에 던지라"(출 4:3)라고 말씀하십니다. 모세가 하나님 말씀에 순종하자 지팡이가 뱀으로 변합니다. 중동의 사막 지역에서 뱀은 독성이 강한 코브라 종류입니다. 그때 하나님이 모세에게 "네 손을 내밀어 그 꼬리를 잡으라"(출 4:4)라고 말씀하십니다. 모세가 하나님 말씀에 순종해서 잡으니 뱀이 다시 지팡이가 됩니다.

하나님은 모세에게 또 다른 기적을 보여 주십니다. 하나님은 모세에게 "네 손을 품에 넣으라"(출 4:6)라고 말씀하십니다. 모세가 품에 손을 넣었다가 꺼내 보니 손에 나병이 생겼습니다. 이어서 하나님의 말씀대로 나병이 든 손을 다시 품에 넣었다가 꺼내니 본래대로 돌아왔습니다. 인간의 생각으로는 기적이고 불가능한 일이지만, 하나님에게는 쉬운 일입니다. 하나님이 모세에게 이러한 기적을 보여 주신 이유는, 하나님의 능력 앞에 살아 있는 신이라 불리는 애굽의 바로도 굴복할 것이라는 징표를 보여 주고자 하신 것입니다.

내려놓아야 붙잡을 수 있다

하나님이 모세의 손에 지팡이가 있는 것을 모르시는 것이 아닙니다. '네 손에 있는 것이 무엇이냐'는 하나님의 질문 안에는 '네가 그동안 집착하고 의지한 것이 무엇이냐'는 의미가 담겨 있습니다. 하나님보다 의지하고, 하나님보다 가까이하는 것이 무엇이냐는 물음입니다.

모세가 들고 있던 지팡이는 크고 좋은, 화려한 것이 아닙니다. 고대 근동 지방의 목동들이 흔히 가지고 다니던 손때 묻고 보잘것없는 작은 막대기에 가깝습니다. 흔히 모세의 지팡이라고 하면 영화 〈십계〉에서 볼 수 있듯이 모세의 키보다 더 크고 멋진 지팡이를 생각하기 쉽습니다. 그래서 마치 지팡이에 어떤 능력이 담긴 것처럼 보이기도 합니다. 터키 이스탄불에 있는 톱카프 궁전 박물관에는 '모세의 지팡이'로 불리는 유물이 전시되어 있습니다. 직접 가서 보면 우리가 생각하는 지팡이가 아니라 막대기에 가깝습니다. 이 지팡이는 나이 든 모세에게는 말 그대로 지팡이 역할도 하고, 대적이 올 때는 무기도 되며, 양을 칠 때는 방향을 제시하는 도구였습니다. 모세에게는 가장 가까이에 두고 사용하는, 의지하는 대상이었습니다.

최형섭 목사는 《하나님의 일곱 가지 질문》(예수전도단)이라는 책에서 모세의 지팡이가 상징하는 의미가 있다고 말합니다. 모세가 손에 들고 있던 지팡이는 우리가 손에 든 소유나 물질 등 내가 가진 것들을 의미한다고 합니다. 또 어떤 경우에는 우리가 의지하는 대상이나 사람으로 볼 수도 있다고 합니다. 예를 들면, 많은 사람이 자신의 손에 가진 돈을 의지합니다. 돈이 나를 당당하게 하고, 보호해 주며, 살아가는 데 꼭 필요한 도구라고 생각합니다. 지팡이도 마찬가지로 모세가 의지하던 것이었습니다. 맹수의 위협으로부터 보호해 주는 도구이며, 양을 치며 살아가는 데 꼭 필요한 것이었습니다. 그런데 하나님은 그 지팡이를 땅에 던지라고 말씀하십니다. 그동안 의지했던 것들을 땅에 던지고, 이제부터는 하나님을 의지하라는 의미인 것입니다.

모세는 하나님을 만난 이후로 더 이상 자신의 지팡이가 아니라, 하나님의 지팡이를 붙잡게 됩니다. 모세의 손에 들린 지팡이에 어떤 능력이 있는 것이 아닙니다. 모세에게 능력이 있는 것도 아닙니다. 모세도, 지팡이도 오직 하나님의 도구일 뿐입니다. 아무것도 아닌 지팡이에 하나님의 능력이 임하고 모세가 하나님을 의지했을 때 홍해가 갈라지고 반석에서 생수가 나오는 하나님의 지팡이가 되는 것입니다. 즉, 하나님은 모세에게 '모세 자신의 지팡이, 사람의 지팡이'를 내려놓고 '하나님의 지팡이'를 붙잡으라고 말씀하시는 것입니다.

출애굽기 4장 20절은 "모세가 그의 아내와 아들들을 나귀에 태우고 애굽으로 돌아가는데 모세가 하나님의 지팡이를 손에 잡았더라"라고 말씀합니다. 과거에는 '나의 지팡이'였지만, 자신이 의지했던 모든 것을 내려놓은 뒤에는 '하나님의 지팡이'를 손에 잡을 수 있었습니다. '하나님의 지팡이'를 히브리어로는 '마테흐 하 엘로힘'이라 하는데, 여기서 '마테흐'는 '지팡이', '하'는 '-의' 그리고 '엘로힘'은 '전능하신 하나님', 즉, '전능하신 하나님의 지팡이'라는 뜻입니다. 나는 부족하고 능력 없고 보잘것없는 존재지만, 내가 붙든 하나님은 전능하신 분입니다. 하나님이 모세에게 하신 질문 안에는 그동안 붙잡고 의지했던 것을 내려놓고 전능하신 하나님을 붙잡으라는 뜻이 담겨져 있습니다.

우리는 하나님보다 더 신뢰하는 것이 있어서는 안 됩니다. 우리는 하나님보다 재산이나 가족, 자녀 등을 더욱 믿고 의지할 때가 많습니다. 하나님이 우리에게 '네 손에 든 것을 내려놓으라'고 하시는 것은 우리의 것을 빼앗아 가거나 우리를 힘들게 만드시려는 것이 아닙니다. 우리의 삶에서 하나님보다 우선해서 의지하던 것들을 하나님 앞에 내려놓을 수 있는지를 보시는 것입니다. 우리가 의지하던 대상을 하나님 앞에 내려놓고 그분을 붙잡을 수 있느냐는 질문입니다. 우리 손에 들고 있는 가장 아끼는 것, 가장 의지하는 것을 하나님을 위해 내려놓을 수 있는 것이 진정한 믿음이며, 하나님에 대한 사랑입니다.

미국 캘리포니아 쇼어라인 커뮤니티 교회의 목회자인 케빈 하니(Kevin G. Harney)는 자신의 책 《무모한 믿음》(규장 역간)에서 자신의 아내와 아들에 관한 이야기를 말하고 있습니다. 하루는 다섯 살인 자신의 둘째 아들 조슈아가 새벽부터 바쁘게 움직이기 시작했습니다. 이 날은 엄마의 생일이었기 때문입니다. 아들은 이른 새벽부터 아빠 방에 있던 파란색 상자를 가져다가 선물을 담고 엄마에게 생일 축하 카드를 썼습니다.

선물 상자 안에는 네 가지 선물이 들어 있었는데, 첫 번째 선물은 아들이 정말 아끼는 작은 모형 자동차였습니다. 이 선물에 엄마는 감동하고 말았습니다. 아들이 이것을 얼마나 아끼는지를 알기에 엄마는 자신에 대한 아들의 사랑을 느낄 수 있었던 것입니다. 두 번째 선물은 25센트짜리 동전이었습니다. 우리 돈으로 약 300원가량이 아들의 전 재산이었습니다. 어른이 볼 때는 아무것도 아니지만, 아들은 자신의 전 재산을 엄마에게 선물로 드린 것입니다. 세 번째 선물은 핀볼 게임기였습니다. 어디를 가든지 꼭 가지고 다니는 게임기였습니다.

그런데 마지막 선물이 의아했습니다. 마지막 선물로는 장난감 수갑이 들어 있었습니다. 엄마는 도저히 이해할 수 없었습니다. 충격도 받았습니다. 그래서 아들에게 왜 수갑을 선물로 넣었는지를 물었습니다. 그러자 아들이, 오늘은 엄마 생일이니 한쪽 수갑은 자기 팔에, 다른 한쪽은 엄마 팔에 채워서 온종일 엄마와 같이 있고 싶다고 대답합니다. 그때 엄마의 눈에서 눈물이 쏟아지며 하나님의 마음을 조금이나마 느꼈다고 말합니다. 우리가 의지하던 것을 내려놓고 하나님과 함께 있기를 간절히 바랄 때 하나님도 이렇게 기뻐하시겠다는 마음이었습니다. 하나님은 우리의 삶이 'I AM NOTHING'(나는 아무것도 아닙니다)에서 'GOD IS EVERYTHING'(하나님이 전부이십니다)으로 바뀌는 것을 원하십니다.

2001년 9월 11일, 전 세계를 충격에 빠뜨린 9.11 테러가 일어났습니다. 그 후 미국 전체의 시스템뿐만 아니라 사람들의 가치관 또한 많이 바뀌었습니다. 당시 〈뉴욕 타임스〉(The New York Times) 기사에는 맨해튼에 있던 증권회사에서 전산총괄전무로 일하던 사람이 쓴 글이 실려 있습니다. 이 사람은 9.11 테러 당일, 지금은 무너진 세계무역센터에서 회의를 하고 있었습니다. 그런데 갑자기 다른 지역에 있는 사무실에 급한 일이 생겨 건물에서 나오게 되었습니다. 건물에서 나와 다른 곳으로 향하려 하는데, 갑자기 비행기가 세계무역센터 건물로 돌진합니다. 위에서 불덩이가 쏟아지고, 건물이 무너지려 하니 빌딩 옥상인 110층에 있던 사람들이 강으로 뛰어내립니다. 불과 몇 분 전에 자신과 회의를 하던 사람들이 모두 사망했습니다. 자신이 살고 있는 마을의 이웃들도 67명이나 목숨을 잃었습니다. 테러로 인해 회사도 문을 닫게 되어 1,800명이 한꺼번에 직장을 잃었습니다. 35년간 다니던 직장을 하루아침에 잃고 실직자가 되었습니다. 자신의 손에 있던 것들이 완전히 사라져 버린 것입니다.

그런데 그는 자신이 쓴 글에서 이렇게 고백합니다. "아무것도 없는 상태가 되니 지금까지 알지 못했던 새로운 가치를 발견했다. 내가 지금까지 붙잡으려 했던 것은 아무것도 아니었다. 창조주를 의지하고 기억하는 것 외에 인생의 참된 가치는 아무것도 없다. 우리가 지금 붙들고 있는 것은 한순간에 사라질 수 있는 '아무것도 아닌 것'이었다. 이것을 깨닫고 나의 가치관은 'I AM NOTHING'에서 'GOD IS EVERYTHING'으로 바뀌게 되었다."

모세에게 하신 것은 '네가 의지하던 것을 던지고 나를 의지하라'는 하나님의 시청각 교육이었습니다. 내 손에 들고 의지하던 지팡이가 하나님이 말씀하시니 뱀으로 변하고, 내 손으로 다 할 수 있는 것처럼 보였는데 하나님이 말씀하시니 나병이 들어 저주받은 손이 되기도 합니다. 이처럼 우리가 붙잡았던 것은 아무것도 아니라는 것입니다. 그때 모세는 전능하신 하나님을 의지해야 한다는 사실을 깨닫게 됩니다. 하나님은 우리의 생각과 삶의 모든 영역을 넘어서는 분이십니다. 이 사실을 깨닫는다면 우리는 하나님의 능력에 고개를 숙이고 의지할 수밖에 없습니다.

바다오리(Guillemot)라는 새가 있습니다. 이 새는 바위틈에 알을 낳는데, 수천 마리의 새가 한꺼번에 산란하면 바위 전체가 알로 가득 찹니다. 그런데도 수많은 알 중에서 어미 새는 자신의 알을 찾아갑니다. 또 새끼손가락 크기의 작은 벌새가 6천 킬로미터를 날아가기도 하고, 철새들은 자신들이 가는 길을 정확하게 안다고 합니다. 이러한 것을 보면 하나님이 우주만물을 정교하게 만드셨다는 것을 깨닫게 됩니다. 이처럼 세상의 모든 것은 하나님의 섭리 가운데 있습니다. 어떤 사람들은 세상의 모든 것은 우연이며, 의지할 것은 힘이나 돈, 인간의 이성밖에 없다고 주장합니다. 이것은 하나님이 보시기에 참으로 어리석은 일입니다. 그래서 모세에게 하신 '네 손에 있는 것이 무엇이냐'는 질문은 지금까지 집착하고 의지했던 것을 내려놓으면 이제부터는 하나님이 함께해 주시겠다는 놀라운 축복의 말씀입니다.

보잘것없어도 쓰임 받을 수 있다

본문인 출애굽기 4장 4절은 "여호와께서 모세에게 이르시되 네 손을 내밀어 그 꼬리를 잡으라 그가 손을 내밀어 그것을 잡으니 그의 손에서 지팡이가 된지라"라고 말씀합니다. 이것이 모세의 모험입니다. 모세의 순종입니다. 시골에서 뱀을 잡아 본 사람이라면 뱀은 머리를 잡아야 한다는 사실을 알 것입니다. 머리를 잡아야만 뱀이 꼼짝하지 못합니다. 만약 꼬리를 잡으면 당연히 물리게 됩니다. 뱀에게 독이라도 있으면 죽음을 자초하는 일입니다.

하나님이 지팡이를 뱀, 특히 코브라로 변하게 하신 이유가 있습니다. 뱀은 사람에게는 무서운 대상입니다. 또한 '투탕카멘의 가면'에서 볼 수 있듯이 뱀은 모세가 이겨 내야 할 대상인 바로(파라오)의 상징입니다. 무엇보다 뱀은 사탄을 상징합니다. 이처럼 뱀은 사람들에게는 공포의 대상이며, 이길 수 없는 존재요, 죽음의 상징입니다. 상식적으로 하나님 말씀대로 뱀의 꼬리를 잡으면 물려 죽고 맙니다. 그런데 하나님은 모세에게 뱀의 꼬리를 잡으라고 하십니다. 우리가 가진 이성과 논리는 내려놓고 하나님을 믿고 모험을 하라는 것입니다. 모세가 하나님 말씀에 순종해서 뱀의 꼬리를 잡으니, 다시 지팡이로 변합니다.

지팡이는 일상의 평범한 도구입니다. 어디서나 흔히 볼 수 있는 막대기입니다. 목동이 양을 칠 때 가지고 다니는 하찮은 것입니다. 그러나 이것이 하나님에게 붙잡히는 순간 기적을 행하는 도구가 됩니다. 하나님이 함께하시자 볼품없는 모세의 지팡이가 120만 대군을 이끄는 위대한 하나님의 지팡이가 된 것입니다. 모세의 손 역시 마찬가지입니다. 아무것도 할 수 없는 힘없는 80세 노인의 손입니다. 그러나 하나님을 붙잡는 순간, 위대한 일에 쓰임 받는 손이 됩니다.

우리에게 남은 것이 아무것도 없을 때, 그 순간이 하나님을 찾아야 하는 시간입니다. 능력이 없어도, 돈이 없어도, 건강이 없어도, 나이가 많아도 문제 될 것이 없습니다. 왜냐하면 하나님이 함께하시기 때문입니다. 하나님은 "내가 반드시 너와 함께 있으리라"(출 3:12)라고 모세에게 약속해 주십니다. 전능하신 엘로힘의 하나님이 당신의 지 팡이를 손에 들려 주시겠다는 것입니다.

해럴드 린셀(Harold Lindsell)은 "하나님께서 모세에게 네 손에 있는 것이 무엇이냐고 물으신 것은 모세의 손에 있는 것을 통해 하나님 의 능력과 지혜를 나타내 보이고자 하신 것이다. 하나님께서는 다윗 의 손에 있는 물맷돌 하나로 하나님의 능력과 지혜를 나타내 보이셨 다"라고 말합니다. 모세의 지팡이는 볼품없지만 하나님의 능력이 임 하자 위대한 도구가, 일을 하는 도구가 됩니다. 다윗도 그렇습니다. 다윗은 나이가 어렸습니다. 게다가 다윗이 가진 것은 특별한 무기가 아닌, 평상시에 사용하던 보잘것없는 물맷돌이었습니다. 남들이 보 면 무모한 믿음이 아닐 수 없습니다. 그런데 물맷돌을 골리앗의 이 마에 던져서 승리합니다. 사무엘상 17장을 살펴보면 골리앗이 가만 히 있는데 이마를 맞춘 것이 아닙니다. 골리앗은 다윗을 향해 달려 왔습니다. 움직이는 골리앗의 이마를 정확히 맞춘 것입니다. 이것은 당연한 것이 아니라, 다윗의 물맷돌 던지는 기술이 좋아서, 물맷돌이 특별한 무기라서 이긴 것이 아니라, 하나님의 능력입니다.

믿음의 모험을 할 때는 아무것도 보이지 않아도 절망할 필요가 없 습니다. 불가능한 것처럼 보여도 겁을 낼 필요가 없습니다. 하나님 이 함께하시기 때문입니다. 하나님이 함께하시면 애굽의 바로를 이 기고 승리하게 될 것입니다. 하나님이 함께하시면 모든 것이 해결될 것입니다. 작은 새 한 마리까지도 주관하시는, 우리 인생의 주인 되 시는 하나님이 함께하시면 아무리 무능하고 부족하고 연약해도, 가진 것이 아무것도 없어도 문제없습니다.

클레이튼(Clayton)은 '하나님이 나와 함께하신다'는 의미에 대해 다섯 가지로 요약합니다. 첫째는, 친밀하다는 것입니다. 하나님과의 교제가 있습니다. 둘째는, 보살피시겠다는 것입니다. 하나님이 우리를 책임져 주신다는 것입니다. 셋째는, 인도해 주시겠다는 것입니다. 하나님이 우리보다 앞서 걸어가신다는 것입니다. 넷째는, 보호해 주시겠다는 것입니다. 세상에 하나님 외에는 어떤 것도 우리를 보호할 수 없습니다. 마지막 다섯째는, 필요한 것을 공급해 주시겠다는 약속입니다. 이것이 바로 하나님이 함께해 주시겠다는 것의 구체적인 의미입니다. 이처럼 하나님이 함께하시면 더는 걱정할 필요가 없습니다. 인생의 모든 문제가 해결된 것입니다.

의사이자 기독교 상담 심리학자인 폴 투르니에(Paul Tournier)가 쓴 《인간의 자리》(눈출판그룹 역간)라는 책이 있습니다. 이 책에 보면 '중간 지대의 불안'이라는 용어가 등장하는데, 이는 사람들의 마음 가운데 망설임과 불안감이 있는 부분을 가리키는 표현입니다. 하나님을 믿는 사람들도 마음 깊은 곳에는 의심하고 두려워하는 마음이 있습니다. 이것을 폴 투르니에는 서커스에서 공중그네 타는 사람에 비유해서 설명합니다. 공중그네 묘기를 보면 두 사람이 등장합니다. 공중그네를 타고 있는 사람이 있고, 반대편에서 공중그네를 타려고 출발하는 사람이 있습니다. 이 두 사람은 양쪽에서 공중그네를 타면서 중간 지점을 향해 나아옵니다. 그리고 어느 순간이 되면 한 사람은 자기가 붙잡고 있던 그네를 놓고 공중에서 두세 바퀴를 돌며 다른 사람이 타고 있는 그네로 뛰어듭니다. 그리고 다른 공중그네를 탄 사람의 손을 잡고 함께 반대편으로 착지합니다.

폴 투르니에는 자신의 그네를 놓은 후부터 반대편의 그네를 잡기 전까지를 중간 지대라고 표현합니다. 중간 지대에 있는 순간에는 아무것도 의지할 대상이 없이 공중에 떠 있는 상태입니다. 그때 성도들은 불안하고 염려하며 절망에 빠집니다. 하지만 잡았던 그네를 놓고 뛰어든 사람보다 더 긴장하는 사람이 있습니다. 바로 반대편에서 뛰어든 사람의 손을 잡아 주려고 기다리는 사람입니다. 손을 잡아 주는 사람이 정확한 타이밍을 맞추어야 안전하게 곡예를 마무리할 수 있습니다. 사람들이 박수를 보내고 감탄하는 것은 공중그네에서 뛴 사람이지만, 가장 많은 신경을 쓰는 것은 뛴 사람의 손을 반대편에서 잡아 주기 위해 기다리는 사람입니다.

그리스도인들도 때로 실패하면 어떻게 될까, 떨어지면 어쩌나 하는 불안을 품고 살아갑니다. 하지만 우리는 이미 공중그네를 잡고 있던 손을 놓았습니다. 이제 우리에게 남은 것은 반대편에서 우리를 안전하게 잡아 주려고 기다리시는 하나님을 의지하는 것뿐입니다. 우리는 더 이상 의지할 것이 없습니다. 과거로 다시 돌아가지도 못합니다. 하지만 아무것도 붙잡지 못해도 불안해할 필요는 없습니다. 우리의 타이밍보다 하나님의 타이밍이 더욱 정확하기 때문입니다. 전능하신 하나님을 신뢰한다면 걱정할 이유가 없습니다. 지금도 여전히 우리를 붙들고 승리하게 하시는 하나님을 깨닫게 하기 위해 우리 손에 있는 것을 내려놓으라고 말씀하시는 것입니다.

하나님이 모세에게 '네 손에 있는 것이 무엇이냐'고 질문하신 이유는, 그동안 하나님을 의지하지 않고 세상을 의지했던 모세를 책망하시기 위함이 아니었습니다. 당신의 기적을 보여 주면서 이렇게 약속 하시기 위함이었습니다. '모세야, 불안해하지 마라. 걱정하지 마라. 반드시 내가 너와 함께하노라.'

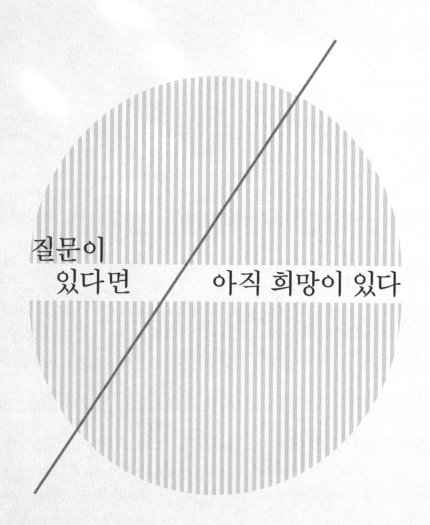

· 2부 ·

질문이
있다면   아직 희망이 있다

05

절망을 이겨 내는
'희망의 질문'

"네가
무엇을 보느냐"

렘 1:11-19

1597년, 일본의 침략에 의한 정유재란(丁酉再亂)이 있었습니다. 침략 당시 일본에는 도자기 기술이 없어서 조선의 도자기가 일본에서는 굉장히 높은 가치를 가지고 있었습니다. 그래서 일본은 조선을 침략하면서 많은 도공들을 납치해 일본으로 끌고 갔습니다. 이때 일본으로 끌려간 도공 중에 심당길(沈當吉)이라는 분이 있습니다. 이분의 14대 후손이 심수관(沈壽官)으로 '사쓰마야키'(薩摩燒), 즉 사쓰마 도자기를 세계적인 브랜드로 일궈 낸 분입니다. 타국에 끌려가서도 약 420년간 가업의 명맥을 유지해 온 것입니다.

이분의 강연을 들어 보면 어렸을 때 아버지와의 일화를 소개한 대목이 있습니다. 초등학교 입학식을 마치고 돌아온 어느 날, 아버지의 부름을 받고 작업실로 가자 아버지는 도자기를 빚는 물레 위에 진흙 한 덩이를 올려놓고 가운데에 바늘을 꽂았다고 합니다. 그리고 물레를 돌리면서 이렇게 물으셨다고 합니다. "아들아, 네 눈에는 무엇이 보이느냐?" 그래서 아버지에게 "돌아가는 물레의 중심에 꽂힌 움직이지 않는 바늘이 보입니다"라고 대답했다고 합니다. 그러자 아버지는 "잘 보았다. 물레는 돌아가지만, 중심에 있는 바늘은 움직이지 않는다. 이것이 앞으로 네가 추구해야 할 중심이다"라고 말씀하셨다고 합니다. 당시에 갓 초등학교에 입학했던 자신에게는 이해하기 힘든 말씀이었지만, 노인이 된 지금 생각해 보니 그때 아버지께서 해 주신 말씀이 자신의 인생을 붙들었을 뿐 아니라 조선 도자기의 맥을 잇도록 도와주었다고 고백합니다. 움직이지 않는 중심을 추구하라는 아버지의 말씀은 단순히 도자기 기술을 끊임없이 연마하라는 뜻이 아니라, '조선인이라는 정체성을 잊지 말아라', '시대의 흐름을 따라가지 말고 본질을 붙들어라'라는 뜻임을 깨달았다고 합니다.

그리스도인의 삶도 마찬가지입니다. 그리스도인은 삶 속에서 인생의 중심을 잃어버리고 세상의 것들에 집착해서는 안 됩니다. 자신이 예수를 믿는 그리스도인이라는 정체성을 가져야 합니다. 우리 인생의 중심인 예수 그리스도를 붙잡아야 합니다. 시대를 따라가는 것이 아니라 주님의 뜻대로 사는 것이 그리스도인이 바라보며 나아가야 할 삶입니다.

인생을 살아감에 있어 중요한 것은 어떤 것을 바라보느냐입니다. 사람은 자신이 바라보는 것을 추구하고, 무엇을 보는지에 따라 인생의 방향이 결정되기 때문입니다. 흔히 눈은 마음의 창이라고 합니다. 우리가 무엇을 주목하는지에 따라 마음과 삶이 향하는 곳을 알려 주기 때문입니다. 그래서 생각해 보면, 우리가 바라보고 있는 것이 결국 우리의 미래일 수도 있습니다.

성경에서도 무엇을 바라보는지에 따라 인생의 미래가 결정되는 경우를 찾아볼 수 있습니다. 인류의 조상인 하와는 하나님이 만드신 생명나무를 바라보지 않고 오히려 하나님이 경고하신 선악을 알게 하는 나무를 바라봄으로 탐욕의 마음을 품었습니다. 그리고 선악과를 먹음으로 죄를 지어 인류의 미래를 영원한 죽음으로 향하게 하고 말았습니다. 또한 다윗은 밧세바를 인간적인 눈으로 바라봄으로써 죄를 짓고 하나님의 징계를 받았습니다. 하지만 에녹은 아들인 므두셀라를 바라볼 때마다 하나님을 생각했습니다. 그래서 그의 인생은 하나님과 동행하는 삶이 되었습니다. 또한 아브라함은 하나님이 주실 약속의 땅을 믿음의 눈으로 바라보았습니다. 그리고 결국엔 그의 후손들이 그 땅을 기업으로 받게 되었습니다(반대로 조카 롯은 소알 땅을 바라봄으로 후손들이 멸망하게 됩니다).

뉴욕시립대에서 양자물리학으로 학위를 받은 최형섭 박사는 《하나님의 일곱 가지 질문》이란 책에서 이렇게 설명하고 있습니다. "하나님의 비전(Vision)을 보는 사람은 하나님의 길을 걷고, 세상의 것을 보는 사람은 세상의 길을 걷는다. 이처럼 우리가 바라보는 것이 우리의 앞날을 결정한다. 더 나아가, 우리가 생각하는 것이 무엇을 바라보는지를 선택하고, 우리가 바라보는 것이 우리의 미래를 결정한다."

본문인 예레미야 1장 11-19절은 하나님이 선지자 예레미야에게 환상을 보여 주면서 질문하신 사건을 기록하고 있습니다. 하나님이 보여 주신 두 가지 환상은 살구나무 가지와 끓는 가마였습니다. 그리고 하나님은 '네가 무엇을 보느냐'고 질문하십니다. 이것은 예레미야에게 주신 영적인 의미가 있습니다.

예레미야는 요즘 말로 하면 아웃사이더(outsider), 곧 주류(主流)에서 벗어난 삶을 살던 사람입니다. 성경은 예레미야의 아버지를 아나돗 지역의 제사장 힐기야라고 소개합니다. 이것만 보아도 아버지에게 뭔가 문제가 있었음을 알 수 있습니다. 제사장인 예레미야의 아버지가 거주해야 할 곳은 예루살렘이었기 때문입니다. 아나돗은 예루살렘 북쪽 베냐민 지파의 땅으로서 현재 지명은 '아나타'라고 불립니다. 당시에는 유배지로 사용되었습니다. 예레미야의 아버지는 제사장이었지만 어떤 이유로 인해 유배지인 아나돗에 머무르게 되었습니다. 예레미야는 처음부터 주류 사회에 어울리지 못하는 가정환경 속에서 성장했습니다. 성격도 내성적이었습니다. 말도 어눌했습니다. 눈물의 선지자라고 불릴 만큼 삶도 괴로웠습니다. 그는 왕과 백성에게 하나님의 심판과 징계라는 저주의 예언을 선포합니다. 그러다가 감옥에 갇히기도 합니다. 예언을 선포하면서 예레미야 자신도 괴로워합니다.

예레미야는 요시야부터 시드기야에 이르기까지 네 명의 왕이 다스리던 40년 동안이나 선지자의 역할을 감당했습니다. 당시 시대는 영적으로 암울했는데, 특히 지도자들과 종교인들의 타락이 심했습니다. "제사장들은 여호와께서 어디 계시냐 말하지 아니하였으며 율법을 다루는 자들은 나를 알지 못하며 관리들도 나에게 반역하며 선지자들은 바알의 이름으로 예언하고 무익한 것들을 따랐느니라" (렘 2:8). 요즘으로 말하자면 목회자와 교회 직분자들이 하나님을 찾지 않고, 하나님의 말씀을 스스로 어기고, 세상의 우상들로 하나님을 예배하는 죄악을 짓고 있다는 것입니다. 이것을 '종교 혼합주의'라고 합니다. 하나님을 섬긴다고 하면서 세상의 방법대로 하는 것입니다.

이스라엘의 유물 중에 이러한 종교 혼합주의를 잘 보여 주는 것이 있습니다. 바로 한 자리에 두 제단이 있는 것입니다. 하나는 하나님에게 드리는 제단으로, 다른 하나는 바알에게 드리는 제단으로 사용한 것입니다. 이것은 하나님에게 있어 모욕입니다. 백성 전체가 하나님과 우상을 동시에 섬기는 '종교 혼합주의'에 빠져 있었습니다.

예레미야 2장 25절은 "오직 너는 말하기를 아니라 이는 헛된 말이라 내가 이방 신들을 사랑하였은즉 그를 따라가겠노라 하도다"라고 말씀합니다. 본문인 1장 16절도 "무리가 나를 버리고"라고 말씀합니다. 이스라엘 백성은 하나님을 믿는 것처럼 하면서도 실제로는 하나님을 버린 것입니다. 계속해서 하나님은 "다른 신들에게 분향하며 자기 손으로 만든 것들에 절하였은즉 내가 나의 심판을 그들에게 선고하여 그들의 모든 죄악을 징계하리라"라고 말씀하십니다.

이스라엘이 하나님을 떠난 상황과 하나님이 안타까워하며 슬퍼하시는 것을 직접 본 예레미야는 눈물을 흘릴 수밖에 없었습니다. 이런 예레미야에게 하나님은 두 가지 환상을 보여 주십니다. 그리고 '네가 무엇을 보느냐'고 질문하십니다. 예레미야가 본 두 가지 환상을 살펴보면서 하나님이 하신 질문을 생각해 보고자 합니다.

절망 속에서 소망을 바라보라

본문인 예레미야 1장 11절은 "여호와의 말씀이 또 내게 임하니라 이르시되 예레미야야 네가 무엇을 보느냐 하시매 내가 대답하되 내가 살구나무 가지를 보나이다"라고 말씀합니다. 당시 이스라엘은 절망 속에 있었습니다. 국내적으로는 종교의 타락과 정치적인 문제가 있었습니다. 국외적으로는 바벨론의 침략이 임박했던 상황입니다. 그러나 하나님은 이스라엘이 징계를 받게 될지라도 소망을 포기하지 말라는 메시지를 주셨습니다. 바로 예레미야에게 '살구나무 가지' 환상을 보여 주신 것입니다. "여호와께서 내게 이르시되 네가 잘 보았도다 이는 내가 내 말을 지켜 그대로 이루려 함이라 하시니라"(렘 1:12). 비록 이스라엘이 징계와 심판을 받을지라도 살구나무 가지를 통해 소망을 가지라는 뜻입니다.

본문의 살구나무는 히브리어 원문에 보면 '샤케드', 즉 '아몬드 나무'라는 의미입니다. 성경이 우리말로 번역될 당시 우리나라에는 아몬드 나무가 없었기에 비슷한 모양의 살구나무라고 번역한 것입니다. 아몬드 나무는 이스라엘에서 겨울이 지난 후 모든 나무 중에 제일 먼저 하얀 꽃을 피웁니다. 그래서 아몬드 나무는 이스라엘에서 희망을 상징합니다. 절망과 고난의 겨울이 지나갔다는 상징입니다. 또한 아몬드 나무를 뜻하는 '샤케드'라는 단어에는 '지켜보다'라는 의미가 들어 있습니다. 본문 12절에서 "이는 내가 내 말을 지켜"라고 말씀하실 때 사용된 동사가 '샤케드'입니다. 그래서 하나님이 아몬드 나무 환상을 보여 주면서 하시는 말씀은 '징계가 끝이 나면 소망이 있다는 약속을 나는 반드시 지킬 것이다', '나는 내가 약속을 이루는 것을 지켜보고 있다'라는 뜻입니다. 신학자 아담 클라크(Adam Clarke)는 "샤케드란, 하나님께서 선지자를 통해 전달한 예언이 이루어지도록 깨어 지켜보실 것이라는 말씀이다"라고 해석합니다. 그리고 성경 학자 존 브라이트(John Bright)는 "여호와께서는 자신의 말씀이 반드시 실현되도록 친히 지켜보신다"라고 이야기합니다.

아몬드 나무 환상의 의미는 '심판과 징계가 이스라엘에게 있을지라도 두려워하지 마라. 내가 구원의 소망을 주겠다. 내가 이스라엘을 지켜보고 있다'는 뜻입니다. 하나님은 "그들 때문에 두려워하지 말라 네가 그들 앞에서 두려움을 당하지 않게 하리라"(렘 1:17)라고 말씀하십니다. 또한 "그들이 너를 치나 너를 이기지 못하리니 이는 내가 너와 함께하여 너를 구원할 것임이니라 여호와의 말이니라"(렘 1:19)라고 약속하십니다. 하나님의 약속은 믿기 힘든 말씀입니다. 우리나라의 경상도보다 작은 이스라엘이 세계 최강대국 바벨론에게 이길 수 있느냐는 의심이 들기 마련입니다. 그런데도 하나님은 아몬드 나무 가지를 환상으로 보여 주면서 희망의 약속을 주십니다. 이스라엘이 비록 절망 속에서 겨울을 보내지만, 겨울이 끝나면 가지에서 꽃이 피듯이 하나님이 약속하신 구원을 이루실 것이라는 말씀입니다. 그래서 하나님은 '두려워하지 마라. 내가 너와 함께하여 구원하겠다'라고 말씀하십니다.

성도들도 살아가면서 커다란 시련과 어려움이 닥치면 절망합니다. 더는 방법이 없고 이젠 끝이라고 낙심합니다. 하지만 하나님은 우리에게도 같은 말씀을 하십니다. '네가 무엇을 보느냐? 겨울을 이겨 낸 꽃이 핀 살구나무 가지를 바라봐라.' 그리고 '두려워하지 마라. 고난 속에서도 내가 함께하겠다. 내가 너를 구원할 것이다'라고 약속하십니다. 그러면서 '여호와의 말이니라'라고 말씀을 맺으십니다.

하나님의 말씀은 권위가 있습니다. 세상이 다 없어져도 하나님의 약속은 반드시 이루어 주십니다. 그래서 성도들은 어떤 고난 앞에서도 두려워할 필요가 없는 것입니다.

미국인들이 아이들이 잠자리에 들기 전에 들려주는 한 이야기가 있습니다. 거인들이 사는 마을에 둘리라는 소년이 살고 있었습니다. 그런데 아빠도 거인이고 엄마도 거인이지만 둘리는 키가 자라지 않았습니다. 심지어 또래 친구들보다도 키가 작았습니다. 그러던 어느 날, 마을에 수트라는 괴물이 나타났습니다. 괴물은 엄청나게 크고 무서웠습니다. 거인 마을의 누구도 괴물을 이길 수 없었습니다. 모두가 두려움에 떨고 있는데, 괴물이 둘리의 친구인 트리시아를 공격하려 합니다. 그때 둘리가 트리시아를 보호하기 위해 괴물의 앞을 막아섰습니다. 그러자 이상한 일이 벌어졌습니다. 둘리의 키가 갑자기 60센티미터나 커진 것입니다. 그래도 괴물은 "너 같은 꼬맹이는 상대가 안 돼!"라고 말하며 다시 공격했습니다. 둘리는 트리시아의 손을 잡고 괴물을 피해 도망쳤습니다. 하지만 키가 큰 괴물은 금방 둘리를 따라잡았습니다. 그때 둘리가 용기 있게 괴물을 향해 돌아섰습니다. 그러자 둘리의 키가 또다시 60센티미터나 자랐습니다. 그래도 아직 괴물을 이길 수는 없었습니다. 더는 도망갈 수 없는 막다른 곳에 이르자 둘리는 트리시아에게 자신이 막고 있을 테니 먼저 도망가라고 소리치고는 칼을 빼어 괴물의 앞을 막아섰습니다. 그때 둘리의 키가 다시 한 번 자라기 시작했습니다. 그런데 이번에는 60센티미터만 자란 것이 아니라 계속해서 커졌습니다. 결국 둘리의 키는 괴물보다 더 커져서 마을을 구할 수 있었다는 짧은 이야기입니다.

아이들의 동화지만 성경적으로 해석해 보면 생각할 것이 있습니다. 고난의 현장에 있을 때 포기하지 않고 하나님을 의지하면 믿음이 자란다는 교훈입니다. 전적으로 하나님을 의지하는 믿음의 사람은 고난과 환난을 통해 어느 순간 영석인 믿음의 거인으로 자라나게 된다는 것입니다. 어쩌면 우리에게 닥친 시련은 우리의 영적 훈련을 위해 하나님이 허용하신 시험(Test)일 수 있습니다.

고난의 때에 주님은 우리에게 하나님을 의지하라고 말씀하십니다. 예수님은 폭풍 속에서 제자들을 향해 걸어오면서 "안심하라 나니 두려워하지 말라"(마 14:27)라고 말씀하셨습니다. 이것이 바로 살구나무 가지의 환상입니다. 하나님을 의지한다면, 깊은 어둠의 터널을 지나 반드시 꽃이 핀 살구나무 가지를 보게 될 것이라는 약속입니다. 오늘날에도 초봄에 아나돗 지방에 가면 수많은 아몬드 나무가 꽃을 피우는 것을 볼 수 있습니다. 이스라엘 백성은 가지의 꽃을 볼 때마다 하나님이 주신 소망과 약속의 말씀을 기억할 것입니다. 사람은 누구나 고난이 찾아오면 주눅 들고 포기하고 싶을 때가 있습니다. 하지만 성도는 극복하는 것이 불가능해 보여도 믿음으로 다시 한 번 용기를 낼 수 있습니다.

예레미야애가(哀歌)는 '슬픔의 노래'입니다. 하지만 슬픔의 노래라고 해서 절망으로 끝이 나는 것은 아닙니다. 예레미야애가 3장 1-17절까지는 예레미야가 자신에게 닥친 고난 때문에 절망하는 모습이 나타납니다. 18-20절에서는 믿음마저도 흔들리고 있습니다. "스스로 이르기를 나의 힘과 여호와께 대한 내 소망이 끊어졌다 하였도다 내 고초와 재난 곧 쑥과 담즙을 기억하소서 내 마음이 그것을 기억하고 내가 낙심이 되오나"(애 3:18-20). 그런데 예레미야의 마음에 하나님의 위로가 임합니다. "이것을 내가 내 마음에 담아 두었더니 그것이 오히려 나의 소망이 되었사옴은"(애 3:21). 믿음을 회복한 예레미야는 22-33절에서 하나님을 찬양합니다. 소망이 없고 낙심 속에 있었던 예레미야가 '그것이 오히려 나의 소망이 되었다'고 찬양합니다. 예레미야는 절망의 자리에서 하나님이 주신 살구나무 가지를 본 것입니다. 하나님의 인자와 긍휼을 바라보게 된 것입니다.

그는 "주께서 영원하도록 버리지 아니하실 것"(애 3:31)을 깨닫습니다. 그러면서 "주께서 인생으로 고생하게 하시며 근심하게 하심은 본심이 아니시로다"(애 3:33)라고 고백합니다. 예레미야는 하나님이 고난과 시련으로 끝내시는 분이 아니라, 용서하고 긍휼을 베푸시는 분임을 노래합니다. 이스라엘에게 내려진 징계가 언젠가는 끝이 날 것이라는 희망을 바라봅니다. 이처럼 주님은 우리를 홀로 버려두지 않으십니다. 우리의 믿음이 흔들릴지라도 절망 속에 버려두지 않으십니다. 바로 살구나무 가지 환상은 하나님이 소망을 주시겠다는 약속인 것입니다.

켄 가이어(Ken Gire)의 《폭풍 속의 주님》(두란노 역간)이라는 책에 보면 "가슴에 부딪힌 성경 한 구절이 나를 일어서게 한다"는 구절이 있습니다. 우리는 폭풍 속에서도 주님의 음성을 듣게 된다는 것입니다. 하나님은 상상할 수 없는 절망 속에서 다시 한 번 우리가 '터닝 포인트'를 할 수 있도록 도와주신다는 의미입니다. 오히려 고난과 시련이 하나님을 만나는 기회가 될 수 있습니다.

우리에게 '터닝 포인트'는 중요합니다. 때로는 어떤 사람의 말 한

마디, 어떤 경우에는 삶의 고난을 통해 인생의 큰 전환점이 생길 수 있습니다. 예레미야는 절망 속에 있었지만, 고난을 통해 오히려 하나님이 주신 소망을 발견합니다. 하나님은 살구나무 가지의 환상을 통해 예레미야의 삶을 소망으로 변화시켜 주신 것입니다.

마지막 때를 항상 기억하라

본문인 예레미야 1장 13절은 "여호와의 말씀이 다시 내게 임하니라 이르시되 네가 무엇을 보느냐 대답하되 끓는 가마를 보나이다 그 윗면이 북에서부터 기울어졌나이다"라고 말씀합니다. 하나님은 예레미야에게 두 번째 환상으로 '끓는 가마'를 보여 주셨습니다. 끓는 가마는 분명히 첫 번째 환상인 '살구나무 가지'처럼 희망을 주는 환상은 아닙니다. 하나님은 14절에서 "재앙이 북방에서 일어나 이 땅의 모든 주민들에게 부어지리라"며 끓는 가마의 의미를 설명해 주고 계십니다. 북에서부터 기울어진 끓는 가마에서 재앙이 쏟아져 이스라엘 땅에 부어지겠다는 예언의 말씀입니다. 이것은 북쪽의 강대국 바벨론을 통해서 이스라엘을 징계하시겠다는 말씀입니다.

예레미야 당시에는 앗수르의 힘이 강력했습니다. 그러다 보니 이스라엘을 포함한 주변 나라들은 앗수르의 손아귀에 있었습니다. 그러다가 점차 북쪽의 바벨론이 신흥 강대국으로 떠오릅니다. 역사적으로 살펴보면, 바벨론이 앗수르를 물리치고 이스라엘을 점령해 완전히 멸망시킵니다. 많은 이스라엘 백성을 포로로 끌고 갑니다. 이스라엘 땅에는 불을 지르고 약탈을 합니다. 예레미야가 본 끓는 가마 환상은 바로 이러한 참혹한 일이 일어날 것임을 하나님이 미리 보여 주신 것입니다.

'살구나무 가지'가 희망과 회복을 약속하는 환상이라면, 북에서부터 기울어진 '끓는 가마'는 심판과 마지막 때를 보여 주는 환상입니다. 하나님의 심판이 이스라엘에게 임하는 이유는 "무리가 나를 버리고 다른 신들에게 분향하며 자기 손으로 만든 것들에 절하였은즉 내가 나의 심판을 그들에게 선고하여 그들의 모든 죄악을 징계하리라"(렘 1:16)라는 말씀에 나타나 있습니다. 이스라엘 백성이 우상을 숭배하고, 교만해서 하나님을 떠났기 때문에 심판과 징계가 임한다는 말씀입니다.

우리는 두 가지 환상이 서로 모순되는 내용을 담고 있다고 생각하기 쉽습니다. 살구나무 가지에 꽃이 피듯이 이스라엘에게 소망을 약속하신 하나님이 왜 끓는 가마와 같은 심판의 환상을 보여 주시냐는 것입니다. 그 이유는 희망의 봄을 맞이하기 전에 이스라엘에게 선행되어야 할 것이 있기 때문입니다. 하나님 앞에서 이스라엘이 회복되기 위해서는 썩은 부분을 과감하게 도려내는 일이 필요했습니다. 본문 10절을 보십시오. "보라 내가 오늘 너를 여러 나라와 여러 왕국 위에 세워 네가 그것들을 뽑고 파괴하며 파멸하고 넘어뜨리며 건설하고 심게 하였느니라." 하나님이 예레미야를 세우신 이유는 죄악들을 뽑고 파괴하고 넘어뜨려서 하나님 나라를 다시 건설하고 심게 하기 위함이었습니다. 당시 이스라엘은 머리부터 발끝까지 성한 곳 없이 죄악으로 곪아서 영적으로 죽은 상태와도 같았습니다. 하지만 이스라엘 백성은 그것을 알지 못했습니다.

우리는 홍수로 세상이 멸망한 노아의 시대나 유황불로 소돔과 고모라가 멸망한 롯의 시대는 상상할 수 없을 만큼 죄악이 가득했던 시대라고 생각합니다. 하지만 사람의 생각과 하나님의 생각은 다릅니다. 창세기 6장 5-6절은 "여호와께서 사람의 죄악이 세상에 가득함과 그의 마음으로 생각하는 모든 계획이 항상 악할 뿐임을 보시고 땅 위에 사람 지으셨음을 한탄하사 마음에 근심하시고"라고 말씀합니다. 하나님이 사람 지으셨음을 한탄할 만큼 죄악이 가득했는데, 정작 사람들은 아무런 죄의식이 없었습니다. 노아가 방주에 들어가던 날까지 사람들은 아무 생각 없이 먹고 마시고, 장가들고 시집가는 일상을 그대로 살아갔습니다.

오늘날도 마찬가지입니다. 그리스도인이라고 하면서도 교회 안에서 복음이 아닌 세상 이야기, 정치 이야기, 윤리와 도덕 이야기를 하며 교회를 인본주의(人本主義)로 끌고 가는 사람들이 많습니다. 하나님 보시기에 교회 안에서 종교인처럼 살아가는 많은 사람이 있지만 정작 자신은 깨닫지 못하는 것입니다. 그리스도인이라고 하면서 온갖 죄악들 속에서 세상 사람들과 다를 바 없이 살면서도 자신은 믿음 생활을 잘하고 있으며, 문제없다고 생각합니다. 즉, 우리는 하나님이 마지막 심판하실 때까지도 깨닫지 못하는 존재입니다.

그러므로 하나님이 예레미야에게, 더 나아가 이스라엘 백성에게 끓는 가마의 환상을 통해 바벨론을 통한 심판을 보여 주신 것은 새로운 기회를 주시고자 하는 뜻이었습니다. 이스라엘 백성이 죄악 가운데 있으니 심판을 받아 멸망하라는 뜻이 아니라, 이 과정을 통해 하나님이 이스라엘을 새롭게 거듭나게 하시겠다는 희망의 말씀인 것입니다. 즉, '네가 무엇을 보느냐'는 하나님의 질문은 하나님의 징계가 바로 앞에 닥쳐왔는데도 아직 깨닫지 못하는 백성을 향한 안타까움의 음성, 심판과 마지막 때를 생각하며 하나님에게로 다시 돌아오라는 사랑이 담긴 간절한 음성인 것입니다.

우리 역시 언젠가는 이 땅에서 떠나 하나님 앞에 서야 합니다. 그리고 마지막 심판의 때에 하나님 앞에 우리의 영적인 이력서를 보여 드려야 합니다. 만약 주일이 없다면 우리는 영적 이력서에 적을 내용이 많이 없을 것입니다. 대부분의 성도가 주일을 제외한 나머지 6일 동안은 세상 사람들과 다를 바 없이 살아가고 있기 때문입니다. 심지어는 교회 안에서도 몸만 예배를 드리고 마음은 세상 속으로 가 있는 사람들이 있습니다. 찬양대, 교사, 직분자로 봉사를 해도 마음이 하나님을 향해 있지 않다면 아무 소용이 없습니다. 그래서 만약 우리 삶에 주일이 없다면, 하나님에게 드릴 영적 이력서에 쓸 내용이 없는 것입니다. 성도라고 하면서도 세상 사람들과 하나도 다를 바가 없는 모습입니다. 심판의 때가 바로 앞에 다가와도 심판에 대해서는 아무 생각 없이 살아갑니다. 그래서 하나님이 끓는 가마의 환상을 통해, 신앙인이라면 심판을 생각하며 살아가야 한다고 말씀하시는 것입니다.

만약 예레미야를 통해 주신 하나님의 강력한 경고의 말씀을 듣고 그때부터라도 모든 백성이 회개하며 돌아왔다면, 이스라엘이 바벨론에게 멸망하지는 않았을 것입니다. 요나의 선포를 듣고 회개한 니느웨에 대해 하나님이 당신의 뜻을 돌이키셨듯이, 이스라엘 백성을 바벨론의 포로로 만들지는 않으셨을지도 모릅니다. 그러나 이스라엘 백성은 예레미야의 마지막 경고까지 무시합니다. 바벨론이 침공할 때까지 그들은 여전히 죄악 가운데서 살아갑니다.

신앙의 모습은 '산을 오르는 신앙'과 '방주를 짓는 신앙' 두 가지로 나누어집니다. 산을 오르는 신앙이란, 신앙생활을 자신의 목적을 위해 하는 모습입니다. 이러한 신앙은 그 수준이 높아 보여도, 하나님의 심판 때에 아무리 높은 산이라도 물에 잠겼듯이 아무 소용이 없습니다. 그러나 방주를 짓는 신앙은 하나님 말씀에 순종하는 신앙의 모습입니다. 맨땅에 방주를 지어도 비가 오면 방주는 떠오르듯이, 고난 가운데서 더욱 성장하는 신앙인 것입니다.

하나님이 예레미야에게 보여 주신 '끓는 가마 환상'은 우리에게 죽음, 심판, 징계를 생각하며 살라는 말씀입니다. 그렇게 살았던 대표적인 인물이 에녹입니다. 창세기 5장 22절은 에녹이 "므두셀라를 낳은 후 삼백 년을 하나님과 동행하며 자녀들을 낳았으며"라고 기록합니다. 창세기 5장을 보십시오. 다른 사람들의 족보는 태어나고, 자식을 낳았으며, 죽었다는 기록이 반복되고 있습니다. 그런데 에녹의 족보는 다릅니다. 아들 므두셀라를 낳은 후 삶이 변화된 것을 기록하고 있습니다. 그 이유는 자세히 언급되어 있지 않지만, 에녹의 삶에 어떤 전환점이 있었다는 것은 분명합니다. 그래서 므두셀라를 낳은 후 에녹이 남은 인생을 하나님과 동행하며 살았다고 기록되어 있습니다.

에녹의 인생이 바뀐 것은 아들 므두셀라의 이름으로부터 유추할 수 있습니다. 므두셀라라는 이름에는 '창 던지는 사람' 그리고 '그가 죽으면 심판이 온다'라는 두 가지 뜻이 있습니다. 고대 근동에서 부족 간에 전쟁이 일어나면 각 부족에서 창 던지는 사람이 대표로 전

장에 나옵니다. 창 던지는 사람끼리의 전투 결과에 따라 전체 부족의 승패가 결정됩니다. 창 던지는 사람의 패배는 곧 심판과 멸망을 의미하는 것입니다. 실제로 홍수 심판은 므두셀라가 죽던 그해에 일어났습니다. 아마도 에녹은 므두셀라를 낳은 후 하나님으로부터 심판에 대한 말씀을 들었을 것입니다. 그래서 에녹은 아들 므두셀라를 보면서 항상 심판과 마지막 때에 자신이 하나님 앞에서 어떤 평가를 받을지 생각하며 믿음의 길을 걸어갔던 것입니다. 에녹은 하나님의 심판과 마지막을 생각했기 때문에 오히려 하나님과 동행하며 죽음을 보지 않을 수 있었습니다.

자녀에게 회초리를 대는 부모의 마음은 자녀가 잘되기를 바라는 간절한 마음일 것입니다. 이처럼 '끓는 가마' 역시 '살구나무 가지'와 마찬가지로 하나님이 주시는 희망의 메시지입니다. 그러므로 성도들의 삶에 고난과 징계가 찾아와도 절망할 필요가 없습니다. 하나님은 자녀들을 포기하지 않으십니다. 여전히 하나님은 우리에게 '내가 너와 함께하겠다'는 살구나무 가지의 희망을 보여 주고 계십니다.

사람들에게 휠체어 성악가라고 알려진 황영택 씨가 있습니다. 이분은 건설회사에서 근무하던 중 사고를 당해서 하반신이 마비되고 말았습니다. 그 후 6개월 동안 자신의 처지에 낙심해서 술을 먹으며 폐인처럼 지냈습니다. 그러던 중 자신과 결혼을 약속했던 아가씨가 임신했다는 사실을 알게 됩니다. 이 사실을 듣고 정신을 차린 그는 어린 시절에 교회에 다녔던 기억을 떠올려 제일 먼저 교회를 찾아갑니다. 그때부터 교회에서 여러 가지 봉사를 하며 믿음을 회복합니다. 그리고 재활을 위해 시작했던 테니스 실력이 향상되어 1998년

방콕 아시안게임 남자 단식에서는 동메달을 목에 걸기도 합니다.

그는 시간이 지날수록 언젠가 하나님 앞에 섰을 때 영적 이력서에 기록할 수 있는 게 무엇일까 고민이 되기 시작합니다. 그러다가 장애인들에게 희망을 주는 일을 하고 싶다는 마음이 듭니다. 그래서 2003년, 35세의 나이로 성결대학교 성악과에 입학한 후 열심히 목소리를 갈고 닦아서 장애인들을 노래를 통해 격려하며 그들에게 예수님의 복음을 전하는 사역을 감당합니다. 그는 간증을 통해 이렇게 고백합니다. "장애, 거기부터가 나에게는 희망이었습니다." 자신의 고난이 오히려 예수님을 만나는 희망이 되었고, 이것을 통해 하나님이 자신과 함께하신다는 것을 깨달았다는 것입니다.

영국의 유명한 설교가인 찰스 스펄전(Charles Spurgeon)의《네 믿음을 보이라》(규장 역간)라는 책에 보면 이런 문장이 나옵니다. "슬픔이 닥칠 때, 주께 버림받은 것으로 생각하지 말라. 주님께서 꾸짖으실 때, 그분의 사랑을 의심하지 말라. 둔한 영적 감각으로 하나님을 아는 척하지 말라. 철 병거 앞에 무너지는 당신이 과연 믿음이 있는 자인가? 그 어떤 경우에도 무너지지 말라. 당신은 믿지 않음으로 하나님을 거짓말쟁이로 만든다. 그 어떤 경우에도 하나님은 당신을 무너뜨리지 않는다. 당신에게 내려진 사망선고가 폐기되었다고 착각하지 말라. 하나님을 불신하는 것이 가장 심각한 등급의 사악함이다. 하나님을 믿어라. 그리고 너의 믿음을 보이라."

이처럼 하나님은 지금도 우리에게 말씀하십니다. '네가 무엇을 보느냐?' 우리는 어떤 어려움 속에서도 하나님이 보여 주시는 희망의 살구나무 가지를 바라볼 수 있어야 합니다.

06

간절함을 이루는
'소망의 질문'

"네가
     낫고자 하느냐"

요 5:5-15

베토벤(Ludwig van Beethoven)의 피아노 소나타 제14번 C#단조의 곡이 있습니다. 고요하고 평안하게 흐르는 이 곡을 평론가들은 '스위스 루체른 호수의 달빛 아래에서 물결에 흔들거리는 조각배를 떠올리게 한다'고 묘사했습니다. 그래서 이 곡의 1악장을 사람들은 흔히 '월광(月光) 소나타'라고 일컫습니다.

월광 소나타에는 아름다운 사연이 있습니다. 어느 날 밤 베토벤이 산책을 하는데 어디선가 익숙한 피아노 멜로디가 들립니다. 바로 자신이 작곡한 곡이었습니다. 베토벤은 피아노 소리가 들려오는 집으로 향한 뒤 노크를 했습니다. 그런데 아무런 반응이 없습니다. 문이 열려 있어 안을 들여다보니 어떤 여인이 피아노를 연주하고 있습니다. 조용히 집 안으로 들어간 베토벤은 자신이 바로 그 곡을 작곡한 사람이라고 소개합니다. 그러자 여인은 평소 베토벤의 곡들을 흠모해서 연주를 하고 있었다고 합니다.

이 여인에게는 천부적인 재능이 있었습니다. 바로 곡을 들으면 그대로 연주할 수 있는 재능이었습니다. 하지만 불행히도 이 여인은 앞을 볼 수 없었습니다. 베토벤은 여인에게 '당신의 소원이 무엇이냐'고 물었습니다. 그러자 여인은 자신에게 세 가지의 소원이 있다고 말합니다. 첫 번째 소원은, 자신에게 음악을 통한 영감과 삶의 희망을 준 베토벤을 만나고 싶다는 것이었습니다. 자신은 평생을 친구도 없이 외롭게, 피아노만을 유일한 친구로 여기며 살았는데, 베토벤의 아름다운 곡을 연주하는 것으로 삶의 희망을 느꼈다는 것입니다. 그래서 베토벤을 한번 만나 보는 것이 소원이었는데, 오늘 그 소원이 이루어졌다고 이야기합니다. 두 번째 소원은, 대지와 물에 비치는 달빛을 보고 싶다는 것이었습니다. 자신은 앞을 볼 수 없기에 달빛이 너무나도 보고 싶다는 소원이었습니다. 그리고 마지막 소원은, 다른 사람이 외로운 자신을 위해 연주하는 곡을 듣고 싶다는 것이었습니다. 이때 베토벤이 그 자리에서 즉흥적으로 이 여인을 위해 작곡하고 연주한 곡이 바로 '월광 소나타'입니다. 그래서 사람들이 이 곡을 들으면 조용한 호수에 비치는 달빛을 떠올리게 된다는 이야기입니다.

이 여인은 비록 앞을 보지 못했지만, 자신이 흠모하던 베토벤이 연주하는 월광 소나타를 통해서 자신의 세 가지 소원을 모두 이루었습니다. 이 사연은 우리에게도 영적으로 생각할 거리를 줍니다. 이 여인은 자신이 베토벤을 만날 거라고는 상상도 하지 못했을 것입니다. 심지어 자신이 찾아가는 것이 아니라, 베토벤이 찾아왔을 때의 그 감격은 이루 말할 수 없을 것입니다.

우리는 예수님을 추상적으로 생각할 때가 많습니다. 하지만 예수님은 우리 삶에 직접 찾아오시는 분임을 깨달아야 합니다. 예수 그리스도만이 유일하게 우리를 위해 이 땅에 찾아오신 하나님이십니다. 그리고 주님은 우리에게 '네가 낫고자 하느냐'라고 물으십니다. 우리의 소원이 무엇인지에 관심을 가지십니다. 이 세상에서 우리의 생각과 방법으로는 도저히 불가능한 것이라도 예수님은 능히 할 수 있으십니다.

이처럼 우리를 찾아오시고, 이야기를 들어 주시고, 형편을 아시고, 소원을 들어주시는 분이 바로 예수 그리스도이십니다. 히브리서 4장 15-16절은 "우리에게 있는 대제사장은 우리의 연약함을 동정하지 못하실 이가 아니요 모든 일에 우리와 똑같이 시험을 받으신 이로되 죄는 없으시니라 그러므로 우리는 긍휼하심을 받고 때를 따라 돕는 은혜를 얻기 위하여 은혜의 보좌 앞에 담대히 나아갈 것이니라"라고 말씀합니다. 성경은 예수님이 모든 일에 우리와 똑같이 시험을 받으셨기 때문에 우리의 연약함을 긍휼이 여길 수 있다고 말씀합니다. 이처럼 예수님은 이 땅에 인간의 몸을 입고 오셔서 우리가 이 땅에서 겪는 수많은 고통과 절망들을 함께하셨습니다. 예수님은 우리의 형편을 누구보다 잘 아시는 분입니다. 그래서 우리의 어려운 순간, 절망의 현장에 직접 찾아와 주시는 것입니다.

가장 중요한 것은, 우리를 위한 예수님의 사랑은 관념이 아니라 사실이라는 것입니다. 우리는 신앙생활을 하면서 '살아 계신 예수님이 나를 찾아오신다'라는 사실을 추상적인 관념으로만 여기기 쉽습니다. 하지만 예수님의 우리를 위한 사랑이 실재한다는 것을 보여 주는 것이 바로 본문의 사건입니다. 예수님이 친히 베데스다 연못으로 38년 된 병자를 찾아가신 것입니다.

'베데스다'는 예수님 당시 예루살렘 성 양문(羊門) 곁에 있던 연못의 이름입니다. 이 연못은 인공으로 조성된 것으로 '자비의 집'이라는 뜻을 가지고 있습니다. 베데스다는 주전 2세기에 시몬이 대제사장으로 있을 때 건설된 길이 약 105미터, 넓이 약 75미터, 깊이 약 7.5미터인 두 개의 쌍둥이 연못입니다. 이 연못은 맞은편에 위치한 성전에서 사용할 물을 공급하는 저장소의 역할을 했습니다. 그런데 시간이 지나면서 베데스다 연못을 둘러싼 이상한 소문이 퍼지기 시작합니다. 연못의 물이 성전에서 사용되다 보니 성수(聖水)로 여겨지면서 이 소문이 꼬리에 꼬리를 물고 더욱 커집니다. 결국 예수님 시대에는 "천사가 가끔 못에 내려와 물을 움직이게 하는데 움직인 후에 먼저 들어가는 자는 어떤 병에 걸렸든지 낫게 됨이러라"(요 5:4)라는 소문이 진실처럼 여겨졌습니다. 그러나 이것은 분명히 미신입니다. 하나님이 하시는 역사가 절대 아닙니다.

요한복음 5장 3절은 "그 안에 많은 병자, 맹인, 다리 저는 사람, 혈기 마른 사람들이 누워 물의 움직임을 기다리니"라고 말씀합니다. 수많은 병자들이 헛된 믿음을 가지고 물이 움직이기만을 기다리며 행각에서 바라보고 있는 모습입니다. 미신과 착각 속에서 사람들이 연못 근처를 떠나지 못한 채 헛된 희망을 품고 기다리고 있는 것입니다.

이러한 헛된 희망을 품은 사람 중에 38년 된 병자가 있었습니다. 예수님이 이 사람을 고친 후에 하신 말씀을 살펴보면, 이 병은 죄로 말미암은 것이었습니다. "그 후에 예수께서 성전에서 그 사람을 만나 이르시되 보라 네가 나았으니 더 심한 것이 생기지 않게 다시는 죄를 범하지 말라"(요 5:14). 그러므로 젊은 시절의 죄로 인해 병이 온 것이라면, 38년 된 병자의 현재 나이는 최소한 50대 이상일 것입니다. 성경 주석가들은 이 사람이 베데스다 연못에서 가장 오래된 병자일 것이라고 말합니다. 어찌 보면 자신의 일평생을 병 때문에 고통 받으며 살아온 사람일 것입니다. 이러한 절망 속의 인생에게 예수님이 찾아오셨습니다.

예수님은 유대인의 명절을 맞아 예루살렘으로 올라가셨습니다. 이때 명절은 '부림절'이었습니다. 예수님은 안식일에 예루살렘의 수많은 장소 가운데 가장 비참한 곳인 베데스다 연못으로 향하셨습니다. 그리고 그곳에서 수많은 병자 중 가장 고통 중에 있는 38년 된 병자를 찾아가셨습니다. 찾아가서 가장 먼저 물으신 질문이 '네가 낫고자 하느냐'였습니다. "예수께서 그 누운 것을 보시고 병이 벌써 오래된 줄 아시고 이르시되 네가 낫고자 하느냐"(요 5:6).

그러자 38년 된 병자가 예수님에게 하소연을 합니다. "주여 물이 움직일 때에 나를 못에 넣어 주는 사람이 없어 내가 가는 동안에 다른 사람이 먼저 내려가나이다"(요 5:7). 이 사람에게는 원망, 푸념, 절망, 포기와 같은 부정적인 마음이 가득했습니다. 그때 예수님이 "일어나 네 자리를 들고 걸어가라"(요 5:8)고 명령하십니다. 38년간 어떤 방법으로도 고칠 수 없었던 병이 예수님의 말씀 한마디로 고침을 받습니다. 예수님은 바리새인들과 제사장들을 피해 그 자리를 떠나십니다.

얼마 후, 예수님은 성전에서 그 사람을 만나십니다. 마지막으로 주님은 가장 따뜻한 음성으로 '더 큰 질병이 생기지 않도록 다시는 죄를 짓지 말라'는 부탁을 하십니다. 예수님을 만난 뒤, 고침을 받은 38년 된 병자는 사람들에게 자신을 고쳐 주신 분이 예수님이라는 사실을 증거합니다.

본문의 사건을 통해 몇 가지를 살펴보며 묵상하고 싶습니다.

너는 나를 몰라도, 나는 너를 안다

버림받고 잊힌 존재

38년 된 병자는 모든 사람으로부터, 심지어 부모와 형제들로부터도 버림받고 잊힌 존재입니다. 오랜 시간 병자로 지내게 되면 가장 가까운 가족들도 돌보는 것을 포기하게 됩니다. 모든 사람에게 철저하게 잊힌 존재가 바로 38년 된 병자입니다. 아무도 관심을 두지 않습니다. 물이 움직일 때 넣어 줄 사람조차 없습니다. 내버려 두면 그 자리에서 서서히 죽어 갈 수밖에 없는 신세였습니다. 성경 주석가들은 무기력하고 버림받고 잊힌 존재인 38년 된 병자는 죄로 인해 하나님으로부터 버림받아 꼼짝없이 죽어 가는 인생의 모습을 상징한다고 해석하기도 합니다.

사람이 잊힌다는 것은 슬프고 힘든 일입니다. 이 시대가 화려하고 잘 사는 것처럼 보여도 더 외롭습니다. 요즘은 식당을 가도 혼자서 밥을 먹는 '혼밥'석이 독서실 좌석처럼 따로 마련되어 있습니다. 홀로 생활하는 것이 익숙하다 보니 이제는 혼자 먹는 것이 더 편하다는 사람도 많습니다. 그러나 생각해 보면, 삶에 절망이 찾아올 때 도와 줄 사람이 아무도 없고 오히려 가장 가까운 사람마저도 자기를 떠난 다면 참 슬픈 일일 것입니다. 본문에 나타나는 38년 된 병자가 바로 이런 모습이었습니다. 그리고 이 모습이 이 땅의 것에 집착하는 우리의 모습이기도 합니다.

자신의 문제를 모르던 사람

예수님의 말씀을 통해서 38년 된 병자의 병의 원인이 죄 때문이었음을 알 수 있습니다. 이 병자는 오랜 시간 동안 병으로 고통을 당해 왔지만, 자신이 왜 아픈지에 대한 원인은 알지 못했습니다. 병의 원인을 깨달아야 치료할 수 있는데, 그것을 알지 못하고 헛된 희망만을 품고 살아온 것입니다. 이러한 모습은 현대인들도 마찬가지입니다. 우리가 당하는 수많은 고난과 어려움이 있습니다. 하지만 가장 심각한 문제는, 하나님 앞에서 고난과 어려움의 원인이 자신에게 있다는 사실을 모르는 것입니다. 고난과 어려움의 근본적인 원인이 자신에게 있음에도 불구하고 다른 사람에게 불평하거나 환경을 탓하며 헛된 것에 희망을 품고 있는 모습입니다.

예수 그리스도를 몰랐던 사람

38년 된 병자는 자신의 병을 근본적으로 치료해 줄 예수님이 바로 눈앞에 계심에도 처음에는 주님을 알아보지 못했습니다. 우리 또한 마찬가지입니다. 인생의 주인이요, 모든 문제의 해결책이신 예수님을 그저 추상적으로 아는 경우가 많습니다. 특히 세상 사람들은 예수님을 위대한 종교 지도자 또는 사랑의 사도라고 여길 뿐, 자신의 참된 메시아로 영접하지 않습니다. 모든 인생의 문제를 해결하실 수 있는 주님을 영접하거나 믿지 않는 것입니다. 우리의 모든 삶의 고난과 어려움들을 해결할 대책이 없는 것이 아닙니다. 예수님을 알지 못하고, 찾지 않는 것이 바로 문제입니다.

윌리엄 베버리지(William Beveridge)라는 영국 성공회 주교가 있었습니다. 그가 임종을 맞이할 때 기억력이 좋지 않은 상태였습니다. 그래서 친구도, 가족도 알아보지 못했습니다. 임종 직전에 친한 친구들이 찾아와 자신을 알아보겠냐고 물었습니다. 그러자 베버리지는 "누구십니까?"라며 알아보지 못했습니다. 옆에 있던 아내가 "저는 알아보시겠어요?"라고 묻지만 아내도 알아보지 못했습니다. 그러자 아내가 "그럼 예수 그리스도를 아십니까?"라고 물었습니다. 그때 베버리지의 눈이 커지면서 목소리에 힘이 들어가더니 "물론입니다. 나는 지난 40년간 그분과 함께했습니다. 주님은 나의 유일한 희망이십니다"라고 대답했다고 합니다. 이것이 정답입니다.

예수님을 떠난 삶은 아무 이상이 없고 오히려 잘되고 있는 것처럼 보일 수 있습니다. 하지만 아버지 곁을 떠난 탕자처럼 그 마지막은 비참할 수밖에 없습니다. 그럼에도 세상 사람들은 여전히 이 땅의 것에 집착하며 예수님을 떠나 살아갑니다. 그러나 주님의 곁을 떠난 사람은 결국 서글프게 됩니다. 외롭습니다. 어찌할 바를 알지 못할 순간이 찾아옵니다. 그때 예수님이 찾아와 주십니다.

기독교 문학가인 김성일 장로는 서울대 공대를 졸업하고 대우 그

룹의 이사까지 역임한 분입니다. 이분은 모태 신앙인으로서 중학교 3학년까지는 예수님을 잘 믿었습니다. 그런데 고등학교 때 프랑스의 철학가 사르트르(Jean Paul Sartre)의 책을 읽은 후 신앙을 떠나게 됩니다. 사르트르의 주장은 '인간이란 주체성과 자유를 가진 존재이며, 자유란 스스로의 판단대로 사는 것이다. 단지 자기의 행동에 대한 책임만 있을 뿐이다'라는 것입니다. 이 주장을 듣고 자기 판단과 기준이 중요하다는 생각이 들어 예수님을 떠나게 됩니다. 그 후 서울대 공대를 졸업하고 승승장구해서 대기업에 취직하고 이사의 직급까지 오릅니다. 인생에서 완전히 예수님을 잊고 살아온 삶이었습니다.

그런데 갑자기 아내가 위암 말기 진단을 받습니다. 의사가 더는 손댈 수 없는 지경이라고 진단합니다. 그때 어린 시절 읽었던 사르트르의 책 내용이 떠올랐습니다. 이제까지 자신의 판단대로 살았으니 행동에 대한 책임도 스스로 감당해야 하는데, 자신은 어떻게 해도 책임을 질 수 없었습니다. 그러한 고통과 절망의 시간 속에서 김성일 장로는 처음으로 새벽 기도를 나갑니다. 그리고 그곳에 예수님이 찾아오십니다. 김성일 장로는 이렇게 고백합니다. "나를 찾아오신 주님은 나를 책망하신 것이 아니라, 나와 같이 슬퍼해 주셨습니다. 나의 고통을 이미 알고 계셨습니다."

그 후 의사도 포기한 아내의 암이 완벽하게 치유됩니다. 이것을 계기로 그는 지금까지의 잘못된 삶을 정리합니다. 그리고 자신의 글 솜씨를 가지고 믿음의 선한 영향력을 주기 위해 기독교 문학을 집필하는 사명을 감당합니다. 지금도 그는 82세의 나이로 한세대학교 명예교수로서 선한 영향력을 미치고 있습니다. 김성일 장로는 계속해서 이렇게 고백합니다. "과거의 나는 내 자신을 몰랐고, 예수님도 몰랐습니다. 내 인생은 탕자와 같았습니다. 그러나 이제는 잃어버린 나를 찾았고, 떠났던 나의 주인이신 예수 그리스도를 찾았습니다. 예수님은 나를 찾아와 내 인생에 새로운 희망을 주셨습니다."

절망이 있는 곳에 희망을

절망의 현장, 베데스다 연못

예수님이 찾아오신 베데스다 연못은 '은혜의 집', '자비의 집'이라는 뜻입니다. 하지만 진정한 은혜와는 거리가 먼 곳입니다. 이름만 자비의 집일 뿐, 그곳에는 자비가 없었습니다. 베데스다 연못은 물이 움직일 때 가장 먼저 들어가는 사람은 병이 낫는다는 미신이 있던 곳입니다. 물론 정말 치유가 되었다는 기록은 없습니다. 수많은 사람이 지푸라기라도 잡는 심정으로 이곳에 모여 있지만, 그저 헛된 희망만 붙들고 있을 뿐입니다. 게다가 38년 된 병자의 상황은 더욱 심각합니다. 도와주는 사람이 있다면 헛된 희망이라도 품겠지만, 그에게는 데려다 줄 가족이 없습니다. 자기 발로 들어갈 형편도 아닙니다. 물이 움직일 때까지 무작정 기다려야 합니다. 이러한 모습은 미신과 주술, 요행에 사로잡힌 인생의 어리석은 모습을 보여 주기도 합니다. 베데스다 연못은 이처럼 이름과는 다른 모순의 장소였습니다.

이 시대를 살아가는 사람들의 모습도 그렇습니다. 우리 곁에 계시며 우리의 산 소망이신 예수님을 믿는다고 하면서도 삶 속에서 미신적인 것과 세상 가치를 따르는 모순적인 모습들을 많이 가지고 있습니다. 유럽 지역에는 마을마다 성당이 있는데, 그 앞에는 예수님의 제자들이나 마리아의 상(像)을 만들어 놓았습니다. 그런데 동상의 손이나 발이 윤기가 납니다. 그 이유는 '동상의 손을 만지면 부자가 된다', '동상의 발을 만지면 병이 낫는다'는 전설이 있어서 예수님을 믿든 안 믿든 모두가 한 번씩 만져 보기 때문입니다. 또한 로마에는 유명한 '트레비 분수'가 있는데, 분수 안에 동전을 던지면 로마에 다시 돌아올 수 있게 된다는 미신이 있습니다. 그래서 예수 믿는 사람도 그곳에 동전을 던집니다. 이러한 모습이 우리의 연약함과 인생의 어리석음을 보여 주는 것입니다.

전 세계에서 종교적 미신이 제일 강한 나라가 우리나라입니다. 우리나라의 독립을 위해 애쓴 호머 헐버트(Homer Bezaleel Hulbert) 선교사의 《대한제국 멸망사》(집문당 역간)라는 책에는 이런 구절이 있습니다. "조선인들은 사회적으로는 유교도이며, 철학적으로는 불교도이지만, 고난이 닥치면 미신과 주술을 의지한다." 즉, 우리나라 사람들은 문제가 닥치면 신앙도 이성도 버리고 미신을 의지해서라도 그 문제를 해결하기 위해 발버둥을 친다는 것입니다. 성도들이 운영하는 사업장에 가면 가끔씩 미국의 2달러짜리 지폐를 액자 안에 걸어 둔 곳이 있습니다. 2달러짜리 지폐가 행운을 준다고 여겨지기 때문입니다. 그런데 그 액자 위로 이사야 41장 10절, "두려워하지 말라 내가 너와 함께함이라 놀라지 말라 나는 네 하나님이 됨이라"라는 말씀이 걸려 있습니다. 이것은 예수를 믿는다면서도 세상에서 말하는 행운과 미신에 의지하는 모습입니다.

만약 베데스다 연못의 물이 실제로 움직인다면, 가장 병이 심각한 38년 된 병자부터 들어가도록 해 주는 것이 맞습니다. 하지만 사람은 이기적입니다. 가장 먼저 들어가는 사람은 상대적으로 가벼운 병에 걸린 사람일 것입니다. 베데스다가 이름은 '자비의 집'이지만 가장 자비가 없는 장소입니다. 이것이 세상입니다. 중병에 걸려 고통받는 사람, 오랫동안 치유를 받지 못해 누워 있는 사람은 결코 그 기회를 잡을 수 없습니다. 그것이 인생입니다. 예수님 없는 인생은 아무리 행운을 붙잡으려 하고 미신을 의지해도 모두가 헛된 것입니다. 예수님은 지금도 살아 계시고, 여전히 우리를 지켜보고 계십니다. 주님이 우리와 함께하신다는 것은 관념이 아니라 사실입니다. 이처럼 베데스다는 헛된 희망을 의지했다가 절망할 수밖에 없는, 율법 앞에 서 있는 인생을 의미한다고 할 수 있습니다.

베데스다에 소망의 주님이 오시다

본문인 요한복음 5장 5-6절은 "거기 서른여덟 해 된 병자가 있더라 예수께서 그 누운 것을 보시고 병이 벌써 오래된 줄 아시고"라고 말씀합니다. 여기에는 두 단어가 등장하는데 '보시고'와 '아시고'라는 단어입니다. 세상 어떤 사람도 38년 된 병자에게 관심을 보이지 않습니다. 혼자 외로움 속에 절망하고 있는 인생입니다. 어떤 성도는 병으로 고통 속에 있으면서 가장 서운한 것이, 자신은 밤새도록 앓고 있는데 남편은 옆에서 코를 골며 자는 모습이라고 합니다. 이처럼 우리가 절망의 자리, 괴로움 속에 있을 때는 가족도 친구도 그 고통을 완벽하게 이해할 수는 없습니다. 그러나 주님은 보고 계십니다. 예수님은 우리의 고통을 알고 계십니다. 그래서 성도들은 오직 주님만을 바라보며 의지해야 하는 것입니다. 주님은 절망과 고통 속에 있는 한 영혼, 한 영혼에게 시선을 고정하고 계십니다. 본문에도 예수님이 '38년 된 병자를 보고 병이 오래된 줄을 아셨다'고 말씀합니다. 38년 된 병자의 영혼을 불쌍히 여겨 주시는 것입니다. 그리고 주님은 말씀 한마디로 그 소원을 들어줄 수 있는 분이십니다.

사랑은 함께하는 것입니다. 진정한 사랑은 상대방을 찾아갈 때 시작됩니다. 그래서 사랑의 하나님이 먼저 우리를 찾아와 주셨습니다. 주님은 우리의 모든 어려움을 친히 보고 아시는 분입니다. 그러므로 예수님이 우리의 삶에 찾아오시면 모든 인생의 문제가 해결되는 것입니다. 이재철 목사는 《사랑의 초대》(홍성사)라는 책을 통해 참된 사랑에는 다섯 가지 요소가 있어야 한다고 말합니다. 첫째는, 먼저 찾아가는 것이 사랑이라고 합니다. 예수님은 친히 38년 된 병자를 찾아가 주셨습니다. 둘째는, 먼저 말을 거는 것이 사랑이라고 합니다. 부부 싸움을 하면 서로 자존심 때문에 말을 안 합니다. 그건 사랑의 모습이 아니라는 것입니다. 셋째는, 필요를 채워 주는 것이 사랑이라고 합니다. 예수님은 38년 된 병자를 찾아가 가장 필요한 것을 주셨습니다. 넷째는, 기회를 주는 것이 사랑이라고 합니다. 죄로 인해 병이 찾아왔지만, 주님은 다시 한 번 새롭게 삶을 시작할 기회를 주셨습니다. 다섯째는, 상대방의 수준으로 내려가는 것이 사랑이라고 합니다. 주님은 친히 이 땅에 오셔서 모든 고통과 아픔을 우리와 같이 당하셨습니다.

처음 예수 믿는 사람 중에는 이렇게 착각하는 이들이 있습니다. '나는 예수님을 믿은 지 얼마 되지 않은데다 기도할 줄도 모르고 죄도 많이 지었어. 그러니 예수님은 나를 찾아오지도 않으시고, 내 고통도 모르시고, 내 기도도 듣지 않으실 거야.' 하지만 이런 태도는 우리의 교만이자 예수님의 사랑을 과소평가하는 것입니다. 주님은 신앙의 연수나 죄의 많고 적음을 상관하지 않으십니다. 예수님의 시선은 누구에게나 따뜻하게 머물러 있습니다.

주님은 우리를 먼저 찾아와 주십니다. 그리고 38년 된 병자에게 물으셨듯이 지금도 우리에게 '네가 낫고자 하느냐'고 물으십니다. 이것은 예수님이 병자의 상태와 환경을 몰라서 하시는 질문이 아닙니다. 주님이 이 질문을 하신 이유는 '포기하지 마라. 세상 사람 모두가 포기해도 나는 너를 보고 있고, 네가 필요한 것을 알고 있다'는 의미입니다. 사람들은 대개 38년이나 병을 앓으면 희망이 없다고 생각합니다. 삶에 절망만이 가득합니다. 하지만 주님은 '아직 희망이 있다'고 말씀하십니다. 우리의 영원한 소망이신 예수님이 38년 된 병자를 찾아오셨기 때문입니다. 주님이 바로 앞에 계시기 때문입니다. 그러므로 우리는 절망 속에서 포기해서는 안 됩니다. 하나님은 지금도 우리를 지켜보고 계시고, 오늘도 우리에게 말씀하고 계십니다. 주님의 시선은 한 번도 사랑하는 자녀들을 떠난 적이 없으십니다.

세계적인 명화(名畵) 가운데 레오나르도 다빈치(Leonardo da Vinci)의 〈모나리자〉라는 작품이 있습니다. 이 그림은 프랑스의 루브르 박물관에 소장되어 있습니다. 이 그림을 보기 위해 전 세계에서 관광객들이 몰려듭니다. 그런데 실제로 보면 그림의 크기가 생각보다 작아서 실망합니다. 〈모나리자〉는 가로 53, 세로 77센티미터의 조그마한 그림입니다. 하지만 이 그림이 더 크고 화려한 많은 그림을 뒤로하고 가장 유명해진 이유는, 그림의 주인공인 모나리자의 눈을 어느 각도에서 보더라도 보는 이와 시신이 마주치기 때문이라고 합니다. 관람객들이 어느 위치에서 봐도 그림 속의 여인과 시선이 마주친다는 것입니다. 그래서 레오나르도 다빈치는 자신의 수많은 그림 가운데 〈모나리자〉만을 평생 옆에 두고 감상했다고 전해집니다.

〈모나리자〉가 세계적인 명화가 된 이유를 살펴보니 이것이 우리를 향한 주님의 마음이라고 생각됩니다. 주님은 우리가 삶의 발걸음을 어디로 향하든지, 심지어 주님을 떠나려고 등을 돌릴 때도 여전히 우리를 지켜보십니다. 우리와 시선을 마주치기를 원하십니다.

우리의 형편을 이미 알고 계시는 분이 바로 예수님이십니다. 우리의 삶이 절망 속에 있을지라도, 주님은 우리에게 '너에게 무엇을 해주기 바라느냐'고 물으십니다. 우리가 이 음성을 마음에 새길 때, 희망을 포기하지 않을 수 있습니다. 주님은 지금도 우리를 찾아오시고, 지켜보시며, 물으십니다. '네가 낫고자 하느냐?'

07

은혜를 배우는
'용서의 질문'

"내가 어찌 아끼지
아니하겠느냐"

욘 4:1-11

한기채 목사는 《습관, 신앙을 말하다》(토기장이)라는 책에서 '한 마리 작은 새 이야기'를 소개합니다. 작은 새 한 마리가 있습니다. 이 작은 새는 겨울을 보내기 위해 남쪽으로 날아가는 중입니다. 그런데 날아가던 중 엄청난 눈보라에 휘말려 땅에 떨어지게 됩니다. 작은 새는 충격으로 온몸에 상처를 입고, 추위에 얼어붙어서 꼼짝할 수 없게 됩니다. 이대로라면 작은 새는 죽을 수밖에 없습니다. 설상가상 (雪上加霜)으로 지나가던 소가 하필 작은 새 위에 똥을 쌉니다. 작은 새의 처지로는 최악의 상황입니다. 그런데 오히려 소똥의 온기가 작은 새의 몸을 녹여 줍니다. 작은 새는 자신의 몸과 날개가 움직이게 되자 힘을 얻습니다. 그래서 똥 무더기에서 빠져나가기 위해 '짹짹' 울음소리를 내며 힘을 씁니다. 하지만 작은 새의 울음소리를 듣고 어디선가 고양이 한 마리가 다가옵니다. 그리고 작은 새를 꺼내 한 입에 삼켜 버립니다. 이야기는 이렇게 끝을 맺습니다.

이 이야기에는 몇 가지 교훈이 담겨 있습니다. 첫째, 당신에게 똥을 떨어뜨리는 사람이 모두 당신의 적은 아니라는 것입니다. 둘째, 당신을 똥으로부터 꺼내 주는 사람이 모두 당신의 친구도 아니라는 것입니다. 셋째, 똥 속에 있을 때는 절대 입을 열지 말아야 한다는 것입니다.

우리는 이 이야기의 교훈을 본문인 요나의 사건과 비교해 볼 수 있습니다. 바로 문제라고 생각했던 일이 선물이 될 때가 있고, 문제 해결의 열쇠인 것 같은 일이 오히려 우리를 더한 고통으로 몰아갈 수도 있다는 것입니다. 그리고 삶의 위기 속에 있을 때는 인간적인 방법을 찾아서 힘쓰고 소리 지르며 원망이나 불평하는 것이 아니라, 하나님이 우리에게 어떻게 하시는가를 잠잠히 기다릴 줄 아는 지혜가 필요하다는 교훈입니다.

요나는 하나님의 선지자였습니다. 그러나 그는 하나님의 뜻이 아니라, 자기 생각대로 살았습니다. 그리스도인들도 입으로는 하나님을 믿는다고 하지만, 실제 삶에서는 하나님보다 자신의 판단을 의지하는 경우가 많습니다. 오히려 하나님을 자신의 삶에 필요한 도구처럼 생각하기도 합니다. 자신이 필요할 때는 도와주시되, 나머지 삶에는 간섭하지 않으시기를 원합니다. 자신이 좋아하는 사람에게는 복을 내려 주시고, 자신이 싫어하는 사람에게는 징계를 내려 주시기를 원합니다. 즉, 하나님을 내 뜻대로 움직이게 하고 싶은 것이 사람의 악한 마음입니다. 그러나 우리의 생각과 하나님의 생각은 다릅니다. 우리가 생각하기에는 저주 받아 마땅한 사람인데, 하나님은 오히려 그 사람에게 은혜를 베푸시는 경우가 있습니다.

본문에 등장하는 '니느웨'가 그렇습니다. 니느웨의 현재 지명은 이라크 동북쪽에 위치한 '모술'입니다. 성경에서는 앗수르라고 불리는 고대 시대의 대제국 앗시리아의 수도가 니느웨입니다. 당시 니느웨는 죄악이 만연해서 하나님의 심판을 앞두고 있었습니다. 이스라엘 백성에게 니느웨를 비롯한 앗수르 제국은 자신들을 괴롭히는 악한 나라였습니다. 이 때문에 요나 역시 니느웨를 싫어했고, 이곳에 하나님의 심판이 내리기를 원했습니다. 우리가 과거 우리나라를 식민 지배했던 일본에게 가지는 감정과 비슷하다고 볼 수 있습니다.

그런데 하나님이 이해되지 않는 말씀을 하십니다. "너는 일어나 저 큰 성읍 니느웨로 가서 그것을 향하여 외치라 그 악독이 내 앞에 상달되었음이니라"(욘 1:2). 하나님은 요나에게 니느웨로 가서 심판이 멀지 않음을 경고하고 회개를 촉구하라는 명령을 내리십니다. 요나는 이러한 하나님의 말씀이 마음에 들지 않았습니다. 속된 말로, 니느웨 사람들은 이스라엘 백성에게 똥을 퍼부은 적입니다. 이스라엘 백성을 괴롭힌 이방인입니다. 요나로서는 차라리 니느웨가 멸망하는 것이 이스라엘 백성에게 좋은 일이었습니다. 그런데 하나님은 요나에게 '니느웨로 가서 외치라'고 말씀하십니다. 하나님의 명령이 마음에 들지 않았던 요나는 하나님에게 반항을 합니다. 니느웨로 가려면 이스라엘에서 배를 타고 북쪽으로 간 뒤 내륙을 따라 동쪽으로 이동해야 하는데, 요나는 니느웨와는 반대 방향인 서쪽 다시스로 향하는 배에 오릅니다. 다시스는 지금의 스페인 땅입니다. 요나는 자기의 판단으로 하나님의 뜻을 거스르고 있는 것입니다.

이처럼 요나는 하나님의 말씀보다 자기 생각을 우선으로 여겼습니다. 그런데 그리스도인들에게도 요나와 같은 모습이 있습니다. 내가 미워하는 사람, 나에게 죄를 지은 사람을 하나님이 반드시 벌주시기를 원하는 것입니다. 이것은 하나님이 우리의 생각보다 크고 넓으신 분임을 잊고 있기 때문입니다. 요나는 하나님이 사랑과 긍휼이 많은 분이심을 생각하지 못했습니다. 결국 하나님의 말씀을 거역해서 다시스로 향하던 요나는 폭풍을 만나 바다에 던져지게 됩니다. 그렇게 바다에 빠진 요나를 하나님이 큰 물고기를 예비해서 살려 주십니다. 그제서야 요나는 하나님의 말씀대로 니느웨로 향합니다. 하지만 요나서를 끝까지 읽어 보면, 요나는 여전히 자기의 기준을 완전히 버리지 못하고 있습니다. 본문 4장을 보십시오. "요나가 매우 싫어하고 성내며"(1절), "스스로 죽기를 구하여"(8절), "성내어 죽기까지 할지라도"(9절). 이처럼 요나는 불만과 불평이 가득한 모습입니다.

요나서의 마지막은 하나님의 질문으로 끝이 납니다. 하나님은 요나에게 마지막 질문으로 '내가 어찌 아끼지 아니하겠느냐'라고 물으십니다. 이 질문에 대한 요나의 대답은 성경에 기록되어 있지 않습니다. 그러나 요나는 분명 하나님의 마지막 질문에 삶의 태도가 바뀐 것 같습니다. 그리고 니느웨에서 자신의 여생을 보낸 것으로 여겨집니다. 바로 니느웨, 현재 지명으로는 모술 지역에서 요나의 무덤이 발견되었기 때문입니다. 이라크의 모술이라는 도시에 가면 앗수르 제국의 유적인 '에사르하돈' 왕궁이 있는데, 이 왕궁의 핵심적인 장소에서 요나의 무덤이 발견되었습니다. 현재는 IS에 의해 무덤이 파괴되었지만, 이곳에 요나의 무덤이 자리한다는 건 지금으로부터 약 2,800년 전 선지자인 요나를 앗수르의 후손들이 기억하고 존경하고 있다는 것입니다. 요나는 니느웨 사람들을 자신의 원수라고 생각하고 미워했지만, 지금 후손들은 오히려 이스라엘 사람들보다도 요나를 더욱 사랑하고 인정하는 모습을 찾아볼 수 있습니다.

때때로 성도들은 하나님을 자신의 장신구로 전락시킬 때가 있습니다. 하나님을 있으면 좋고, 없어도 그만인 존재로 여기는 것입니다. 또 하나님 말씀에 순종해도 그만, 안 해도 상관없다고 여기기도 합니다. 그러나 그리스도인에게는 비록 하나님의 말씀이 인간의 생각으로는 이해되지 않더라도 '예'라고 대답하는 순종이 필요합니다.

요나는 갈릴리 호수 서쪽에 있는 '가드헤벨'에서 태어났습니다. '요나'라는 이름의 뜻은 '비둘기'입니다. 비둘기는 이스라엘 사람들에게 순결과 순종의 상징입니다. 요나는 이름이 가진 의미와는 달리 끝까지 자기주장과 뜻을 굽히지 않았습니다. 하나님의 뜻인 줄 알면서도 자신의 생각과 맞지 않으면 'No'라고 거부하는 인간의 악한 본성을 나타내고 있습니다.

미국의 한 통계에 따르면, 아이가 태어나서 가장 처음으로 하는 말은 '엄마'라고 합니다. 그런데 두 번째로 배워서 하는 말은 '아빠'가 아닙니다. 'No Way', 곧 '싫어'라는 말입니다. 어릴 때부터 '예'라는 순종의 말보다는 자신의 마음에 들지 않는다는 '싫어'라는 말부터 배우는 것이 인간의 본성인 것입니다.

요나는 이스라엘 백성을 괴롭히는 악한 민족인 니느웨 사람들은 멸망해야 한다고 생각했습니다. 자기가 니느웨로 가서 하나님 말씀을 선포하고 회개하게 해서 그들을 구원할 이유가 없었습니다. 요나는 고집불통이며 분노가 가득한 사람이었습니다. 그러나 하나님은 요나 역시 사랑하셨습니다. 요나를 버리지 않고 끝까지 사용하셨습니다. 니느웨는 죄로 인해 심판을 받아 마땅했지만, 그들조차도 하나님은 사랑하셨습니다. 요나서는 우리에게 이러한 하나님의 사랑을 보여 주고 있는 것입니다.

하나님은 본문 4장에서 요나에게 세 개의 질문을 던지십니다. 그리고 요나는 자기의 주장을 굽히지 않은 채 차라리 '나를 죽여 달라'며 하나님에게 반항합니다. 하나님은 그때마다 따뜻한 음성으로 요나에게 물으십니다. 그리고 2,800년이 지난 지금 우리에게 동일한 질문을 하십니다. 하나님이 요나에게 하신 질문의 의미를 깨닫는다면, 우리는 하나님의 깊은 사랑을 경험할 수 있게 될 것입니다.

분노하지 말라

하나님은 요나에게 "네가 성내는 것이 옳으냐"(욘 4:4)라고 질문하십니다. 요나의 분노가 과연 의로운 것인지를 물어보시는 것입니다. 세상에서 정의를 위해 부르짖는 분노라 할지라도 가만히 들여다보면 마음 깊은 곳에서 나오는 상처에서 비롯된 것일 수 있습니다. 하나님은 요나에게 '니느웨 백성의 심판을 원하는 이유'가 공의를 위해서가 아니라 개인적인 분노 때문이라는 것을 지적하고 계십니다. 본문 1절을 보십시오. "요나가 매우 싫어하고 성내며." 요나가 이렇게 분노한 이유가 3장 10절에 기록되어 있습니다. "하나님이 그들이 행한 것 곧 그 악한 길에서 돌이켜 떠난 것을 보시고 하나님이 뜻을 돌이키사 그들에게 내리리라고 말씀하신 재앙을 내리지 아니하시니라." 하나님이 뜻을 돌이키셔서 니느웨가 재앙을 당하지 않은 것이 화가 나는 것입니다.

요나는 자신들을 괴롭힌 니느웨 사람들이 멸망하기를 원했습니다. 그러나 하나님의 마음은 달랐습니다. 하나님은 니느웨 사람들의 회개를 받고 재앙을 내리지 않으셨습니다. 요나는 이 상황이 매우 싫어서 하나님에게 성을 냅니다. 죄인들이 회개하고 하나님 앞으로 돌아왔는데 오히려 화를 내고 있습니다. 하나님은 이런 요나에게 '네가 성내는 것이 옳으냐'고 말씀하십니다. 이 질문은 '요나야, 그 많은 사람이 네가 선포한 경고를 듣고 회개하며 내게로 돌아왔는데, 너는 왜 분노하고 있느냐'는 말씀입니다. 하나님이 니느웨 백성을 사랑해서 용서해 주셨는데, 요나가 왜 화를 내고 있냐는 질문입니다.

러시아에 이런 이야기가 있습니다. 한 농부에게 하나님이 찾아오셨습니다. 하나님을 만난 농부는 자신에게 소원이 있다고 말했습니다. "이웃집에 젖소가 한 마리 생겼는데 가족이 다 먹고 남을 만큼의 우유를 얻었고, 결국 부자가 되었습니다." 그러자 하나님이 물으셨습니다. "그렇다면 너에게 젖소를 주면 되겠느냐?" 그러자 농부는 이렇게 말했습니다. "아닙니다, 하나님. 이웃집의 젖소가 죽는 것이 제 소원입니다."

이처럼 우리는 남이 잘되는 것에 분노합니다. 더욱이 미워하는 사람이 잘되는 것처럼 보이면 더 화가 납니다. 죄를 짓고 믿음 생활도 안 하는데 왜 저렇게 잘되느냐며 하나님을 원망하기도 합니다. 그때 하나님은 이렇게 말씀하십니다. '네가 성내는 것이 옳으냐?'

심지어는 자신이 전도한 사람이 믿음 생활을 잘해서 인정을 받으면 화가 나기도 합니다. 창세기에는 인류 최초로 가인이 분노한 모습이 기록되어 있습니다. "가인과 그의 제물은 받지 아니하신지라 가인이 몹시 분하여 안색이 변하니"(창 4:5). 하나님이 자신의 제물을 받지 않으시자 가인은 분노했습니다. 사실 가인의 분노는 자신에게 향해야 합니다. 하나님이 동생 아벨의 제물은 받고 자신의 제물은 받지 않으셨다면 자신이 문제라는 생각을 해야 합니다. 그러나 가인의 분노는 자신이 아니라 아벨을 향했습니다. 심지어는 자신의 친동생을 죽이고 맙니다.

하나님은 요나에게 하신 첫 번째 질문을 통해 우리 삶에도 잘못된 분노의 모습이 있음을 말씀하고 계십니다. 성경에는 분노에 대한 말씀이 종종 언급됩니다. 에베소서 4장 26절은 "분을 내어도 죄를 짓지 말며 해가 지도록 분을 품지 말고"라고 말씀합니다. 이어서 "너희는 모든 악독과 노함과 분냄과 떠드는 것과 비방하는 것을 모든 악의와 함께 버리고"(엡 4:31)라고 말씀합니다. 또한 로마서 12장 19절은 "내 사랑하는 자들아 너희가 친히 원수를 갚지 말고 하나님의 진노하심에 맡기라 기록되었으되 원수 갚는 것이 내게 있으니"라고 말씀합니다.

인디언 격언에 "다른 사람을 이해하기 위해서는 그 사람의 신발을 신고 1마일을 걸어 봐야 한다"는 말이 있습니다. 나의 기준으로 상대방을 평가하는 것이 아니라, 상대방의 처지에서 생각해 보는 것이 필요하다는 뜻입니다. 그리스도인은 여기서 한 단계 더 나아가야 합니다. 우리는 상대방을 이해하는 것에 머물지 않고, 하나님의 관점에서 다른 사람을 축복하고 격려해야 합니다. 설령 자신에게는 원수와도 같은 사람일지라도 정죄하고 저주해서는 안 됩니다. 앞서 언급한 로마서 12장 19절 말씀처럼, 원수를 갚는 것과 진노하는 것은 하나님의 몫이기 때문입니다.

어떤 사람은 신앙생활을 하면서도 '죽어도 저 사람은 용서 못 한다'고 이야기합니다. 그러나 그 분노가 하나님이 인정하시는 의로운 분노인지는 따져 보지 않습니다. 요나는 '죽겠다'는 말을 4장에서 세 차례나 언급합니다. "여호와여 원하건대 이제 내 생명을 거두어 가소서 사는 것보다 죽는 것이 내게 나음이니이다"(3절), "해는 요나의 머리에 쪼이매 요나가 혼미하여 스스로 죽기를 구하여 이르되 사는 것보다 죽는 것이 내게 나으니이다"(8절), "내가 성내어 죽기까지 할지라도 옳으니이다"(9절). 이것이 죄악된 인간의 본성입니다. 자기가 죽는 한이 있더라도 남이 망하는 것이 더 낫다는 것입니다.

2절에서는 이런 변명까지 합니다. "여호와여 내가 고국에 있을 때에 이러하겠다고 말씀하지 아니하였나이까 그러므로 내가 빨리 다시스로 도망하였사오니 주께서는 은혜로우시며 자비로우시며 노하기를 더디하시며 인애가 크시사 뜻을 돌이켜 재앙을 내리지 아니하시는 하나님이신 줄을 내가 알았음이니이다." 이 말은 하나님이 하신 일에 대한 빈정거림입니다. 잘못은 자신이 해 놓고 하나님 탓으로 돌려 버립니다. 자신이 하나님 말씀에 불순종해서 다시스로 간 이유를 하나님이 이러실 줄 알았기 때문이라고 합리화하고 있습니다. 그럼에도 하나님은 요나를 포기하지 않으십니다. 요나에게 계속해서 질문하며 당신의 마음을 깨닫게 하십니다. 왜냐하면 분노의 가장 큰 피해자는 바로 자신이기 때문입니다. 요나에게 하신 '네가 성내는 것이 옳으냐'는 하나님의 첫 번째 질문은 '나에게 모든 것을 맡기고 분노하지 말라'는 의미였습니다.

자족하기를 배우라

━━

하나님은 요나에게 "네가 이 박 넝쿨로 말미암아 성내는 것이 어찌 옳으냐"(욘 4:9)라고 질문하십니다. 그런데 요나는 "내가 성내어 죽기까지 할지라도 옳으니이다"(욘 4:9)라고 대답합니다. 요나는 하나님에게 반항을 하고 있습니다. 요나서 전체에서 요나가 기뻐하는 모습은 단 한 번, "요나가 박 넝쿨로 말미암아 크게 기뻐하였더니"(욘 4:6)라는 말씀에서 나타납니다. 나머지는 모두 성을 내고, 화를 내고, 하나님에게 반항하는 모습입니다. 니느웨의 수많은 사람들이 회개하고 하나님에게로 돌아오는 것에는 화를 내면서, 자기 머리 위의 박 넝쿨 하나에는 기뻐하는 것이 요나의 모습입니다.

중동 지역은 햇볕이 뜨겁고 날씨가 덥습니다. 그러니 박 넝쿨 하나의 그늘만 있어도 훨씬 견디기 쉬웠을 것입니다. 사실 이 박 넝쿨은 요나를 깨닫게 하시기 위한 하나님의 도구였습니다. 새벽에 벌레가 갉아먹자 박 넝쿨이 시들어 버립니다. 그러자 바로 요나가 불평하기 시작합니다. 하나님에게 차라리 죽여 달라고 원망합니다. 그때 하나님이 말씀하십니다. "네가 이 박 넝쿨로 말미암아 성내는 것이 어찌 옳으냐", 즉 하룻밤에 났다가 하룻밤에 말라 버린 박 넝쿨 하나도 네가 아꼈는데, 저렇게 많은 사람이 있는 니느웨를 내가 아끼지 않겠느냐고 하시는 것입니다.

사람들은 자신에게 베푸신 하나님의 자비와 긍휼을 너무나 빨리 잊어버립니다. 불과 얼마 전, 하나님은 바다에 빠진 요나의 생명을 살려 주셨습니다. 요나는 하나님의 뜻을 어기고 다시스로 가는 죄를 지었습니다. 하지만 하나님은 요나에게 다시 한 번 기회를 주셨습니다. 그러나 죽어 마땅한 자신을 살려 주셨는데도 요나는 작은 것 하나 때문에 원망하고 불평합니다. 이것은 우리의 모습일 수도 있습니다.

이 시대의 수많은 사람 중 하나님은 우리를 당신의 자녀로 삼아 주셨습니다. 우리를 천국 백성으로 삼아 주셨고, 영원한 부활 소망을 주셨습니다. 그런데도 때로는 삶의 작은 것 하나 때문에 원망하고 불평하며 살아가는 것이 우리의 모습입니다. 이런 우리를 향해서 하나님은 요나에게 하신 질문을 하십니다. '왜 작은 것 하나 때문에 원망하느냐? 왜 감사하지 못하고 왜 자족하지 못하느냐?' 하나님이 요나에게 박 넝쿨을 보여 주며 하신 질문의 깊은 의미는 '이 땅에서 금세 사라질 작은 것 때문에 불평하거나 원망하지 말고, 감사하고 자족하며 살라'는 메시지입니다. 동일한 하나님이 우리에게도 말씀하십니다. 삶의 환경 때문에 원망하거나 불평하지 말고, 기뻐하고 감사하고 자족하며 살라는 것이 하나님이 우리에게 주시는 메시지입니다.

미국의 신학자 데이비드 소퍼(David Wesley Soper)의 저서 *God is Inescapable*에 보면 이런 구절이 있습니다. "교도소와 수도원의 공통점은 울타리가 있다는 것, 시설이 열악하다는 것, 행동에 제약이 있다는 것이다. 하지만 그 안에서 살아가는 사람들의 차이는 매우 크다. 바로 불평과 감사의 차이다." 교도소에 사는 죄수들은 아침에 일어날 때부터 잠들 때까지 불평만을 늘어놓습니다. 하지만 똑같은 조건의 수도원에서 지내는 수도사들은 언제나 감사합니다. 절제된 생활과 열악한 삶 속에서도 생명과 양식과 일할 수 있는 건강을 주신 하나님에게 감사를 드립니다. 불평하며 사느냐, 감사하며 사느냐에 따라 우리가 교도소에서 사느냐, 수도원에서 사느냐가 결정된다는 것입니다.

주님은 지금 이 순간에도 우리에게 이렇게 질문하고 계실 수 있습니다. '네가 성내는 것이 옳으냐?' 우리는 삶의 작은 부분에 성내며 불평하고 있지 않은지 돌아봐야 합니다. 사도 바울은 빌립보서에서 자신의 어려운 상황에도 불구하고 오히려 자족하며 하나님에게 감사를 드립니다. 사도 바울은 로마 감옥에 갇혀 있습니다. 다른 사람들이 보기에는 절망할 수밖에 없는 환경입니다. 그러나 바울은 자신의 매인 것을 원망하지 않고 오히려 복음 전파의 기회로 여겨 하나님에게 감사합니다. 갇혀 있지만 오히려 자유함을 얻은 바울이 빌립보 성도들에게 쓴 메시지는 '기쁨'에 대한 것이었습니다. 빌립보서는 '기쁨의 서신'이라고 불릴 정도로 기쁨이라는 단어가 많이 등장합니다. 특히 바울은 그리스도인의 표징이 기쁨이라고 말합니다. 세상 사람들과는 달리 그리스도인들은 어떠한 상황과 여건 속에서도 기뻐할 수 있다는 것입니다.

빌립보서 4장 11절은 "내가 궁핍하므로 말하는 것이 아니니라 어떠한 형편에든지 나는 자족하기를 배웠노니"라고 쓰고 있습니다. 사도 바울은 '어떠한 형편'에든지 자족하기를 배웠다고 말합니다. 하나님이 요나에게 가르치고자 하셨던 것 또한 박 넝쿨이 있든지 없든지 하나님으로 인해 자족하고 감사하며 기뻐하는 것이었습니다. '자족하기를 배웠노니'에서 '배우다'라는 뜻의 헬라어 '안티노'는 단순히 공부를 해서 배웠다는 뜻이 아닙니다. 머리로, 이론적으로 배웠다는 것이 아니라, 끊임없이 같은 행동을 반복하고 연습했다는 의미입니다.

유대인의 가르침을 적은 《탈무드》는 "자족하는 사람은 누구도 유혹하거나 시험할 수 없는 사람이다"라고 쓰고 있습니다. 하나님이 주신 모든 것을 감사하며 받아들이는 사람은 탐욕도, 유혹도, 시험도 통하지 않는다는 것입니다. 영국의 작가 체스터턴(G. K. Chesterton)은 그리스도인들이 감사하며 자족할 수 있는 비결에 대해서 이렇게 말합니다. "어떤 환경에서도 하나님이 나에게 주신 것을 그대로 받아들인다면 항상 감사하며 자족할 수 있다." 즉, 모든 상황에서 감사할 것들을 찾아내고 그것을 받아들이면 항상 자족하게 된다는 것입니다. 우리가 잘 아는 찬송가인 〈내 영혼이 은총 입어〉(새찬송가 438장)의 가사처럼 "높은 산이 거친 들이 초막이나 궁궐이나 내 주 예수 모신 곳이 그 어디나 하늘나라"인 것입니다. 상황과 환경은 달라도 주님과 함께한다면 언제나 기뻐 찬양할 수 있는 것이 그리스도인입니다.

제가 미국에서 유학 생활을 할 때는 정말 가난했습니다. 처음 집을 구했는데, 작은 원룸에 세를 얻어서 지냈습니다. 하지만 막상 가구를 살 돈이 없었습니다. 그렇게 걱정하던 중, 어느 날 쓰레기장에 매트리스 두 개가 버려져 있는 것을 보았습니다. 누가 버렸는지 모르겠지만 저에게는 하나님이 주신 선물 같았습니다. 버려진 매트리스를 원룸으로 옮긴 후 보를 씌워 놓으니 5성급 호텔 못지않았습니다. 그리고 다음 날부터 그런 가구들이 눈에 띄기 시작했습니다. 식탁도

주워서 갖다 놓고, 소파도 주워서 들여놓았습니다. 토요일이 되면 중고 장터(Garage Sale)에 가서 싼값에 가구들을 구해 오기도 했습니다.

만약 '내 인생 참 거지같다. 옆에 유학생 동기는 집에서 보내 주는 돈으로 걱정 없이 공부하는데 난 왜 이렇게 살아야 하나' 하고 불평하면 그때부터 지옥이 되는 것입니다. 그러나 상황을 받아들이면 쓰다 버린 매트리스에 감사하고, 싼값에 구한 가구에 기뻐하며 자족할 수 있게 됩니다. 재미있는 것은, 그렇게 모아 놓은 가구들을 유학을 마치고 한국으로 돌아올 때 주변 사람들이 서로 자신에게 팔라고 경쟁을 했다는 것입니다.

이처럼 자족이라는 것은 그대로 받아들이는 것부터 시작합니다. 받아들일 때 행복이 찾아오고, 감사거리를 찾을 수 있습니다. 남편과 아내가 서로 모든 것이 마음에 들 수는 없습니다. 마음에 들지 않는 점이 분명히 한두 가지는 있습니다. 하지만 받아들여야 합니다. 서로 마음에 맞지 않는 점을 받아들이지 못하면 교도소에서 살게 되고, 받아들이는 순간 수도원에서 살게 됩니다. 하나님이 주신 남편과 아내에게 자족하며 감사할 수 있어야 합니다.

그리스도인은 세상 속에서도 하나님의 은혜에 감사하며, 더 나은 영원한 소망을 바라보며 행복하게 걸어가야 합니다. 고린도후서 6장 10절은 이런 이들에 대해 "근심하는 자 같으나 항상 기뻐하고 가난한 자 같으나 많은 사람을 부요하게 하고 아무것도 없는 자 같으나 모든 것을 가진 자로다"라고 말씀합니다. 하나님은 본문의 요나에게 '너에게는 내가 함께하는데 왜 고작 박 넝쿨 때문에 성을 내느냐'고 말씀하고 계신 것입니다.

사랑으로 감싸 안으라

하나님은 요나에게 "네가 수고도 아니하였고 재배도 아니하였고 하룻밤에 났다가 하룻밤에 말라 버린 이 박 넝쿨을 아꼈거든 하물며 이 큰 성읍 니느웨에는 좌우를 분변하지 못하는 자가 십이만여 명이요 가축도 많이 있나니 내가 어찌 아끼지 아니하겠느냐"(욘 4:10-11)라고 말씀하십니다. 요나서는 하나님의 세 번째 질문을 마지막으로 마무리가 됩니다. 하나님의 이 질문에 요나가 어떻게 답을 했다는 내용은 기록되어 있지 않습니다. 어쩌면 하나님은 요나뿐 아니라 현재 우리에게도 동일한 질문을 하시는 것이라는 생각이 듭니다.

하나님이 요나에게 하신 마지막 질문의 의미는, 하나님은 모든 사람들을 사랑하신다는 것입니다. 요나가 박 넝쿨을 아꼈듯이, 하나님은 니느웨 백성을 사랑하셨습니다. 특히 하나님이 말씀하신 '좌우를 분변하지 못하는 자'를 주석가들은 니느웨에 있던 12만의 어린아이들이라고 해석합니다. 아무것도 알지 못하는 어린아이들이 12만 명이나 살고 있는 니느웨 성입니다. 심지어 하나님은 그들이 키우는 가축까지도 생각하셨습니다. 사람들의 사랑은 대개 편협합니다. 위선적입니다. 그러나 하나님의 사랑은 다릅니다. 요나가 하나님을 떠나고 원망하고 불평해도 여전히 사랑하셨듯이, 니느웨 백성도 죄악 가운데 있지만 여전히 사랑하신다는 것입니다. 그래서 하나님의 세 번째 질문은 '너희도 서로 사랑하며 살라'는 하나님의 강력한 메시지입니다.

릭 워렌(Rick Warren) 목사는 《더불어 삶》(국제제자훈련원 역간)이라는 책에서 '우리가 이 땅에서 어떤 삶을 살아야 하는가?'라는 질문에 대한 대답을 이렇게 씁니다. "첫째, 사랑하는 법을 배워라. 둘째, 다른 사람의 운명에 관심을 가져라. 셋째, 하나님의 눈으로 그를 바라보라." 그리스도인들은 하나님이 니느웨 백성을 사랑하고 용서하시는 사랑의 방법을 배워야 합니다. 인간적인 눈으로 보면 니느웨 백성은 죽어 마땅한 원수지만, 하나님의 눈으로 보면 사랑할 대상인 것입니다.

팀 티보(Tim Tebow)라는 사람이 있습니다. 그는 필리핀에서 해외 선교사인 부모 밑에서 자라난 스포츠 선수입니다. 그는 플로리다(Florida) 대학교에 진학해 미국 대학 미식축구 리그에서 최우수 쿼터백(Quarterback)으로 선정되기도 합니다. 그는 실력보다도 신앙으로 더 유명한 선수였습니다. 복음을 증거하기 위해 눈 밑에 붙이는 '눈부심 방지 스티커'에 '요한복음 3장 16절'(John 3:6)을 쓰고 경기에 출전할 정도였습니다. 그런데 프로 선수가 된 이후에는 이러한 행동이 특정 종교를 옹호하는 행동이라고 해서 금지를 당합니다. 그래도 팀 티보는 포기하지 않고 하나님에게 영광을 돌리기 위해 자신이 경기 중에 성공적인 패스를 하거나 득점을 하면 꼭 무릎을 꿇고 기도를 했습니다. 이러한 행동은 곧 '티보잉'(Tebowing)이라는 별명으로 불리면서 사전에까지 수록되기도 했습니다.

팀 티보는 미식축구 선수에서 은퇴한 이후에는 미국의 프로야구 선수로 활동하고 있습니다. 선수 생활을 하면서 지금까지 번 돈으로 자신의 이름을 딴 '팀 티보 재단'을 만들어 이웃들을 돕고 있습니다. 특히 가난하고 병든 자들과 장애인들의 이웃이 되라는 감동을 받아서 '라이트 투 샤인'(Light to Shine)이라는 행사를 매년 열고 있습니다. 이 행사는 미국을 포함한 전 세계 17개 나라에서 진행되었는데, 그 지역에 사는 장애인들을 파티에 초청해서 정성껏 섬기고 격려하는 행사입니다. 이제까지 9만 명의 장애인들이 참여했고, 동참했던 자원봉사자만 17만 5천 명입니다.

팀 티보는 미국의 유명 잡지인 〈피플〉(People)과의 인터뷰에서 이렇게 말했습니다. "제가 야구선수로 기억되지 못해도 괜찮습니다. 제가 미식축구 선수로 기억되지 못한다면 그것도 괜찮습니다. 사실 제가 사람들에게 전혀 기억되지 못한다고 해도 괜찮습니다. 제가 바라는 것은 오직 하나님을 위해 남은 인생을 헌신하는 것입니다. 그 방법은 바로 사랑하며 사는 것입니다. 제가 스포츠를 하는 것보다 이것이 더욱 중요합니다."

오늘날 우리 주변에는 그리스도인의 손길을 필요로 하는 사람들이 많습니다. 우리 주위에는 우리가 알지 못하는 하나님의 자녀들이 많습니다. 하나님은 오늘도 우리에게 질문하십니다. 그리고 하나님이 원하시는 대답은 바로 세 가지입니다. '하나님에게 맡기고 분노하지 않겠습니다. 자족하고 감사하며 살겠습니다. 남은 인생을 사랑하며 살겠습니다.'

08

참된 고백을 요구하는
'결단의 질문'

"너희는 나를
누구라 하느냐"

마 16:13-17

무신론자에서 회심해서 목회자가 된 리 스트로벨(Lee Strobel)의 《특종! 믿음 사건》(두란노 역간)이라는 책이 있습니다. 이 책에서는 세계적인 복음 전도자이며 미국 대통령들이 가장 존경하는 빌리 그레이엄 목사의 일화를 소개하고 있습니다. 빌리 그레이엄 목사는 젊은 시절 찰스 템플턴(Charles Templeton)이라는 가장 친한 친구와 함께 전도 집회에 자주 참석했습니다. 두 친구는 함께 집회에서 받은 은혜로 복음 전도를 하는 등 신앙생활을 잘해 왔습니다. 그러던 어느 날, 템플턴은 미국의 시사 잡지인 〈라이프〉(LIFE)에 실린 한 장의 사진을 본 후 예수를 떠납니다. 그것은 가뭄에 허덕이는 아프리카의 한 지방의 모습을 촬영한 사진이었는데, 한 흑인 여인이 죽은 아기를 안고 야속하다는 표정으로 하늘을 올려다보는 장면이 담겨 있었습니다. 이 사진을 본 템플턴은 하나님이 사랑의 하나님이고 실제로 살아 계신다면 이런 일은 있을 수 없다며 낙심해 신앙에서 떠나 버립니다.

템플턴은 80세 노인이 될 때까지 하나님을 부정하는 무신론자로 살아갑니다. 그러다가 치매에 걸리게 됩니다. 치매에 걸린 템플턴에게 리 스트로벨이 찾아가서 이렇게 질문합니다. "당신은 예수님에 대해서 어떻게 생각합니까?" 그러자 템플턴이 갑자기 눈물을 흘리며, "예수님 같은 분은 두 번 다시없을 것입니다"라고 이야기합니다. 대답을 들은 리 스트로벨은 다시 한 번 묻습니다. "그렇다면 당신은 예수님을 구세주로 인정합니까?" 그때 템플턴은 더 이상 묻지 말라고 말합니다. 평생을 무신론자로 살았던 자신의 자존심 때문에 예수님을 인정하기 싫어서 더 이상 묻지 말라는 대답을 반복했다는 것입니다.

'예수님은 누구신가'라는 물음은 그리스도인에게 있어서 가장 중요한 질문입니다. 본문인 마태복음 16장 15절에서 예수님은 제자들에게 "너희는 나를 누구라 하느냐"라고 질문하십니다. 이 질문에 어떻게 대답하느냐에 따라서 우리 인생의 방향이 결정됩니다. 이 질문에는 영원한 생명이 달려 있기 때문입니다. 결국 모든 인류에게 있어서 가장 본질적인 질문은 우리가 예수님을 누구로 믿고 있으며, 어떻게 고백하고 있느냐는 것입니다. 본문인 마태복음 16장은 바로 인생에 있어 가장 중요한 문제인 예수님이 누구이신가에 대한 답을 명쾌하게 말씀하고 있습니다.

본문의 배경은 예수님이 갈릴리 호수 북쪽에 위치한 지금은 바니아스(Banias)라고 불리는 '가이사랴 빌립보'라는 곳에 계실 때 일어난 사건입니다. '가이사랴'라는 뜻은 '가이사', 즉 성경에서 로마 황제를 지칭하는 단어입니다. 그리고 당시에 그 지역을 다스리던 분봉왕(分封王)이 헤롯 대왕의 아들인 빌립이었습니다. 로마의 황제 '가이사'에게 자신

'빌립'이 로마식 도시를 건설하고 헌정한다는 의미로 도시 이름을 '가이사랴 빌립보'라고 지은 것입니다. 이곳은 풍요로운 도시였습니다.

갈릴리 북쪽으로는 해발 2,814미터 높이의 헬몬 산이 있습니다. 헬몬 산에서 내려온 물이 흘러와서 갈릴리 호수를 이룹니다. 가이사랴 빌립보는 헬몬 산과 갈릴리 호수의 중간에 있습니다. 그리고 양쪽으로는 골란고원이 병풍처럼 둘러 있습니다. 이스라엘 땅이라고 하면 광야나 사막 같은 척박한 느낌이 들지만, 가이사랴 빌립보는 매우 풍요로운 도시였습니다. 구약 시대에는 이 지역을 '바산'이라고 불렀는데, 얼마나 땅이 비옥했던지 소들이 살찌는 곳이라는 별명이 붙었습니다. 그만큼 땅이 비옥하고 물이 많아 사람이 살기 좋은 곳이어서 이스라엘 북쪽의 중심 도시 역할을 감당했습니다. 도시가 풍요로우니 사람들이 모여들면서 자연스럽게 상업이 발달했습니다. 더욱이 가이사랴 빌립보는 과거 그리스 알렉산더 대왕 시절에 '판'이라는 신을 섬기는 거대한 신전까지 세워진 큰 도시였습니다. 한마디로 이곳은 로마식으로 지어진 굉장히 번화하고 풍요로운 도시였습니다. 그리스의 거대한 신전이 있던 큰 도시였습니다.

하지만 하나님의 아들이신 예수님의 모습은 화려한 도시에 어울리지 않게 초라합니다. 예수님은 나사렛에서 가난한 목수의 아들로 일을 하셨습니다. 남루한 옷차림이셨습니다. 며칠 동안 갈릴리 근처에서 사역하다 보니 몰골도 많이 상하셨을 것입니다. 이렇게 극명하게 대비되는 곳에서 예수님이 제자들에게 질문을 하십니다. "사람들이 인자를 누구라 하느냐"(마 16:13). 그러자 제자들이 "더러는 세례 요한, 더러는 엘리야, 어떤 이는 예레미야나 선지자 중의 하나라 하나이다"(마 16:14)라고 대답합니다. 사람들은 세례 요한이 광야에서 외쳤던 "회개하라 천국이 가까이 왔느니라"(마 3:2)라는 말과 예수님이 하신 말씀이 같으니 예수님을 세례 요한과 비슷한 사람으로 판단했습니다. 또 어떤 사람들은 예수님에게서 영적인 능력이 나타나는 것을 보고 엘리야와 같다고 생각했습니다. 심지어는 예수님을 민족을 사랑했던 예레미야나 하나님이 보내신 새로운 선지자로 여기기도 했습니다.

이러한 제자들의 대답을 들은 후 예수님은 다시 한 번 질문하십니다. "너희는 나를 누구라 하느냐"(마 16:15). 예수님의 이 질문은 바로 '너희는 나를 누구라고 생각하며, 나를 어떻게 믿고 있느냐'는 물음이었습니다. 그때 예수님의 수제자 베드로가 이렇게 답변합니다. "주는 그리스도시요 살아 계신 하나님의 아들이시니이다"(마 16:16). 바로 베드로의 위대한 고백이었습니다. 이 대답을 듣고 예수님은 "바요나 시몬아 네가 복이 있도다 이를 네게 알게 한 이는 혈육이 아니요 하늘에 계신 내 아버지시니라"(마 16:17)라고 말씀하십니다. 베드로의 고백은 하나님이 알게 하시지 않으면 결코 할 수 없는 고백인 것입니다.

이사야 53장은 예수님에 대해서 "우리가 보기에 흠모할 만한 아름다운 것이 없도다"(사 53:2)라고 말씀합니다. 사람의 눈으로 볼 때 화려한 도시, 거대한 신전에 비하면 예수님의 모습은 보잘것없게 여겨집니다. 하지만 베드로는 초라한 예수님을 보고 '주'라고 고백합니다. '주'라는 표현은 바로 하나님이라는 뜻입니다. 예수님은 우리의 주인이시고, 우리가 기다리던 메시아이시면서, 살아 계신 하나님의 아들이시라는 위대한 고백이었습니다.

'너희는 나를 누구라 하느냐?' 본문에 기록된 예수님의 질문과 베드로의 고백을 통해 우리에게 던져진 이 동일한 질문에 대해 몇 가지를 살펴보고자 합니다.

내게 예수는 누구인가

새찬송가 96장은 〈예수님은 누구신가〉라는 곡입니다. 찬송가도 예수님이 누구신지를 이야기하고 있습니다. 주변 사람들이 말하는 예수님도 있습니다. 그러나 중요한 것은, 내가 만나고, 내가 체험하고, 내가 믿는 예수님이 과연 어떤 분이신지를 알아야 한다는 것입니다. 예수님에 대한 평가는 사람마다 다양할 수 있습니다. 어떤 사람은 예수님을 위대한 스승이라고 이야기합니다. 또 어떤 사람은 예수님을 기독교라는 종교의 창시자라고 말합니다. 어떤 사람은 예수님을 4대 성인 중의 한 사람으로, 본받을 만한 인물로 여기기도 합니다. 심지어는 예수님을 민중 해방가라고 이야기하거나 희대의 사기꾼이라고 평가하는 사람도 있습니다. 각자 생각하는 예수님이 모두 다른 것입니다. 특히 예수님을 체험하지 못한 사람들은 그저 탁월한 사람 중에 하나로 예수님을 여길 뿐입니다.

그러나 우리가 믿는 예수 그리스도는 우리의 유일한 구원자이십니다. 예수님은 이 땅에 오신 하나님의 아들이시고, 기다리던 메시아이시며, 살아 계신 하나님이십니다. 우리의 죄를 사하기 위해 십자가에서 대신 죽임당하고 부활하신 유일한 구원자이십니다.

때때로 그리스도인들은 세상 사람들로부터 이유 없이 비난을 받거나 미움을 당합니다. 예수 믿는 사람들이 피해를 준 것도 아니고 악한 일을 한 것도 아닙니다. 그런데 유난히 예수 믿는다고 하면 과민 반응을 보이는 사람들이 있습니다. 하지만 이것은 이상한 일이 아닙니다. 오히려 당연한 반응입니다. 이것이 예수 그리스도가 진리라는 사실을 보여 주는 확실한 증거가 됩니다. 죄의 습성은 진리를 거부하는 것입니다. 짝퉁이 진품과 함께 있으면 마음이 편할 리가 없습니다. 곧바로 짝퉁인 것이 드러나기 때문입니다. 1970년대에 많이 불렀던 〈예수 안의 생명〉이라는 찬양이 있습니다. 찬양 가사 중에 "죄인들을 위하여 주님 찾아오셨네 주 안에 생명이 있네 죄인들을 위하여 주님 찾아왔으나 사람들 영접 안 했네"라는 대목이 있습니다. 죄인들을 위해서 심지어 예수님이 직접 찾아오셨음에도 사람들이 영접하지 않았다는 찬양입니다. 이처럼 세상 사람들은 진리와 생명 되시는 예수님을 만나기를 거부했습니다.

예수님을 거부한 사람은 '너희는 나를 누구라 하느냐'는 예수님의 질문에 대답할 수 없습니다. 예수님이 원하시는 답은 '네가 믿고, 네가 만나고, 네가 체험한 예수가 누구냐'는 질문에 대한 답이기 때문입니다. 이것은 인생의 가장 중요한 질문인 동시에 인생의 돌파구가 되는 질문이기도 합니다. 만일 우리가 그리스도인이라고 하면서도 이 질문에 대답하지 못한다면 아무 소용이 없습니다. 아무리 모태 신앙이고 교회에 수십 년을 출석했다 해도 결코 구원과 죄 사함을 받지 못하면 천국에 갈 수 없습니다.

요한복음 3장에는 니고데모라는 사람이 등장합니다. 니고데모는 유대인의 지도자입니다. 부유한 바리새인입니다. 세상적으로 가진 것도 많고 존경받는 위치에 있었지만 마음 한구석에는 채워지지 않는 답답함이 있었습니다. 프랑스의 유명한 수학자이자 철학자인 파스칼(Blaise Pascal)은 "사람에게는 하나님만이 채울 수 있는 공간이 있다"고 말했습니다. 피조물인 사람에게는 하나님 외에 세상의 어떤 것으로도 채울 수 없는 공간이 있다는 것입니다. 하지만 우리가 예수 그리스도를 인정하고 그분을 나의 주님으로 고백한다면, 그 빈자리를 하나님이 채워 주십니다. 그래서 예수 믿는 사람은 어떤 환경에서도 평안할 수 있습니다. 만약 우리의 인생이 돌파구 없이 답답하고 빈 껍질같이 허무하다면 그리고 죽음의 문제에 대한 불안이 찾아온다면, 과연 나에게 있어 예수님이 누구신지에 대한 질문을 던져 봐야 합니다. 베드로가 예수님에게 했던 고백이 나의 고백이 되어야 근본적인 문제를 해결할 수 있게 됩니다.

예수님의 부활을 의심했던 제자 도마는 자신이 실제로 체험한 후에 예수님을 "나의 주님이시요 나의 하나님이시니이다"(요 20:28)라고 고백합니다. 또한 요한일서 4장 14-15절은 "아버지가 아들을 세상의 구주로 보내신 것을 우리가 보았고 또 증언하노니 누구든지 예수를 하나님의 아들이라 시인하면 하나님이 그의 안에 거하시고 그도 하나님 안에 거하느니라"라고 말씀합니다. 즉, 우리는 예수님이 과연 나에게 누구신지에 대한 답을 찾아야 구원을 얻을 수 있다는 말씀입니다.

자기 고백의 신앙

베드로의 '주는 그리스도시요'라는 고백에서 '주'는 '주인'이라는 의미보다는 '하나님'이라는 의미를 담고 있습니다. 구약 시대에는 하나님을 '여호와'라고 일컬었습니다. 그런데 사람들은 감히 하나님의 이름인 '여호와'를 함부로 부를 수도, 기록할 수도 없어 하나님의 이름인 '여호와'라는 말 대신에 '아도나이'라는 단어를 사용했습니다. '아도나이'가 바로 '주'라는 뜻입니다. 때문에 베드로의 고백에는 예수님을 하나님이라고 인정하는 의미가 담겨 있습니다. 베드로는 자신 앞에 계시는, 인간적인 눈으로 볼 때는 초라한 예수님을 하나님이라고 고백했습니다. 베드로는 믿음의 눈으로 예수 그리스도가 하나님이라는 사실을 바라본 것입니다.

세상 사람들은 2천 년 전 유대 땅 예루살렘에서 죽은 예수가 자신과 무슨 상관이 있냐고 생각할 수 있습니다. 어떻게 먼 이스라엘 땅에서 죽은 외국인이 자신의 주인이냐고 의문을 가질 수 있습니다. 이러한 의문은 논리적이면서 합리적인 생각으로 여겨집니다. 우리가 아무리 논리적으로 설명하려 해도 설명할 수 없는 문제입니다. 예수님이 하나님이라는 사실은 믿음의 눈으로 바라보는 사람만이 체험할 수 있기 때문입니다. 우리가 반드시 믿어야 하는 복음의 핵심은, 우리의 주인 되신 예수님이 하나님의 아들이라는 사실입니다. 세상 사람들이 생각하는 예수, 다른 사람들이 믿는 예수를 물어보시는 것이 아닙니다. 가장 중요한 것은, 예수님이 나의 하나님이심을 고백할 수 있어야 한다는 것입니다.

이 땅에 오신 예수님을 나의 죄를 대신해서 죽으시고 인생의 죽음의 문제를 해결해 주신 '나의 하나님'으로 믿는 것이 중요합니다. 사람이 다른 한 사람을 대신해서 죽을 수는 있습니다. 어떤 누군가의 죄를 대신 덮어쓸 수도 있습니다. 그러나 모든 인류를 대신해서 죽는 것은 하나님만이 하실 수 있는 일입니다. 또한 우리 죄를 대신하려면 죄가 없는 분이셔야 합니다. 사람은 모두 죄인입니다. 그렇기에 하나님이 이 땅에 사람의 몸을 입고 오셔서 우리 죄를 대신해 죽으시는 것 외에는 다른 방법이 없습니다. 이것이 바로 하나님이 우리를 사랑하시는 방법이었습니다. 요한복음 3장 16절은 "하나님이 세상을 이처럼 사랑하사 독생자를 주셨으니 이는 그를 믿는 자마다 멸망하지 않고 영생을 얻게 하려 하심이라"라고 말씀합니다. 사도행전 4장 12절도 "다른 이로써는 구원을 받을 수 없나니 천하 사람 중에 구원을 받을 만한 다른 이름을 우리에게 주신 일이 없음이라"라고 말씀합니다. 예수님 외에 구원을 얻을 수 있는 다른 길은 없다는 것입니다.

최근 전 세계 신학의 흐름을 살펴보면 성경에 기록된 기적을 믿을 수 없다는 주장들이 많이 나타납니다. 한마디로, 성경 역시 신화라는 것입니다. 홍해가 갈라지는 것은 말도 안 되는 이야기이며, 동정녀가 어떻게 아이를 잉태할 수 있냐는 주장입니다. 그들은 성경에서 예수님이 직접 말씀하신 산상보훈과 여러 교훈적인 내용만 믿을 수 있다고 말합니다. 성경을 하나님의 말씀으로 믿지 않는 것입니다. 사람의 생각으로는 굉장히 합리적이고 논리적인 주장입니다. 그래서 유럽의 신학은 이미 자유주의 쪽으로 거의 다 넘어갔습니다. 미국도 절반 이상의 교회가 이런 주장에 동조하고 있습니다. 최근에는 우리나라도 장담할 수 없는 지경까지 왔습니다. 만약 성경에서 검증되고 과학적으로 증명된 것만 인정하자고 하면 당장 창세기 1장 1절부터 막히게 됩니다. "태초에 하나님이 천지를 창조하시니라"라는 구절을 과학적으로 증명할 방법이 없기 때문입니다. 오히려 성경이 합리적이고 검증 가능하다면 하나님을 믿을 필요가 없습니다. 인간의 논리와 과학으로 검증이 가능한 하나님이라면 이미 신앙의 대상은 아닙니다. 어떤 학자들은 이렇게 주장합니다. 하나님이 홍해를 가르신 게 아니라, 이스라엘 백성이 홍해 옆에 있는 비터 호수(Great Bitter Lake)를 둘러서 갔다는 것입니다. 또는 우리나라 진도에 바닷길이 열리듯이 썰물처럼 물이 빠져서 건너갔다고도 말합니다. 하나님이 행하신 기적을 어떻게든 인간의 이성으로 설명하려고 노력합니다.

하지만 이러한 주장은 전능하신 하나님을 믿지 않는 것입니다. 우주를 말씀으로 창조하신 하나님을 인정하지 않는 것입니다. 하나님에게 홍해를 가르는 기적 정도는 아무것도 아닙니다. 지금도 하나님의 기적은 존재합니다. 우리가 믿는 하나님은 능력의 하나님이고, 우리의 창조주이십니다. 가장 큰 기적은 예수 그리스도가 우리의 죄를 대신해서 십자가에 죽으심으로 우리가 영생을 얻은 것입니다. 아무리 시대가 변해도 이 진리는 변하지 않습니다. 만약 예수님이 우리보다 더 나은 위인에 불과하다면, 누구나 노력해서 예수님처럼 될 수 있다면, 예수님을 믿을 필요가 없습니다. 하지만 예수님을 이 땅에 오신 하나님으로 고백할 때, 그리스도인들은 자기의 모든 삶을 예수님에게 드릴 수 있게 됩니다.

멕시코에 있는 엔세나다(Ensenada) 지역의 원주민들은 비참하게 살

아갑니다. 옛날 우리나라 시골 돼지우리보다 훨씬 못한 집에서 일고
여덟 명의 식구가 살아갑니다. 집 안에서 음식을 하려고 불을 피우
면 연기가 빠져나갈 구멍이 없습니다. 이런 비참한 환경에서 살아가
는 원주민들의 평균 수명은 35세 전후입니다. 아이들은 제대로 된
교육을 받을 수도 없습니다. 하루하루 먹고살기 위해 몸부림치는 인
생입니다.

그런데 그곳에서 아이들과 같이 뒹굴며 컴퓨터와 영어를 가르치
는 한 백인 여선생님이 있습니다. 그 지역에서 사역하는 선교사님에
따르면, 그 여선생님은 아주 신실한 그리스도인으로 하버드대학 4학
년에 재학 중인 학생이라고 합니다. 그런데 멕시코로 배낭여행을 왔
다가 이곳에서 성령의 감동을 받았다고 합니다. 선교사님이 가난한
원주민 아이들을 위해 학교를 짓고 후원을 받아 교재와 컴퓨터를 마
련해 놓았는데 가르칠 선생님이 없었습니다. 그때 마침 이 여학생이
찾아왔습니다. 찾아와서 이곳에서 1년간 봉사를 하고 싶다고 합니
다. 자신이 컴퓨터와 영어를 할 수 있으니 아이들 가르치는 일을 도
울 수 있다는 것입니다. 그렇게 다니던 대학에 휴학계를 내고 이 지
역에서 봉사를 시작합니다. 사례비 한 푼 받지 않았습니다. 선교하
기 좋은 환경도 아닙니다. 지저분하고 비참하게 살아가는 아이들과
함께 뒹굴어야 합니다. 먹을 것도 부족합니다. 잠자리도 불편합니
다. 그래도 이 학생은 1년을 봉사하고 1년을 더 연장해서 총 2년간을
사랑으로 봉사를 감당했습니다.

사람이 할 수 있는 구제는 한계가 있습니다. 우리 힘으로 가능한
봉사도 한계가 있습니다. 우리 안에 예수님이 계시지 않으면, 평생

을 기쁨으로 봉사하며 살아가는 것은 불가능합니다. 예수 그리스도가 우리에게 영생을 주신 하나님이심을 깨달아야 하나님의 뜻대로 살아갈 수 있습니다. 예수님이 누구신지에 대한 질문에 바른 고백을 하는 사람만이 진리를 위해 목숨을 내놓을 수 있는 것입니다.

예수 그리스도를 살아 계신 하나님, 우리의 구세주, 나의 주인으로 고백하지 않는 사람은 교회에 나올 이유가 없습니다. 하나님이 하시는 기적을 믿지 않는다면 교회에 다닐 필요가 없습니다. 물론 교회에서 예배도 드리고, 구제도 하고, 봉사도 하고, 상담도 하지만, 교회의 궁극적인 본질은 예수 그리스도이십니다. 예수 그리스도를 살아 계신 하나님의 아들, 우리의 기다리던 메시아, 나의 구세주로 영접한 사람들의 모임이 교회입니다. 교회는 건물이 아닙니다. 상담소가 아닙니다. 봉사 단체도 아닙니다. 예수 그리스도를 통해 영생을 얻고, 예수님이 주시는 은혜를 소망하는 사람들이 모인 곳이 교회입니다. 바로 교회의 중심은 예수님이십니다.

오늘날 신학교에서조차도 예수님의 신성과 인성에 대해 올바로 가르치지 않습니다. 예수님이 누구신지 제대로 알지 못한 채 신학교를 졸업하는 학생들이 많습니다. 그래서 점점 한국 교회에서 예수 그리스도에 대한 복음 설교가 사라지고 있습니다. 도덕적인 설교, 윤리적인 설교만 강단에서 선포합니다. 하지만 그런 것은 예수님을 믿지 않는 사람들도 얼마든지 할 수 있는 말입니다. 결국 예수 그리스도, 천국과 부활, 영생과 구원이 신앙의 본질입니다. 물론 예수님을 믿으면 이 땅에서도 잘 삽니다. 예수 믿는 사람에게는 하나님이 함께하시기 때문입니다. 심지어 우리 생각에는 불가능할 것 같은 일도 기적으로 이루어 주십니다. 그러나 이 땅에서 경험하는 기적 역시 본질은 아닙니다. 죄 사함의 은총, 하나님의 자녀가 되는 것, 영원한 천국, 구원의 은혜와 같은 것이 신앙의 본질입니다. 믿음은 결코 이성이나 합리적인 것으로 설명할 수 있는 것이 아닙니다.

사도행전 9장 20절은 "즉시로 각 회당에서 예수가 하나님의 아들이심을 전파하니"라고 말씀합니다. 바울이 예수님을 믿은 후에 가장 먼저 한 일은 예수님을 하나님이라고 증거하는 것이었습니다. 예수님은 이 땅에 오신 하나님이요, 우리의 구세주이십니다. 이 땅에 사람이 만든 신은 모두 죽은 신입니다. 세상의 우상들은 절대로 우리를 찾아올 수 없습니다. 그러나 하나님은 살아 계신 분이기에 우리 삶의 현장에 찾아오시고, 기적을 베풀어 주십니다. 무엇보다도 우리를 사랑해 주십니다. 그렇기에 예수님이 누구신지에 대한 질문 앞에 올바른 답변을 할 수 있다면, 우리의 인생이 절망에서 영원한 기쁨으로 바뀔 수 있는 것입니다.

고백할 때 사랑은 완성된다
====

본문 17절은 "예수께서 대답하여 이르시되 바요나 시몬아 네가 복이 있도다"(마 16:17)라고 말씀합니다. 그리고 18절은 "또 내가 네게 이르노니 너는 베드로라 내가 이 반석 위에 내 교회를 세우리니 음부의 권세가 이기지 못하리라"(마 16:18)라고 기록하고 있습니다. 이 복을 베드로에게만 주신 것은 아닙니다. 베드로에게 복이 있다는 말씀은 바로 베드로와 동일한 고백을 하는 모든 믿는 사람들에게 그와 같은 복을 주시겠다는 것입니다. 하나님은 성도들에게 음부의 권세를 이길 수 있는 능력을 주겠다고 말씀하십니다. 즉 사망, 사탄, 세상 등 모든 권세가 성도들에게 해를 끼칠 수 없다는 것입니다. 요한복음 1장 12절은 "영접하는 자 곧 그 이름을 믿는 자들에게는 하나님의 자녀가 되는 권세를 주셨으니"라고 분명하게 말씀합니다. 이처럼 우리가 예수 그리스도를 마음으로 믿고 입으로 시인하는 순간, 하나님의 권세가 우리 속에 역사하는 것입니다.

이 사실을 깨닫지 못하고 불안과 염려, 근심과 두려움 속에서 살아가는 성도들이 많습니다. 우리가 세상 사람들보다 잘난 것이 없어도, 능력이 없어도, 연약해도 예수님은 우리를 지금 이 순간에도 강하게 붙들고 계십니다. 성령님이 우리와 함께 계십니다. 하나님이 우리의 삶을 인도하고 계십니다. 하나님의 권세가 우리와 함께하시기에 이제 더는 불안과 염려 속에 살아갈 필요가 없습니다.

본문 19절은 "내가 천국 열쇠를 네게 주리니 네가 땅에서 무엇이든지 매면 하늘에서도 매일 것이요 네가 땅에서 무엇이든지 풀면 하늘에서도 풀리리라"라고 말씀합니다. '매고 푸는 것'은 기도의 능력을 말합니다. 기도는 예수 그리스도를 자신의 구세주로 고백하는 사람만이 가진 특권입니다. 예수님을 믿지 않는 세상 사람들도 위기가 닥치면 하나님을 찾고 기도하는 흉내는 낼 수 있습니다. 하지만 그들에게는 예수님이 누구신지에 대한 믿음의 고백이 없기에 아무런 능력이 나타나지 않습니다. 그러나 하나님의 자녀, 즉 예수 그리스도를 마음으로 믿고 입으로 시인한 성도들은 기도할 때마다 하나님이 응답해 주십니다. 요한복음 14장 13-14절은 이렇게 말씀합니다. "너희가 내 이름으로 무엇을 구하든지 내가 행하리니 이는 아버지로 하여금 아들로 말미암아 영광을 받으시게 하려 함이라 내 이름으로 무엇이든지 내게 구하면 내가 행하리라." 이처럼 하나님은 우리에게 기도의 놀라운 권세를 주십니다.

그리스도인에게 과연 예수님은 누구실까요? 베드로는 마태복음 16장 16절에서 이렇게 고백했습니다. "주는 그리스도시요 살아 계신 하나님의 아들이시니이다." 바로 이 고백이 우리 모두의 고백이며, 이 고백을 통해서 하나님이 우리를 사랑하신다는 사실을 깨달을 수 있게 됩니다.

· 3부 ·

질문하는 이를 알면

답이 보인다

09

신실한 마음을 묻는
'사랑의 질문'

"네가 나를
        사랑하느냐"

요. 21:15-20

싱가포르에 있는 믿음침례교회(Faith Community Baptist Church)는 현재 수만 명의 성도가 모이는 교회로 알려져 있습니다. 하지만 초창기에는 어려움이 많았다고 합니다. 처음에는 300명 정도 되는 성도들이 모여서 함께 신앙생활을 했는데, 언제부터인가 성도들이 교회를 떠나기 시작했습니다. 그러다 보니 담임 목사를 비난하는 사람들도 많아졌습니다. 자연히 그는 자신이 실패자인 것 같다는 생각에 좌절하고 말았습니다.

그러던 어느 날, 성경을 읽던 중 마가복음의 한 구절이 갑자기 눈에 들어왔습니다. "하늘로부터 소리가 나기를 너는 내 사랑하는 아들이라 내가 너를 기뻐하노라 하시니라"(막 1:11). 이 말씀은 예수님이 세례를 받으신 후에 성령이 비둘기같이 임하고 하나님의 음성이 들려오는 장면입니다. 그런데 말씀을 읽는 순간, "너는 내 사랑하는 아들이라 내가 너를 기뻐하노라"라는 하나님의 음성이 바로 자신에게 하시는 말씀처럼 들려왔습니다. '교인들이 너를 비난하느냐? 괜찮다, 내 아들아. 내가 너를 사랑한단다. 성도들이 너를 떠나가느냐? 걱정하지 마라. 내가 너를 기뻐하노라. 내가 여전히 너를 사랑한단다.' 이러한 주님의 음성이 그를 좌절에서 일으켜 세우는 유일한 힘이 되었습니다.

이처럼 상처와 고통을 받더라도 하나님이 염려하지 말라고 하시면 그것으로 충분합니다. 아무리 실패하고 넘어져도 하나님이 사랑하고 기뻐하신다면, 그것으로 만족할 수 있습니다. 우리에게도 이러한 주님의 음성이 필요합니다. 우리를 대적하고 비난하는 사람들의 소리가 아니라, 우리를 여전히 사랑하고 기뻐하신다는 하나님의 그 따스한 음성에 귀를 기울여야 합니다. 사람들의 비난과 인생의 고통 속에 있다 할지라도, 따스한 주님의 음성과 그 말씀이 우리를 일으켜 세울 수 있습니다.

요한복음 21장은 부활하신 예수님이 바닷가에 있던 제자들에게 나타나신 사건을 기록하고 있습니다. 당시 제자들은 예수님이 십자가에 달려 돌아가시자 자신들을 실패자로 생각하고 뿔뿔이 흩어졌습니다. 특히 예수님의 수제자였던 베드로는 예수님을 부인하고 저주까지 했었습니다. 부활하신 예수님을 만났지만 삶이 달라지지는 않았습니다. 여전히 제자들의 마음은 불안과 염려로 가득했습니다.

결국 베드로와 몇몇 제자들은 원래 생업인 어부의 삶으로 돌아갑니다. 그러나 기쁨이 없습니다. 주님 앞에 부끄러운 인생입니다. 예수님을 배신하고 저주한 자신을 다시 불러 주실 리가 없다고 낙심하고 있습니다. 사람들의 조롱도 두렵습니다. 생업을 포기하고 나사렛 예수만 좇더니 꼴좋다며 손가락질하는 시선에 절망합니다. 고향으로 돌아왔지만, 그곳은 절망과 실패의 현장이었습니다. 이런 힘든 상황에서 먹고살기 위해 어쩔 수 없이 갈릴리 호수에서 물고기를 잡으려 하는 베드로의 모습입니다.

베드로는 밤새도록 그물을 던졌지만 물고기 한 마리 잡지 못합니다. 카일 아이들먼(Kyle Idleman)은 이 상황을 《나의 끝, 예수의 시작》(두란노 역간)이라는 책에서 이렇게 설명합니다. "베드로의 인생의 잔고가 텅 빈 '0'이 되었다." 베드로에게 남은 것이 아무것도 없었습니다. 명예도, 자존심도, 벌이도 없는 삶의 모습입니다. 그때 예수님이 제자들에게 오셔서 "그물을 배 오른편에 던지라"(요 21:6)라고 말씀하십니다. 말씀에 의지해서 그물을 던지자, 그물을 들 수 없을 정도로 물고기가 많이 잡힙니다. 그제서야 제자들은 자신들에게 말씀하신 분이 예수님임을 깨닫습니다.

주님은 바위에 숯불을 가져다 놓고 생선과 떡을 준비해 두셨습니다. 그러고는 "와서 조반을 먹으라"(요 21:12) 하며 제자들을 부르십니다. 아침 식사 후에 예수님과 베드로가 대화를 나눕니다. "그들이 조반 먹은 후에 예수께서 시몬 베드로에게 이르시되 요한의 아들 시몬아 네가 이 사람들보다 나를 더 사랑하느냐 하시니 이르되 주님 그러하나이다 내가 주님을 사랑하는 줄 주님께서 아시나이다 이르시되 내 어린 양을 먹이라 하시고"(요 21:15).

이스라엘의 갈릴리 호수 근처에 가면 '베드로 수위권(首位權) 교회'(The Church of the Primacy of Peter)가 있는데, 이 교회당 마당에는 예수님이 베드로에게 질문한 후 사명을 주신 것을 상징하는 동상이 있습니다. 그리고 교회당 내부에는 강대상 쪽에 '그리스도의 식탁'이라는 이름의 바위가 있습니다. 바로 이 바위에서 예수님이 떡과 생선으로 제자들에게 아침을 먹이신 후 베드로에게 본문의 질문을 하셨다는 것입니다. 이 자리에는 베드로뿐 아니라 요한도 함께 있었습니다. 그래서 사도 요한은 본문에 나타나는 예수님과 베드로의 대화를 정확하게 기록할 수 있었습니다.

이렇게 베드로와 제자들이 함께 모인 자리에서 예수님은 베드로에게 세 번의 질문을 하십니다. 성경에서 같은 말을 반복할 때는 강조의 의미가 있습니다. 그러므로 부활하신 예수님이 베드로에게 똑같은 질문을 세 번이나 하셨다는 것은 분명한 의미가 있습니다.

변함없이 여전한 사랑

예수님이 하신 첫 번째 질문은 "요한의 아들 시몬아 네가 이 사람들보다 나를 더 사랑하느냐"(요 21:15)입니다. 이 질문 속에는 예수님이 여전히 베드로를 사랑하신다는 의미가 들어 있습니다. 영국의 목회자이자 신학자인 캠벨 몰간(Campbell Morgan)은 "예수님이 베드로에게 하신 질문들은 나는 여전히 너를 사랑하고 있으니, 너도 나를 사랑하라는 뜻이다. 즉, 베드로와 깊은 사랑의 교제를 나누기 원하시는 따스한 질문이다"라고 해석합니다. 흔히 예수님의 질문에 대해 이렇게 생각할 수 있습니다. 베드로가 예수님을 세 번 부인했으니 예수님도 베드로가 자신의 잘못을 깨닫게 하려고 똑같이 세 번 질문하셨다는 것입니다. 그러나 예수님의 질문은 과거 베드로가 했던 행위에 대한 섭

섭함이나 책망이 아닙니다. 오히려 베드로가 비록 예수님을 부인하고 실패자로 살아가고 있지만, 여전히 베드로를 사랑하고 계심을 강조하는 말씀입니다. '나는 여전히 너를 사랑하고 있다. 나는 너를 버리지 않았다. 너와 사랑의 관계가 아직 끊어지지 않았다'는 의미인 것입니다.

앞서 예수님은 제자들에게 "얘들아 너희에게 고기가 있느냐"(요 21:5)라고 물으셨습니다. 영어 성경(NIV)에는 '얘들아'라는 표현이 'Friends'로 쓰여 있으며, 헬라어 원문에는 '파이디아'라고 쓰여 있습니다. 성경학자들은 '파이디아'가 '하나님의 자녀들을 사랑스럽고도 존귀하게 부르는 호칭'이라고 해석합니다. 그러므로 예수님이 제자들을 '얘들아'라고 부르신 것은 제자들이 여전히 하나님의 존귀한 자녀임을 보여주는 따스한 음성이라는 것입니다. 더 나아가 예수님은 베드로를 향해 '요한의 아들 시몬아'라고 부르십니다. 마태복음 16장 18절에서 예수님은 "너는 베드로라 내가 이 반석 위에 내 교회를 세우리니"라고 말씀하시며 '베드로', 즉 반석이라는 뜻의 새로운 이름을 주셨습니다. 하지만 요한복음 21장에서는 '요한의 아들 시몬아'라고 부르십니다. 부활하신 예수님은 베드로라는 사명의 이름을 부르시는 것이 아니라, 시몬이라는 이름으로 친밀하게 부르고 계십니다.

주님이 베드로를 시몬이라고 부르신 의도가 있습니다. 예수님은 낙심하고 고향으로 돌아온 베드로에게 '네 사명을 기억해라, 다시 가서 열심히 사명을 감당해라' 하며 재촉하기 위해 찾아오신 것이 아닙니다. 주님은 이미 베드로가 어떠한 죽음으로 하나님에게 영광 돌릴 것인지를 알고 계셨습니다(요 21:18-19). 오히려 베드로가 앞으로 감당해야 할 일들에 대한 안타까운 마음으로 사랑과 격려의 말씀을 하고 계신 것입니다. 베드로의 과거의 실수를 기억하시는 것이 아니라, 장차 복음을 전하다가 순교할 베드로를 생각하며 사랑을 주고 계시는 것입니다.

이처럼 예수님이 베드로에게 '네가 나를 사랑하느냐'고 질문하신 의미는, '나는 어떤 경우에도 너를 여전히 사랑한다'는 것입니다. 주님은 우리가 실패하고 실수하더라도 우리를 절대 포기하는 분이 아니십니다. 이사야 49장 15절은 "여인이 어찌 그 젖 먹는 자식을 잊겠으며 자기 태에서 난 아들을 긍휼히 여기지 않겠느냐 그들은 혹시 잊을지라도 나는 너를 잊지 아니할 것이라"라고 말씀합니다. 성경을 보십시오. 성경의 모든 내용이 우리의 실수와 실패에도 불구하고 여전히 우리를 사랑하신다는 하나님의 약속입니다. 다윗이 충성스러운 신하 우리아의 아내 밧세바를 빼앗고 간음죄와 살인죄를 저질렀을 때도 하나님은 회개하고 돌아온 그를 여전히 사랑해 주셨습니다. 삼손이 자신의 잘못으로 눈이 뽑혀 블레셋에 잡혀가 조롱을 받을 때도 하나님은 그의 마지막 기도를 듣고 사명을 감당하도록 은혜를 베풀어 주셨습니다. 자신의 사명을 피해 도망쳤던 요나에게도 주님은 박 넝쿨을 통해서 '내가 여전히 너를 사랑한다'는 것을 깨닫게 하셨습니다. 그리스도인들을 잡아 죽이고 핍박했던 바울에게도 예수님은 당신의 사랑을 보여 주면서 사명을 감당할 수 있도록 변화시켜 주셨습니다. 이처럼 주님은 우리가 주님을 떠나고 신앙이 연약해질 때도 '나는 너를 여전히 사랑한다'고 말씀하십니다. 왜냐하면 주님은 베드로와 우리의 연약함을 이해하고 불쌍히 여겨 주시는 분이기 때문입니다.

앞서 언급한 카일 아이들먼의 《나의 끝, 예수의 시작》이라는 책에는 브라이언이라는 사람의 이야기가 소개되어 있습니다. 이 사람은 자신의 인생 마지막에 비로소 예수님을 만났습니다. 어느 날 카일 아이들먼에게 상담 전화가 한 통 걸려왔습니다. 자신을 브라이언이라고 소개한 사람이 전화상으로 상담을 요청했는데, 18개월 된 자기 아들이 몇 주 전에 세상을 떠났다는 내용이었습니다. 그런데 이어서 고백한 내용이 충격적입니다. 바로 자신의 차로 후진을 하다가 아들을 죽이고 말았다는 것입니다. 아들이 차 뒤에 있는 걸 모르고 후진하다가 사고가 났다는 것입니다.

브라이언은 죄책감에 죽고 싶을 만큼 괴로웠습니다. 하지만 인생의 가장 절망적인 순간에 처음으로 예수님을 만나게 됩니다. 모든 것을 잃은 그 순간에 주님이 찾아와 '나는 너를 여전히 사랑한다. 어떤 경우에도 나는 너를 포기하지 않는다'라는 말씀을 주셨다는 것입니다. 이처럼 '어떤 경우에도 하나님이 나를 여전히 사랑하신다'는 이것이 바로 우리의 믿음입니다.

그리스도가 주체가 된 믿음
====

요한복음 21장 15절에서 예수님은 베드로에게 이렇게 물으십니다. "네가 이 사람들보다 나를 더 사랑하느냐." 여기 있는 너의 형제, 친구, 동료, 더 나아가 네 삶에서 네가 사랑했던 다른 모든 것들보다 나를 더 사랑하느냐고 질문하신 것입니다. 삶에서 믿음과 신앙이 회복되었는지를 알기 위해서는 우선순위를 살펴보면 됩니다. 이전보다 헌금을 더 많이 하고 교회 봉사를 더 열심히 한다고 신앙이 회복된 것은 아닙니다. 가장 중요한 것은, 믿음이 다른 모든 것들보다 삶의 우선순위에 놓여 있을 때 신앙이 회복된 증거가 됩니다.

주님은 우리에게도 이렇게 물으십니다. '네가 나를 진실로 사랑하느냐?' 우선순위는 진짜와 가짜의 문제입니다. 우리가 무엇을 우선순위로 두느냐에 따라 진짜 사랑하는 것과 사랑하는 척만 하던 것들이 구별됩니다. 그래서 예수님은 베드로의 신앙을 회복시켜 주기 위해서 '네가 이 사람들보다 나를 더 사랑하느냐'고 물으시는 것입니다. 그러자 베드로는 이렇게 대답합니다. "주님 그러하나이다 내가 주님을 사랑하는 줄 주님께서 아시나이다"(요 21:15). 베드로의 대답이 달라졌습니다. 예전에는 큰소리쳤습니다. 예수님이 십자가에 달려 돌아가실 것을 미리 말씀하실 때 그는 "주여 그리 마옵소서"(마 16:22)라고 항변했습니다. 심지어 "모두 주를 버릴지라도 나는 결코 버리지 않겠나이다"(마 26:33)라고 큰소리를 쳤습니다. 그랬던 베드로가 주님을 배신하고, 저주하고, 부인했습니다. 이러한 자신의 모습에 낙심한 그는 고향으로 돌아와 물고기를 잡고 있었습니다.

그때 예수님이 베드로에게 찾아오셨습니다. 그리고 "요한의 아들 시몬아 네가 이 사람들보다 나를 더 사랑하느냐"(요 21:15)라고 물으셨습니다. 예수님의 질문에 대한 베드로의 대답을 보면 베드로가 많이 변했다는 것을 알 수 있습니다. 예전의 베드로라면 큰소리치면서 '내가 모든 제자들 중에 예수님을 가장 많이 사랑한다'며 자랑했을 것입니다. 그러나 베드로는 이렇게 대답합니다. "주님 그러하나이다 내가 주님을 사랑하는 줄 주님께서 아시나이다"(요 21:15). 베드로의 대답 속에서 '나'는 사라지고 '주님'이 드러나고 있습니다. 자기주장보다는 주님의 뜻을 우선으로 생각하고 있습니다. 15-17절에 나타나는 베드로의 대답은 모두 같습니다. 이 땅에 오신 하나님, 부활하신 예수님이 자신의 마음을 알고 계신다는 고백입니다.

미국의 차세대 설교인 매트 챈들러(Matt Chandler)의 저서《예수님만으로 충분한 인생》(생명의말씀사 역간)에 보면 우리가 '예수님 우선순위로 살아간다는 것이 어떤 것이냐'에 대해서 이렇게 쓰고 있습니다. 첫째, 예수님 우선순위로 산다는 것은 '오직 그리스도 안에서 발견되는 것'입니다. 빌립보서 3장 8절은 "또한 모든 것을 해로 여김은 내 주 그리스도 예수를 아는 지식이 가장 고상하기 때문이라 내가 그를 위하여 모든 것을 잃어버리고 배설물로 여김은 그리스도를 얻고"라고 말씀합니다. 이 세상에서 예수님이 원하시는 대로 살아가는 삶, 예수님 안에서 살아가는 삶 외에는 모두 배설물처럼 의미가 없는 인생이라는 뜻입니다. 둘째, 예수님 우선순위로 산다는 것은 '자아를 죽이는 것'입니다. 우리가 예수님을 사랑한다고 하면서 한순간도 나를 죽이지 못한다면 예수님을 사랑하는 것이 아닙니다. 갈라디아서 2장 20절의 "내가 그리스도와 함께 십자가에 못 박혔나니 그런즉 이제는 내가 사는 것이 아니요 오직 내 안에 그리스도께서 사시는 것이라 이제 내가 육체 가운데 사는 것은 나를 사랑하사 나를 위하여 자기 자신을 버리신 하나님의 아들을 믿는 믿음 안에서 사는 것이라"라는 말씀처럼, 나를 죽이는 것이 예수님 우선순위로 사는 삶입니다. 셋째, 예수님 우선순위로 산다는 것은 '복음을 향해 매진하는 삶'입니다. '나'는 죽고 예수님으로 사는 사람은 남은 인생 동안 예수 복음을 증거할 수밖에 없습니다. 왜냐하면 '과연 주님이 기뻐하시는 일이 무엇일까'를 늘 고민하며 살기 때문입니다.

세계적으로 존경과 인정을 받는 덴젤 워싱턴(Denzel Washington)이라는 배우가 있습니다. 1954년에 태어난 그는 현재 60대 중반의 나이에도 아직까지 활발한 연기 활동을 하고 있습니다. 출연한 영화만 해도 수십 편에 이르고, 아카데미상을 두 번이나 수상했습니다. 하지만 처음부터 그의 삶이 화려한 것만은 아니었습니다. 그의 삶은 하나님을 만난 뒤에 완전히 변화되었습니다. 2015년, 덴젤 워싱턴은 미국 뉴올리언스(New Orleans)에 있는 딜라드(Dillard) 대학교에서 졸업식 연설을 하게 됩니다. 이 연설의 제목은 'Put God First'(하나님을 첫 번째로 두라)였습니다. 연설에 이런 내용이 등장합니다.

"여러분이 나에 대해 아는 모든 것, 내가 성취한 모든 것은 하나님의 은혜로 받은 선물입니다. 나는 계속해서 하나님의 보호와 인도를 받았고, 지금도 하나님의 도우심을 입고 있습니다. 나는 항상 신실하게 살지는 못했습니다. 그런데도 하나님은 항상 나와 함께하셨습니다. 그러니 여러분도 무슨 일을 하든지 가장 먼저 하나님과 함께하십시오."

그리스도인 중에 하나님을 사랑하지 않는 사람은 아무도 없습니다. 하지만 중요한 것은, 하나님을 가장 우선으로 사랑하느냐는 것입니다. 다른 무엇보다도 하나님을 우선순위에 놓을 때 하나님은 큰 은혜를 베푸십니다.

'너도 사랑하며 살지 않겠니'

예수님의 질문에 대해 베드로가 계속해서 '내가 주님을 사랑하는 줄 주님께서 아시나이다'라고 대답하자, 예수님은 '내 양을 먹이라, 내 양을 치라'고 말씀하십니다. 여기서 '먹이다'는 헬라어로 '보스코'라 하는데, 이는 '상대방의 나약함이나 필요를 채우고 도와주다'라는 뜻입니다. 그리고 '치라'는 헬라어로 '포이마이노'라 하는데, 여기에는 '보호하다, 인도하다'라는 의미가 담겨 있습니다. 즉, 주님은 베드로에게 '네가 주님의 사랑을 받았으니 이제는 네 이웃의 필요를 채우고, 도와주며, 천국의 길로 인도하라'는 사명을 주신 것입니다. 이 말을 한마디로 요약하면 '사랑하며 살라'는 뜻입니다.

제레미 킹슬리(Jeremy Kingsley)의 저서 《낮은 마음》(두란노 역간)에 보면 "하나님의 모든 일은 사랑을 목적으로 한다"는 내용이 나옵니다. 사랑 없는 은사나 사명은 위험하다는 것입니다. 저자는 예수님의 사랑의 방정식을 요한일서 4장 19절로 이야기합니다. '우리가 사랑하며 살아야 하는 이유는 하나님이 먼저 우리를 사랑하셨기 때문'이라는 것입니다. 예수님도 베드로에게 '내가 너를 사랑한 것같이 너도 다른 이웃들을 사랑하며 살라'고 말씀하십니다.

오늘날 많은 그리스도인들이 하나님을 섬기고자 하지만, 정작 옆에 있는 이웃들을 섬기는 것은 힘들어합니다. 사도 요한은 요한일서 3장 18절에서 "자녀들아 우리가 말과 혀로만 사랑하지 말고 행함과 진실함으로 하자"고 권면합니다. 교회에서 어떤 직분을 맡고 열심히 신앙생활하며 예수님을 믿는다 해도 다른 사람을 용서하거나 섬기거나 베풀지 못한다면 뭔가 잘못된 것입니다. 예수님을 사랑한다면서 서로 사랑하지 않는 것은 참된 그리스도인이 아닙니다. 서정오 목사는 자신의 책 《깊어지는 인생》(성서원)을 통해 "사랑, 그것이 없으면 아무것도 아니다"라고 이야기합니다. 성도에게 사랑이 없다면 아무것도 없는 것입니다. 어떤 삶을 살더라도, 예배를 드리고 봉사를 많이 하더라도 아무 의미 없는 인생입니다. 세상에서 가장 큰 비극은 가난도, 질병도, 무지도 아닙니다. 바로 사랑받지 못하고, 사랑하지 못하는 삶입니다. 세상 사람들의 삶이 안타까운 것은, 그들이 하나님의 사랑을 외면하며 살아가고 있기 때문입니다.

마찬가지로 하나님의 사랑을 받은 그리스도인 역시 그 사랑을 나누면서 살아가지 않는다면 누구보다도 비극적인 삶을 살아가는 것입니다. 서정오 목사는 "사랑은 감정이 아니라 의지"라고 말합니다. 사랑이라는 '감정'이 느껴져서 사랑하는 것이 아니라, 사랑하려는 '의지'가 있다면 사랑하며 살 수 있다는 것입니다. 요한복음에는 '사랑하라'는 말이 56번 등장하는데, 그중 44번이 13장 이후에 기록된 예수님의 고별 설교에 나옵니다. 즉, 예수님이 세상을 떠나기 전에 제자들을 앉혀 놓고 마지막으로 강조하고 싶으셨던 말씀이 바로 '사랑하라'는 것이었습니다. "새 계명을 너희에게 주노니 서로 사랑하라 내가 너희를 사랑한 것 같이 너희도 서로 사랑하라 너희가 서로 사랑하면 이로써 모든 사람이 너희가 내 제자인 줄 알리라"(요 13:34-35). 서로 사랑할 때 예수님의 제자가 되는 것입니다.

주님은 베드로에게 하셨던 질문을 오늘 우리에게도 동일하게 하십니다. 따뜻한 눈길로 바라보면서 사랑스러운 음성으로 물으십니다. '나는 어떠한 경우에도 여전히 너를 사랑한다. 너는 나를 사랑하느냐? 그렇다면 서로 사랑하며 살거라.'

10

창조주를 바라보게 하는
'고난의 질문'

"어찌하여 이렇게
　　　　무서워하느냐"

막 4:35-41

2015년, 미국의 청년들이 가장 취업하고 싶어 하는 세계적인 건축 설계 회사 '팀하스'(TimHaahs)의 하형록 회장이 쓴 《P31》(두란노)이라는 책이 출간되었습니다. 이 책은 사람들 사이에서 많은 반향을 불러일으켜 베스트셀러가 되기도 했습니다. 하지만 이분은 지금의 모습과는 달리 어려운 유년 시절을 보냈습니다. 하형록 회장은 부산에서 한센병 환자들을 대상으로 목회를 하던 부모님 밑에서 태어났습니다. 가난하고 어려운 생활 가운데서 선교사의 도움으로 미국으로 이민을 가게 되지만, 영어로 의사소통이 되지 않아 친구들과 어울리지 못한 채 학창 시절을 보냅니다. 이런 어려운 환경 속에서도 열심히 공부해 펜실베이니아(Pennsylvania) 주립대학교와 대학원에서 건축학을 전공합니다. 그리고 졸업 후 주차 빌딩 건축 회사에 입사해 실력을 인정받습니다. 결혼 후 두 딸을 낳아 가정도 꾸리고, 회사에선 중직을 맡아 고액의 연봉도 받습니다.

그러던 어느 날, 뉴욕으로 출장을 가던 길에 '심실빈맥'(心室頻脈) 증상으로 고속도로 한가운데서 의식을 잃습니다. 심실빈맥은 심장이 불시에 빠른 속도로 계속 뛰어서 죽을 수도 있는 병입니다. 심장 이식 수술을 받지 않으면 죽는다는 진단에 결국 2년에 걸쳐 두 번의 이식 수술을 받게 됩니다. 그 과정에서 그는 생사의 고비를 넘나들며 하나님의 말씀을 붙들게 됩니다. 수술로 인해 고액의 연봉도 사라지고, 차와 집도 모두 처분하게 됩니다. 이후 회복 과정에서 수억 원의 병원비까지 청구됩니다. 하지만 하형록 회장은 엄청난 삶의 폭풍 가운데서 오히려 주님을 만나게 되었다고 고백합니다. 이제까지는 형식적인 그리스도인으로 살아왔지만, 절망적인 상황을 겪으며 체험적인 그리스도인으로 바뀌었다는 것입니다. 그리고 주님을 체험한 후에는 기도의 내용이 달라졌다고 합니다. '주님, 제 심장을 고쳐 주십시오'가 아니라, '주님, 제 영혼을 새롭게 해 주옵소서'라는 기도로 바뀐 것입니다. 또 주님을 체험한 후에는 삶에서 두려움이 사라지고 용기가 생겼다고 합니다. 그래서 모든 것을 잃은 후에 자기 집 차고에서 다시 사업을 시작합니다. 인간적인 눈으로는 이전보다 훨씬 형편없는 상황이었지만, 주님을 체험한 후에는 기쁨과 평안이 넘쳤습니다.

그런데 차고에서 시작한 사업에서 기적이 일어납니다. 하형록 회장의 '팀하스'는 5년 동안 200배가 넘는 성장을 거듭하며 미국 역사상 가장 빠르게 성장한 기업이 됩니다. 이로 인해 KBS의 〈글로벌 성공시대〉라는 프로그램에 소개되기도 합니다. 더 나아가 하형록 회장은 미국 대통령의 건축 자문으로 섬기면서 자신의 신앙적 체험을 책으로 출판합니다. 이분이 가장 좋아하는 말씀이 잠언 16장 3절로

"너의 행사를 여호와께 맡기라 그리하면 네가 경영하는 것이 이루어 지리라"입니다.

그리스도인에게 있어서 인생에 불어닥친 광풍은 오히려 하나님의 살아 계심을 경험하는 통로가 되기도 합니다. 인생의 바다를 항해하는 누구에게나 우리의 발목을 잡아끄는 역풍 그리고 삶을 송두리째 뒤흔드는 폭풍이 몰아칠 수 있습니다. 그런데 중요한 것은 우리에게 불어오는 바람의 세기가 아니라, 폭풍을 헤쳐 나가는 우리의 삶의 태도와 반응입니다.

본문은 갈릴리에서 주님과 함께 호수 건너편으로 가다가 큰 광풍을 만난 제자들의 사건을 소개하고 있습니다. 예수님이 갈릴리 호수 주변 언덕에서 사람들에게 산상수훈(山上垂訓) 말씀을 증거하시자 수많은 사람이 예수님을 따릅니다. 예수님은 쉬지도 못하고 계속해서 사람들의 병을 고쳐 주십니다. 마태복음 8장에 동일한 사건이 기록되어 있는데, 16절은 "저물매 사람들이 귀신 들린 자를 많이 데리고 예수께 오거늘 예수께서 말씀으로 귀신들을 쫓아내시고 병든 자들을 다 고치시니"라고 말씀합니다. 해가 지도록 사람들을 고치고 귀신을 쫓아내신 것입니다. 그래도 사람들은 끊임없이 예수님을 찾아와서 그분을 에워쌉니다. 분주하고 피곤한 하루를 보내신 주님이 이제 제자들에게 배를 타고 건너편으로 가자고 말씀하십니다.

제자들은 무리를 떠나 예수님을 모시고 건너편으로 항해를 합니다. 피곤하셨던 주님은 배의 '고물'에서 주무시고 계셨습니다. 고물은 배 뒤편, 곧 선미(船尾)를 말합니다. 주님은 배 뒤편에서 주무시고 계셨는데, 갈릴리 호수 한가운데서 큰 광풍이 일어나며 물결이 배에 부딪쳐 들어오는 일이 생깁니다. 이 광풍은 헬라어로 '세이스모스'라 하는데, 성경학자인 하워드 헨드릭스(Howard G. Hendricks)는 이것이 갈릴리 호수의 기상 변화로 인한 폭풍과 돌풍이었다고 설명합니다. 이스라엘의 갈릴리 호수는 해수면으로부터 약 210미터 정도 낮은 지대에 있습니다. 그리고 갈릴리 호수 북쪽의 헬몬 산은 높이가 2,814미터입니다. 헬몬 산 정상에는 만년설이 자리 잡고 있을 정도입니다. 그래서 고원 지대인 헬몬 산에서 불어오는 찬 공기가 해수면보다 낮은 갈릴리 호수의 따뜻한 공기와 갑작스럽게 만나면 갑자기 광풍이 몰아치는 이상 기후가 발생합니다. 본문에서 묘사하는 것이 바로 이런 상황입니다.

눈앞에 닥친 엄청난 물결 앞에 제자들은 어찌할 바를 모르고 있습니다. 그래서 제자들이 주무시던 예수님을 깨웁니다. "제자들이 깨우며 이르되 선생님이여 우리가 죽게 된 것을 돌보지 아니하시나이까"(막 4:38). 그때 두려워하는 제자들 앞에서 예수님이 바람을 꾸짖으며 바다를 향해 "잠잠하라 고요하라"(막 4:39)고 말씀하십니다. 그러자 바람이 그치고 바다가 잔잔해졌습니다. 이것은 예수님이 천지만물을 주관하는 하나님이심을 증거하는 사건입니다.

그러면서 예수님은 제자들에게 "어찌하여 이렇게 무서워하느냐 너희가 어찌 믿음이 없느냐"(막 4:40)라고 말씀하십니다. 이러한 예수님의 기적을 목격한 제자들의 반응은 도대체 예수님이 어떤 분이기에 바람과 바다도 순종하느냐며 두려워하는 모습입니다. 바로 자신들의 눈앞에 있는 예수님, 자신들이 따르는 예수님이 자연의 현상까지도 다스리는 창조주 하나님이심을 체험한 것입니다. 우리는 이러한 제자들의 모습을 통해, 인생 가운데서 광풍을 만날 때 우리의 태도가 어떠해야 하는지를 깨달을 수 있습니다.

예수님과 동행해도 광풍이 불어닥친다
===

마태복음 14장에도 예수님의 제자들이 풍랑을 만나는 사건이 기록되어 있습니다. 그런데 이때는 예수님이 함께 계시지 않습니다. 이러한 상황은 이해할 수 있습니다. 예수님이 함께 계시지 않았으니 풍랑을 만났다고 생각할 수 있습니다. 하지만 본문은 다릅니다. 본문에서 제자들이 배를 탄 이유는 예수님이 먼저 건너편으로 가자고 말씀하셨기 때문입니다. 그리고 배에 예수님도 함께 오르셨습니다. 그런데 예수님이 가라고 말씀하셨고 제자들과 함께하셨음에도 불구하고 광풍과 큰 물결이 몰아닥친 것입니다.

우리는 보통 예수 믿으면 만사형통하고 모든 일이 생각대로 잘될 거라 여깁니다. 자녀의 길이 열리고, 사업도 잘되고, 건강에도 문제가 생기지 않을 거라 생각합니다. 그러나 실제로는 그렇지 않습니다. 믿음으로 살려고 몸부림치고, 남들보다 예배도 잘 드리고 이웃들을 잘 섬기면서 살아도 삶에 고난이 닥쳐올 수 있습니다. 예수님을 잘 믿는 사람에게도 인생에 엄청난 광풍이 불어올 수 있습니다. 가정에 큰 물결이 덮칠 수 있습니다.

본문이 말씀하고자 하는 것은 불어오는 광풍과 닥쳐오는 큰 물결에 우리가 어떻게 반응해야 하는가입니다. 많은 사람은 고난이 닥쳐오면 우왕좌왕합니다. 왜 이런 광풍이 자신에게 찾아왔는지 모르기 때문입니다. 믿음이 있다는 사람들도 고난 앞에 좌절하고 포기해 버리기 쉽습니다. 또한 고난이 닥쳐오면 원망하는 사람들도 있습니다. 본문에 나타나는 제자들의 모습이 그렇습니다. 38절을 보십시오. 주무시는 예수님을 향해 "선생님이여 우리가 죽게 된 것을 돌보지 아니하시나이까"라고 불평합니다. 광풍이 불고 큰 물결이 밀려올 때 믿음이 없는 사람들은 두려워하며 자기에게 닥친 고난을 이해할 수 없다고 주님을 원망합니다. 그래서 예수님도 제자들을 향해서 "어찌하여 이렇게 무서워하느냐 너희가 어찌 믿음이 없느냐"(막 4:40)고 책망하신 것입니다. 그러나 참된 믿음이 있는 그리스도인은 끝까지 예수님을 붙듭니다. 고난의 이유와 고난을 주신 주님의 뜻을 다 이해하진 못해도 분명 하나님의 깊으신 뜻이 있음을 믿고 견딥니다. 이것이 바로 믿음입니다. 우리는 예수님과 함께 있으면서 겪는 고난이 절망이 아니라 연단이며, 궁극적으로는 하나님이 주시는 복의 통로가 됨을 믿어야 합니다.

복음성가 〈주님 손잡고 일어서세요〉의 가사처럼, "고난의 뒤편에 있는 주님이 주실 축복 미리 보면서 감사"하는 것이 쉬운 일은 아닙니다. 그래서 우리가 광풍 속에서 어떻게 반응하느냐가 중요합니다. 우리는 그저 고난만을 바라보며 낙심하고 포기해 버리는 믿음 없는 반응, 주님을 원망하며 불평하는 믿음이 작은 자의 반응, 또는 끝까지 포기하지 않고 광풍도 잠잠케 하시는 주님을 신뢰하며 끝까지 기다리는 믿음의 반응 중 어떤 반응을 보여야 할지 결단해야 합니다.

사람들 사이에서도 상대방의 반응으로 사랑을 점검해 볼 수 있다고 합니다. 어떤 문제가 있을 때 상대방의 반응을 통해 사랑의 정도를 확인할 수 있다는 것입니다. 해결할 수 없는 고난이 닥칠 때 자기만 살겠다고 도망치는 사람은 당신을 진정으로 사랑하는 사람이 아닙니다. 원망하고 불평하며 고난 속에서 낙심하는 사람도 당신을 사랑하는 사람이 아닙니다. 고난 속에서 서로 위로하며 함께 극복하려고 노력하는 사람이 당신을 진정으로 사랑하는 사람입니다. 이것은 믿음도 마찬가지입니다. 평소에는 모두 믿음 생활을 잘하는 그리스도인으로 보입니다. 그러나 어떤 문제 앞에서의 반응을 보면 그 사람의 믿음이 드러나게 됩니다.

이처럼 하나님이 우리에게 고난을 던져 주실 때는 그 고난으로 우리를 괴롭히시려는 것이 아닙니다. 이 문제에 대한 우리의 믿음을 점검하고, 우리의 반응을 보시기 위함입니다. 이 사실을 깨닫는 것이 믿음의 출발점입니다. 삶에 예기치 못한 문제가 던져졌을 때, 하나님이 우리의 믿음을 점검하고 계심을 깨달아야 합니다. 광풍과 큰 물결이 닥쳐올 때도 숨겨진 하나님의 놀라운 섭리가 있음을 믿어야 합니다.

시편 119편 67-68절은 "고난당하기 전에는 내가 그릇 행하였더니 이제는 주의 말씀을 지키나이다 주는 선하사 선을 행하시오니 주의 율례들로 나를 가르치소서"라고 말씀합니다. 이처럼 성경은 우리를 훈련시키고 바르게 세우기 위해 고난을 주실 때가 있다고 말씀합니다. 고난당하기 전에는 하나님의 말씀을 어기고 악한 행동을 했지만, 오히려 고난 속에서 하나님의 뜻을 배우고 그분의 말씀을 지키며 살아가는 존재로 바뀌었다는 것입니다.

광풍의 크기만큼 복이 임한다

━━

예수님과 함께 가는 길에도 광풍이 찾아오는 이유는, 인간의 한계와 무능을 깨달아 하나님을 의지하도록 하기 위해서입니다. 베스트셀러인 《야베스의 기도》(디모데 역간)를 쓴 브루스 윌킨슨(Bruce H. Wilkinson)은 미국 침례교회 목회자로 'WTB' 선교회를 설립해 25년 동안 열심히 사역했습니다. 그런데 선교회가 발전하고 명예가 생기자 그를 질투하는 사람들이 생겨납니다. 그에 대한 걷잡을 수 없는 거짓된 소문을 퍼뜨려 그는 곧 비난의 대상이 되고 맙니다. 억울함과 분노에 사로잡힌 그는 인생의 절망 속에 빠져듭니다. 그래서 할 수 없이 선교회 대표를 사임하려 하나님에게 기도합니다. 그런데 기도 중에 하나님이 아프리카 선교에 대한 마음을 주십니다. 이에 브루스 윌킨슨 목사는 고난 속에서도 하나님에게 순종하는 반응을 보입니다.

그는 하나님의 뜻에 순종해서 남아프리카로 향합니다. 그런데 상황이 심각합니다. 어린아이들이 에이즈로 하루에 8천 명씩 목숨을 잃고 있습니다. 자신이 아는 것보다 더 충격적인 현장입니다. 모든 것을 뒤로하고 남아프리카로 온 윌킨슨 목사는 그곳에서 자기 자신보다도 죽어 가는 아이들을 위한 기도를 드립니다. 그때 그가 묵상하며 쓴 책이 바로 《야베스의 기도》입니다. 이 책은 곧 베스트셀러가 되어 많은 그리스도인에게 교훈을 줍니다. 그는 그곳에서 'Dream for Africa'(아프리카의 꿈)라는 선교 단체를 설립합니다. 그리고 책의 판매 수익금 모두를 아프리카의 에이즈로 고통 받는 아이들을 위해 사용합니다. 이것이 뿌리가 되어 전 세계 사람들이 아프리카의 고통받는 아이들을 돕는 사역이 되었습니다.

이처럼 주님과 함께 가는 동안에도 문제가 찾아올 수 있습니다. 광풍이 불어올 수 있습니다. 그러나 중요한 것은 하나님 앞에 믿음으로 반응하는 것입니다. 믿음으로 반응할 때, 하나님은 고난을 통해 더 큰 복을 내려 주십니다.

신뢰는 두려움을 이긴다

평상시에 사람들은 강하고 담대한 것처럼 보입니다. 하지만 고난 앞에서는 담대한 모습은 어디로 갔는지, 두려워하고 염려하며 좌절하기 쉽습니다. 제자들도 마찬가지입니다. 평상시에는 '우리도 주와 함께 죽으러 가자'며 큰소리를 쳤습니다. 그런데 막상 예수님이 붙잡히시자 모두 도망쳐 버립니다. 낙심해서 고향으로 돌아갑니다. 부활 후에 찾아오셔서도 직접 만져 보고서야 믿습니다. 평상시 큰소리치며 누가 더 높은지를 겨루던 모습과는 완전히 다른 모습입니다. 이처럼 평안할 때는 모두 믿음이 있는 것처럼 보입니다. 하지만 인생에 광풍이 불어오면 믿음의 수준이 드러납니다.

본문에 나타나는 갈릴리 호수는 인생을 상징합니다. 갈릴리는 삶의 터전이며 평안한 호수입니다. 그러나 때로는 예기치 못한 광풍도 불어옵니다. 그때 절망하고 두려워하는 사람들이 있습니다. 여기서 우리가 깨달아야 하는 사실은, 두려움의 원인은 상황이 아니라 믿음의 문제라는 것입니다. 고난의 상황 자체는 문제가 아닙니다. 아무리 어려운 고난이라도 믿음이 있다면 두려워하지 않습니다. 그러나 아무리 작은 고난이라도 믿음이 없으면 낙심하고 절망하며 두려워합니다. 다른 말로 하면, 고난을 만나서 두려운 것이 아니라, 주님에 대한 믿음이 없기에 두려워하는 것입니다. 제자들이 탄 배에 아무리 거센 파도와 광풍이 불어도, 수천 명을 먹이고 죽은 자를 살리시는 하나님의 아들 예수 그리스도가 함께하신다는 확실한 믿음이 있었다면 그들은 두려워하지 않았을 것입니다. 이처럼 주님에 대한 믿음과 신뢰가 있는 성도들은 고난을 만나도 두려워하거나 흔들리지 않습니다.

시편 3편은 다윗이 자신의 아들 압살롬을 피할 때 지은 시입니다. 자식이 아버지를 죽이려고 합니다. 신하들은 배신해서 자기 뒤를 쫓아옵니다. 길을 가는데 아이들까지 자신에게 돌을 던집니다. 언제 붙잡혀 죽을지 모르는 절망 앞에서 다윗은 이렇게 고백합니다. "내가 누워 자고 깨었으니 여호와께서 나를 붙드심이로다 천만인이 나를 에워싸 진 친다 하여도 나는 두려워하지 아니하리이다"(시 3:5-6). 이러한 절망적인 상황 속에서도 다윗이 두려워하지 않는 이유는 다른 사람보다 힘이 세거나 담대해서가 아닙니다. "구원은 여호와께 있사오니"(시 3:8)라는 믿음이 다윗에게 있었기 때문입니다. 자신의 모든 상황과 환경을 하나님이 주관하신다는 믿음의 고백입니다.

신문 배달을 하는 초등학교 6학년 어린아이가 있었습니다. 새벽에 나가서 집집마다 신문을 배달하는데, 한 집이 아주 사나운 개를 키우고 있었습니다. 그 집 앞을 지나쳐서 다음 집에 배달해야 하는데, 대문 앞까지 개가 나와서 짖는 바람에 무서워서 먼 길을 돌아 배달하러 다녔습니다. 하루는 형에게 이런 사연을 이야기했더니 형이, "걱정하지 마. 개가 달려들어도 도망치지 말고 눈을 똑바로 쳐다봐" 하며 해결책을 알려 주었습니다.

다음 날, 아이는 용기를 내어 무섭게 짖어 대는 개의 눈을 똑바로 쳐다봤습니다. 그런데 오히려 개가 더 사납게 달려들었습니다. '이젠 죽었구나' 하고 눈을 꼭 감았는데, 개 짖는 소리만 들리고 자신에게는 아무 일도 생기지 않았습니다. 눈을 살짝 뜨고 보니 개에게는 목줄이 채워져 있어서 자기에게는 달려들지 못하고 있었습니다. 그 사실을 알고부터는 그 집 앞을 지날 때마다 일부러 개를 쳐다보면서 당당하게 걸었습니다. 더는 두려워하지 않았습니다. 아무리 개가 사납게 짖어도 사슬에 묶여 있다는 것을 알았기 때문입니다.

이처럼 마귀의 권세가 성도들의 삶에 두려움을 가져온다 할지라도, 우리는 하나님이 이미 모든 대적들을 결박시켜 놓으셨음을 신뢰해야 합니다. 하나님은 "두려워하지 말라 내가 너와 함께함이라 놀라지 말라 나는 네 하나님이 됨이라 내가 너를 굳세게 하리라 참으로 너를 도와주리라 참으로 나의 의로운 오른손으로 너를 붙들리라"(사 41:10)라고 말씀해 주셨습니다. 주님을 구원자로 믿는 사람은 결코 두려워하지 않습니다. 하나님은 이 땅의 모든 자연 만물을 창조한 분이시며, 인생의 모든 생사화복(生死禍福)을 주관하는 분이시고, 마귀의 권세도 결박시킬 수 있는 전능한 분이십니다. 우리는 우리의 능력으로 두려움을 이겨 낼 수 있는 것이 아니라, 그 두려움을 결박할 수 있는 분이 우리의 주인 되시는 하나님이기 때문에 이겨 낼 수 있습니다.

제자들은 예수님이 행하신 수많은 기적을 직접 체험했습니다. 그럼에도 불구하고 그들은 예수님을 하나님의 아들, 이 땅에 메시아로 오신 하나님으로 확신하지 못했습니다. 그들은 예수님을 향해 "선생님이여 우리가 죽게 된 것을 돌보지 아니하시나이까"(막 4:38)라고 말합니다. 자신들과 함께하며 수많은 기적을 행하셨던 예수님을 그저 '선생님'이라고 부르고 있습니다. 그렇기에 제자들은 광풍과 큰 물결 앞에 불안해하며 떨고 있는 것입니다. 누가복음에 기록된 내용도 마찬가지입니다. "주여 주여 우리가 죽겠나이다"(눅 8:24). 그런데 여기서 '주'는 주님이라는 뜻의 '퀴리오스'가 아니라 '에피스타타', 곧 현재 우리를 이끌어 가는 '인도자'라는 뜻입니다. 따라서 당시 제자들은 아직까지 예수님을 온전히 하나님의 아들로, 인간의 몸을 입고 이 땅에 오신 하나님으로 믿지 않았던 것입니다. 그러니 제자들은 불안해할 수밖에 없는 것입니다. 내가 믿는 예수 그리스도가 참된 구세주, 나의 주인이심을 믿고 고백할 때만 모든 두려움이 사라집니다.

켄 가이어의 《폭풍 속의 주님》에 보면 이런 문구가 있습니다. "삶이 내게 폭풍을 일으키더라도, 삶이 내게 무엇을 묻더라도, 하나님을 꼭 기억하라. 그리고 하나님이 침묵하실 때도 그 멈춤의 시간 속에서 하나님을 신뢰하며, 기도의 끈을 놓치지 말라." 또한 헨리 나우웬(Henri Nouwen)은 《열린 손으로》(성바오로 역간)에서 두려움 가운데 그리스도인들이 가져야 할 태도에 대해 말하고 있습니다. "우리에게는 안전하고 든든하게 느끼는 것을 붙잡는 성향이 있다. 하늘에서 번개가 치고, 광풍이 불고, 파도가 높으면, 본능적으로 우리는 무언가를 붙잡으려고 한다. 그리고 절대 움켜쥔 손을 펴지 않는다. 하지만 고난 속에서 하나님께 기도한다는 것은 우리의 손을 하나님께로 펴는 것이다." 이처럼 우리는 고난이 닥치면 돈, 권력, 명예 등 세상의 것들을 꽉 붙잡고 놓치지 않으려 합니다. 하지만 오히려 우리는 두려움 속에 있을 때 세상의 것들을 내려놓아야 합니다. 주님을 주인으로 믿으며 우리의 손을 열어야 합니다. 그때 주님이 우리의 손을 꼭 붙들어 주시는 것입니다.

고난은 하나님을 체험케 한다

주님이 바람과 물결을 꾸짖어 잔잔하게 하시자 제자들의 입에서 놀라운 고백이 나옵니다. "그가 누구이기에 바람과 바다도 순종하는가"(막 4:41). 제자들은 예수님을 그저 선생님, 인도자, 선지자 정도로 생각했습니다. 그랬던 제자들이 광풍 속에서 예수님의 기적을 체험하자 '도대체 예수님은 누구신가?'라는 생각이 들기 시작한 것입니다. 성도들도 제자들처럼 형식적인 종교인이 될 수 있습니다. 체험이 없는 신앙을 가진 성도들은 평상시처럼 교회에 출석하는 종교 생활은 할 수 있어도 하나님의 역사하심을 체험하지 못했기에 예수님을 진정 자신의 구세주로는 믿지 못할 수 있습니다. 하지만 오히려 광풍과도 같은 고난을 통해 하나님의 도우심과 그분의 살아 계심을 체험한다면, 인격적으로 예수님을 만나는 계기가 되는 것입니다. 당시 이스라엘 백성은 형식과 겉모습으로만 하나님을 섬기는 종교인이었습니다. 제자들도 예수님에 대한 온전한 신앙이 없었습니다. 오히려 고난 가운데서 예수님이 베푸시는 기적을 체험한 소외되고 약한 자들만 주님을 그리스도로, 살아 계신 하나님의 아들로 고백하고 있었습니다.

그리스도인에게는 체험적인 신앙이 필요합니다. 진정한 신앙의 체험이 있는 성도는 인생에 또 다른 광풍이 찾아와도 절대 절망하지 않습니다. 어떤 고난에도 믿음이 흔들리지 않습니다. 어부였던 제자들은 갈릴리 호수를 누구보다 잘 알고 있었습니다. 바다에서는 잔뼈가 굵은 사람들입니다. 그러나 광풍과 풍랑 앞에서는 인간의 노력과 경험, 지식이 아무런 쓸모가 없었습니다. 광풍은 우리의 힘으로 물리칠 수 있는 대상이 아니기 때문입니다. 이때는 전적으로 주님을 의지하는 길밖에 없습니다. 주님만이 말씀 한마디로 광풍을 잔잔하게 하실 수 있기 때문입니다.

예수님의 기적을 체험한 제자들은 심히 두려워합니다. 하지만 기적을 체험한 뒤에 제자들이 가지는 두려움은 광풍이 불어올 때 느낀 두려움과는 다릅니다. 헬라어로 '포본'은 두려움이라는 뜻도 있지만, 경외심이라는 뜻도 있습니다. 가장 원문에 가깝게 번역되었다고 평가받는 영어 성경 NRSV에 보면 'They were filled with great awe', 즉 제자들이 예수님에 대한 엄청난 경외심으로 가득 차게 되었다고 기록되어 있습니다. 제자들은 예수님이 행하신 일을 직접 체험하고 난 후에야 예수님이 하나님이심을 깨닫게 된 것입니다.

하나님을 체험한 사람은 두려움이 사라집니다. 하나님을 체험하면 위기가 기회가 됩니다. 하나님을 체험하면 불구덩이에도 들어갈 수 있는 용기가 생깁니다. 하나님을 체험하면 그동안 알지 못했던 놀라운 비밀들을 깨닫게 되는 것입니다.

아일랜드 사람들은 매년 3월 17일이 되면 'Saint Patrick's day' (성 파트리치오 축일)라는 축제를 벌입니다. 이날에는 모든 것이 녹색투성이입니다. 아이들은 학교에 녹색 옷을 입고 등교하고, 심지어는 녹색 식물만 요리해서 먹기도 합니다. 왜 이런 이해할 수 없는 행동을 하느냐면, 3월 17일이 '성(聖) 파트리치오'가 죽은 날이기 때문입니다. 그리고 녹색은 그를 상징하는 색입니다.

4세기 영국 스코틀랜드에서 출생한 파트리치오는 14세 때 아일랜드에 노예로 끌려갑니다. 하지만 노예로 비참하게 살면서도 고비고비마다 하나님의 지켜 주심을 체험합니다. 어느덧 청년이 되었을 때, 그는 몰래 해안으로 탈출해서 배를 타고 영국으로 되돌아갑니다. 그곳에서 신학을 공부한 그는 가톨릭 사제가 되어 주교의 자리까지 오릅니다. 그때 하나님이 파트리치오의 마음에 아일랜드로 다시 돌아가라는 감동을 주십니다. '내가 너를 크게 쓰기 위해 미리 그런 고난을 주었다'는 성령의 음성을 들려주십니다. 자신을 노예로 부리던 땅으로 돌아가는 것은 쉽지 않았습니다. 하지만 하나님 말씀에 순종한 파트리치오는 아일랜드로 돌아가서 40년 동안 예수님의 복음을 전합니다. 이전까지 아일랜드 사람들은 드루이드(Druide)라는 미신적인 종교를 많이 믿었지만, 파트리치오 한 사람 덕분에 복음화가 이루어집니다. 파트리치오는 복음을 전하면서 '세 잎 클로버'로 삼위일체를 설명했습니다. 그래서 녹색의 클로버를 기념하며 이날에는 모든 사람이 녹색 옷을 입는 것입니다.

파트리치오가 전도할 때마다 하던 기도문이 있습니다. 이것을 '호심경(護心鏡) 기도문'이라고 부릅니다. 이 기도문에서 그는 이렇게 고백합니다. "그리스도는 나와 함께 계시고, 그리스도는 내 앞에 계시고, 그리스도는 내 뒤에 계시고, 그리스도는 내 안에 계시고, 그리스도는 내 아래에 계시고, 그리스도는 내 위에 계시고, 그리스도는 내 오른쪽에 계시고, 그리스도는 내 왼쪽에 계시고, 그리스도는 내가 누워 있는 곳에 계시고, 그리스도는 내가 앉아 있는 곳에 계시고, 그리스도는 내가 일어나는 곳에 계시고, 그리스도는 나를 생각하는 모든 사람의 마음속에 계시고, 그리스도는 내게 말하는 모든 사람의 입에 계시고, 그리스도는 나를 보는 모든 눈 속에 계시고, 그리스도는 내 말을 듣는 모든 귀에 계십니다."

우리는 꼭 기억해야 합니다. 우리가 인생에서 광풍을 만날 때는 주님을 만날 때이며, 광풍 속에서 주님은 우리 바로 곁에 함께하십니다.

11

의심을 확신으로 바꾸는
'동행의 질문'

"내가 너를
보낸 것이 아니냐"

삿 6:11-18

2002년 아카데미 작품상을 비롯해 4개 부분을 수상한 〈뷰티풀 마인드〉(A Beautiful Mind)라는 영화가 있습니다. 이 영화는 '존 내쉬'(John Nash)라는 실존 인물의 삶을 담은 실화를 바탕으로 한 작품입니다. 존 내쉬는 1994년 노벨 경제학상을 수상한 수학자입니다. 이분의 대표적인 업적은 '게임이론'에서 가장 일반적으로 사용하는 '내시균형'(Nash Equilibrium)을 정립한 것입니다. 영화에서 그려지는 존 내쉬는 탁월한 학자이자, 동시에 정신분열증 환자입니다. 그는 정신분열증으로 인해서 실제 삶과 자신의 상상이 뒤엉켜 혼란 속에서 살아갑니다. 할 수 없이 다른 사람들과의 관계를 단절하고 고독 속에서 살아갑니다. 이 영화는 존 내쉬가 단절의 벽을 허물고 다시 세상 속으로 발걸음을 내딛는 과정을 그리고 있습니다.

여기서 중요한 역할을 하는 것이 바로 아내 '알리시아'(Alicia)입니다. 그녀는 끝까지 남편을 떠나지 않고, 삶의 문제 속에서도 포기하지 않고 가정을 지켜, 결국에는 정신분열증으로 세상과 단절한 남편을 밖으로 이끌어 노벨상까지 받도록 돕습니다. 어찌 보면 이 영화는 존 내쉬보다는 그를 끝까지 지켜 주었던 아내 알리시아의 사랑 이야기라고 할 수 있습니다.

알리시아는 남편을 포기하고 싶거나 더는 견디지 못할 때 자신에게 이렇게 말했다고 합니다. "나는 그를 보아요. 그리고 내가 결혼했던 그 남자를 보라고 나를 다그쳐요. 그러면 그가 그 사람이 되지요. 그는 내가 사랑하는 누군가로 변해요. 그리고 나도 그를 사랑하는 누군가로 변하지요." 이 말은 현재 문제 있는 남편의 모습만을 바라보는 것이 아니라, 자신과 결혼했던 사랑스러운 사람을 여전히 바라보고 있다는 것입니다. 자신이 힘들 때마다 원래 상대방이 가졌던 모습을 바라보려고 노력하는 것입니다. 평론가들은 이 영화에서 "그녀는 남편을 현실의 눈으로 바라보는 것이 아니라 은혜의 눈으로 바라보았다"라고 말합니다. 이것을 우리에게 적용한다면, 문제 많고 상처 받고 절망 속에 있는 우리를 하나님은 끝까지 은혜의 눈으로 바라보신다는 것입니다. 우리를 포기하지 않으시고, 지키시고, 인도하시는 하나님의 은혜의 손길을 깨닫게 됩니다.

우리는 신앙생활하면서 '은혜'라는 말을 수없이 듣습니다. 그러나 은혜가 무엇인지 정의하기란 쉽지 않습니다. 예수님이 우리를 구원해 주셨다는 사실은 믿지만, 그것이 얼마나 큰 은혜인지 깨닫기는 어렵습니다. 쉽게 말해 은혜란, 첫째, 모든 사람이 우리를 향해 비난하고 손가락질해도 주님은 괜찮다고 말씀해 주시는 것입니다. 둘째, 모든 사람이 우리를 떠나도 주님은 오히려 우리를 찾아와 주시는 것입니다. 셋째, 우리의 모든 부분이 연약하고 부족하고 보잘것없어도 주님이 도와주겠다며 손 내밀어 주시는 것입니다.

사사기 6장에 등장하는 사사 기드온이 바로 이러한 하나님의 은혜를 입은 사람입니다. 사사기에는 유명한 삼손부터 에훗, 드보라와 같은 많은 사사들의 이야기가 기록되어 있습니다. 사사 시대의 이스라엘 역사의 흐름은 늘 비슷하게 흘러갑니다. 바로 반역(Rebellion), 보응(Retribution), 회개(Repentance), 구원(Rescue)의 단계입니다. 늘 이런 패턴이 반복됩니다. 이것을 보면, 우리 인간의 죄성과 하나님의 은혜가 크다는 것을 느끼게 됩니다.

이스라엘 백성은 태평성대(太平聖代)를 누리고 부족함이 없을 땐 우상 숭배와 교만의 죄를 지음으로 하나님에게 반역합니다. 사사기 6장 1절을 보십시오. "이스라엘 자손이 또 여호와의 목전에 악을 행하였으므로." 여기서 '또'라는 단어를 주목해야 합니다. 사사 드보라 시절에 이스라엘은 40년 동안 평온했습니다. 그런데 시간이 지나자 또다시 죄를 짓기 시작합니다. 자신의 죄악을 쉽게 잊어버리는 인간의 어리석음이 잘 드러납니다.

이스라엘 백성의 죄악이 넘치자 하나님이 징계를 내리십니다. 하나님은 이스라엘 백성을 7년 동안 미디안의 손에 넘기십니다. 미디안은 사해 동북쪽으로부터 지금의 이라크 유프라테스(Euphrates) 강까지 흩어져서 살고 있던 민족입니다. 그들은 한곳에 모여서 거주하지는 않았지만, 중요한 일이 있을 때는 힘을 합치곤 했습니다. 미디안 족속은 말 타는 기술이 뛰어나고, 교활하고 잔인한 습성을 지녔습니다. 이스라엘에게 미디안 족속은 마치 도적 떼와 같은 무리였습니다. 이스라엘 백성을 살펴보고 있다가 힘든 농사를 마치고 추수할 때가 되면 기습을 합니다. 남자들은 모두 죽이고, 여자들은 노예로 끌고 가고, 추수한 작물들은 모두 빼앗습니다.

성경은 "이스라엘이 미디안으로 말미암아 궁핍함이 심한지라"(삿 6:6)라고 말씀합니다. 하나님이 베풀어 주신 은혜를 잊어버리고 교만해서 불순종과 우상 숭배의 죄를 지음으로 하나님의 보응을 받은 것입니다. 그제야 이스라엘 백성이 하나님에게 부르짖기 시작합니다. 미디안으로 인해 고통을 겪고 나서야 하나님 앞에 자신들의 죄를 뉘우칩니다. 이스라엘 백성이 하나님 앞에 회개하자, 하나님은 새로운 지도자를 세워 대적들을 물리치고 구원해 주십니다. 이것이 사사 시대 이스라엘의 반복되는 역사 흐름입니다.

사사기 6장에서 하나님이 이스라엘 백성을 구원하시기 위해 세운 지도자가 '기드온'입니다. 기드온이란 인물은 인간적인 기준으로는 지도자의 자질이 없는 사람입니다. 본문 12절에 보면 여호와의 사자가 기드온에게 나타나 '큰 용사여'라고 말합니다. 그런데 실제로는 보잘것없는 사람입니다. 그는 스스로 "나의 집은 므낫세 중에 극히 약하고 나는 내 아버지 집에서 가장 작은 자니이다"(삿 6:15)라고 말합니다. 요즘으로 말하면 집안도 좋지 않고, 자기 자신도 형제들에 비해 그렇게 뛰어난 인물이 아니라는 것입니다. '밀을 포도주 틀에서 타작하는 모습'으로 성경에 처음 등장하는 기드온은 소심하고 연약해 보이는 모습입니다.

'기드온'이라는 이름에는 '베다', '자르다', '쓰러뜨리다'라는 의미가 있습니다. 더 나아가서는 '베는 사람', '쓰러뜨리는 자'라는 뜻으로 '크다', '힘이 있다'는 의미도 있습니다. 하나님이 기드온을 사용하실 때는 그저 '밀'을 자르는 사람이 아니라, 이름 그대로 우상인 바알의 제단을 헐고, 아세라 상을 찍어 버리는 사사로 부르셨습니다. 그래서 기드온은 '여룹바알'이라는 별명도 얻습니다.

기드온은 믿음이 연약합니다. 인격에도 문제가 있습니다. 집안도 좋지 않습니다. 이렇게 문제 많은 그에게 하나님이 찾아오셨다는 것이 바로 은혜입니다. 그렇다면 그리스도인에게 은혜란 무엇일까요?

연약함을 바라보시다

본문 11-12절은 "여호와의 사자가 아비에셀 사람 요아스에게 속한 오브라에 이르러 상수리나무 아래에 앉으니라 마침 요아스의 아들 기드온이 미디안 사람에게 알리지 아니하려 하여 밀을 포도주 틀에서 타작하더니 여호와의 사자가 기드온에게 나타나 이르되 큰 용사여 여호와께서 너와 함께 계시도다 하매"라고 말씀합니다. 구약에서 말하는 '여호와의 사자'는 두 가지 경우로 해석할 수 있습니다. 대표적인 히브리어 학자 프란츠 델리취(Franz Delitzsch)는, 히브리어 원문에서 '여호와의 사자'라는 표현 앞에 정관사가 없다면 천사로, 있다면 구약에 나타난 예수님으로 봐야 한다고 주장합니다. 그는 창세기 18장의 아브라함과 출애굽기 3장의 떨기나무 가운데서 모세에게 나타나신 여호와의 사자 역시 예수님이라고 해석합니다.

즉, 본문에서 기드온을 찾아온 하나님의 사자는 하나님이 친히 찾아오신 사건이라는 것입니다. 그때 기드온은 정말 보잘것없는 모습이었습니다. 초라하게 포도주 틀에서 밀을 타작하고 있었습니다. 이스라엘의 포도주 틀은 포도를 구덩이에 넣고 직접 밟아서 즙을 짜내는 방식입니다. 포도 열매를 두 사람이 들어갈 만한 크기의 한쪽 구덩이에 넣고 밟으면 껍질과 씨는 분리되고 포도즙만 작은 수로를 통해서 아래쪽 구덩이에 모이게 됩니다. 이 포도즙을 떠서 따로 보관하면 포도주가 되는 것입니다. 기드온은 미디안이 무서워서 이처럼 포도 열매를 밟는 작은 구덩이에 숨어서 몰래 밀을 타작하고 있습니다. 하나님은 이런 초라한 모습의 기드온을 사용하기 위해서 "너는 가서 이 너의 힘으로 이스라엘을 미디안의 손에서 구원하라 내가 너를 보낸 것이 아니냐"(삿 6:14)라고 말씀해 주십니다. 하나님이 삶에서 가장 힘든 시간을 보내는 기드온을 찾아와 불러 주신 것입니다.

한글 성경에는 "여호와께서 그를 향하여 이르시되"(삿 6:14)라고 표현되어 있지만, 히브리어 원문을 보면 정확히는 '여호와께서 그를 돌아보아 이르시되'라고 기록되어 있습니다. 여기서 '돌아보다'는 히브리어로 '와이펜'이라 하는데, 정확한 의미는 '하나님이 기드온을 향해 몸을 돌리고 돌아보셨다'는 것입니다. 방향을 돌린다는 것은 깊은 관심이 있다는 뜻입니다. 따뜻한 눈으로 바라보신다는 의미입니다. 마치 할아버지가 손자를 보는 듯한 사랑스러운 시선이 '와이펜'이라는 단어에 들어 있습니다. 연약하고 보잘것없는 우리를 하나님이 이렇게 따뜻한 시선으로 바라보신다는 것을 깨닫는다면, 우리는 견딜 수 있습니다. 문제가 많고 두려움 속에 있어도, 연약함과 실수에도 상관없이 하나님은 몸을 돌이켜 친히 우리를 찾아와 주신다는 것입니다.

제프 루카스(Jeff Lucas)는 《기드온》(엔크리스토 역간)이라는 책에서 "하나님께서는 엄청난 사역을 일으키기 위해 준비된 영웅을 따로 부르시지 않는다. 오히려 몸을 떠는 약한 자를 용감한 영혼으로 변화시켜 세우신다. 중요한 것은 하나님께서 우리를 바라보실 때 은혜의 렌즈를 통해 바라봐 주신다는 것이다"라고 씁니다. 또 필립 얀시(Philip Yancey)는 《놀라운 하나님의 은혜》(IVP 역간)라는 책에서 하나님의 은혜를 체험한 사건을 소개하고 있습니다.

눈이 많이 내린 어느 겨울날, 한 부부가 집에 들어가다가 눈밭에 누워 있는 어떤 여인을 발견합니다. 아내는 이 여인에 대해 알고 있는 눈치입니다. 남편은 아내에게, 이 여인이 왜 이런 곳에 누워 있느냐고 묻습니다. 아내는, 이 사람은 부랑자로 평생을 지내 왔다고 답합니다. 남편은 다시, 부랑자가 되기 전에는 어떤 사람이었는지를 묻습니다. 아내는, 부랑자가 되기 전에는 알레스카에서 몸을 파는 일을 했다고 말합니다. 남편은 또다시 이렇게 묻습니다. "평생 몸을 팔지는 않았겠지. 그전에는 어떤 사람이었을까?" 아내는 그전의 일까지는 잘 모르지만, 아마 어린 소녀였을 것이라고 대답합니다. 그러자 남편이 이 여인을 집으로 데려가자고 제안합니다. 이 여인을 부랑자로도 보지 않고, 몸 파는 여인으로도 보지 않고, 어린 소녀로 바라보고 집 안으로 들인 것입니다.

이 이야기를 소개하면서 저자인 필립 얀시는 이렇게 씁니다. "은혜의 눈으로 바라보니 더럽혀지고 망가진 여인의 모습이 그저 하나님의 형상대로 지음 받은 한 사람으로 보인 것이다." 오늘날 우리의 모습은 어쩌면 창녀보다도 더럽고, 세리보다도 탐욕스럽습니다. 하지만 하나님은 우리를 은혜의 눈길로 바라봐 주십니다. 망가진 죄인의 형상이 아니라, 여전히 하나님이 지으신 형상으로 봐 주시는 것이 은혜라는 것입니다.

사명으로 일으키시다
===

본문 14절은 "여호와께서 그를 향하여 이르시되 너는 가서 이 너의 힘으로 이스라엘을 미디안의 손에서 구원하라 내가 너를 보낸 것이 아니냐 하시니라"라고 말씀합니다. 지금 기드온의 상황은 자기 몸 하나도 챙길 여력이 없는 신세입니다. 미디안이 두려워 포도주 틀에서 밀을 타작하는 신세인 기드온에게 민족을 구원하라는 말씀은 이해가 되지 않습니다. 그러나 주님은 마른 막대기와 같은 보잘것없는 자를 들어 쓰십니다. 가장 낮은 모습, 절망 가운데 있는 인생을 들어 사용할 수 있는 분이 하나님이십니다. 기드온에게는 내세울 것이 없습니다. 자존심도 없습니다. 그는 두려움과 절망 속에 있습니다. 그런데 이런 기드온에게 여호와의 사자가 나타나 "큰 용사여 여호와께서 너와 함께 계시도다"(삿 6:12)라고 이야기합니다. 이처럼 세상 사람들은 그 사람의 조건과 상황을 보지만, 하나님은 가능성을 보십니다.

사람들은 대개 가능성을 아이들에게만 해당하는 이야기라고 여깁니다. 나이도 많고 이미 은퇴 후 노년을 보내는 사람들에게는 가능성을 찾기가 힘들다는 것입니다. 그러나 하나님이 찾아와 사명을 주실 때는 인간적인 기준과 다릅니다. 자신의 판단으로 '나는 더 이상 가능성이 없다, 끝이고 질망이다'라고 여기는 것은 마귀가 주는 생각입니다. 우리가 비록 바닥에 있을지라도, 하나님이 붙들어 세워 주시겠다는 것이 하나님의 음성입니다.

기드온의 첫 반응은 원망과 거부였습니다. "오 나의 주여 여호와께서 우리와 함께 계시면 어찌하여 이 모든 일이 우리에게 일어났나이까 … 이제 여호와께서 우리를 버리사 미디안의 손에 우리를 넘겨주셨나이다"(삿 6:13). 당연한 반응입니다. 하나님이 자신의 민족을 미디안에게 넘겨주어 징계해 놓고 이제는 자신을 통해 일하겠다고 말씀하시냐는 것입니다. 이어서 그는 "오 주여 내가 무엇으로 이스라엘을 구원하리이까 보소서 나의 집은 므낫세 중에 극히 약하고 나는 내 아버지 집에서 가장 작은 자니이다"(삿 6:15)라고 변명하며 하나님의 부르심을 거부합니다. 그러나 기드온을 찾아온 하나님은 포기하지 않으십니다. 이것이 은혜입니다. 하나님의 손에 붙들린 사람은 우리가 생각하는 그 이상으로 하나님이 책임져 주십니다.

안홍기 목사의 《하나님의 용사》(지혜의샘)라는 책이 있습니다. 저자인 안홍기 목사는 아버지가 장로였지만, 어릴 때 장래 희망이 조폭두목이었을 정도로 망나니였습니다. 청소년 시절에 즐기던 일은 기도하는 아버지 얼굴에 담배 연기를 내뿜는 것이었습니다. 하루는 목사님 집을 찾아가 문을 두드리며 난리를 피웠습니다. 사모님도 주위 성도들도 문밖으로 나가지 말라고 목사님을 말렸지만, 술에 취해 난

동을 부려도 목사한테 찾아온 것을 보면 희망이 있다는 생각에 문을 열고 만났습니다. 나가니 횡설수설하면서도 자신의 마음이 괴롭다고 털어 놓습니다. 목사님은 술이 깬 후에 다시 찾아오라며 돌려보냅니다. 일주일 뒤에 멀쩡한 정신으로 찾아온 그를 야단치면서, 아직 인생의 끝이 아니니 10년만 예수를 제대로 믿어 보라고 권면합니다. 만약 제대로 믿은 후에도 하나님이 복을 주시지 않는다면 다 보상해 주겠다고 약속합니다.

그 후 10년간 그는 정말 제대로 신앙생활을 시작합니다. 교회 버스 운전을 비롯한 궂은일을 하면서 기도 생활도 제대로 합니다. 그때부터 하나님이 상상하지 못한 복을 부어 주십니다. 사업이 성공해서 부자가 됩니다. 삶이 변화됩니다. 무엇보다 영적인 체험을 합니다. 그는 국제신학대학원대학교에 들어가 신학을 공부한 이후에 목회자가 됩니다. 그리고 중국으로 가서 개척을 합니다. 그곳에서 건달과 조폭들을 모아 전도하고 교회를 세웁니다. 남미 아이티에 큰 지진이 났을 때도 그 현장을 찾아갑니다. 주위 사람들은 치안이 좋지 않고 전염병이 돈다며 말렸지만 '병에 걸릴 사람은 아무리 조심해도 걸리고, 병에 안 걸릴 사람은 별짓을 다 해도 안 걸린다'며 아이티에 선교하러 떠납니다. 거기서도 부랑아와 폭력배들에게 복음을 전하며 전도를 합니다. 그러던 중 2013년 5월 17일, 주위 사람들의 권면으로 국내에서도 조폭들을 전도하기 위해 서울에 '글로벌 찬양의 교회'라는 '조폭 교회'를 개척합니다. 사역이 확장되어 현재는 교도소 재소자를 위한 전도까지 감당하고 있습니다.

안홍기 목사는 '하나님이 나 같은 인간에게 새로운 사명을 주며 사용하신 이유는 가능성을 보셨기 때문'이라고 이야기합니다. 그리고 책을 통해 이렇게 고백합니다. "조폭들을 가슴으로 품는 것은 나의 소명이다. 누구도 돌아보지 않는 이들을 하나님의 용사로 세워 나가는 것, 모두가 소외되지 않고 함께 어울리는 특별한 교회를 만드는 것, 이것이 나의 소명이다."

우리가 살아가다보면 어려운 상황이 찾아올 수 있습니다. 상처 받고 절망 속에 놓일 수 있습니다. 그러나 하나님이 계시지 않는 것이 아니라, 단지 우리가 지금 일어나는 일들을 이해하지 못할 뿐입니다. 우리에게는 현재의 어려운 상황과 고난, 상처 등 모든 것들을 받아들이는 태도가 필요합니다. 그리고 하나님에게 새롭게 붙들리는 인생을 살아야 합니다.

찾아와 함께하시다
━━

본문 12절은 "큰 용사여 여호와께서 너와 함께 계시도다"라고 말씀합니다. 그런데 하나님이 '큰 용사'라고 말씀하신 기드온은 정작 두려움에 떨며 포도주 틀에서 밀을 타작하는 겁쟁이입니다. 기드온은 인간의 눈으로 볼 때는 겁쟁이지만, 하나님의 눈으로 보실 때는 큰 용사입니다. 왜냐하면 하나님은 가능성을 보시기 때문입니다. 사람은 능력이 없습니다. 자격도, 힘도 없습니다. 그러나 함께하는 분이 전능하신 하나님이기 때문에 큰 용사가 될 수 있는 것입니다.

하나님은 기드온을 향해 "내가 너를 보낸 것이 아니냐"(삿 6:14)라고 물으십니다. 이어서 "내가 반드시 너와 함께하리니"(삿 6:16)라고 말씀하십니다. 두려움과 절망 속에 있는 인생을 찾아와 '두려워하지 마라. 내가 반드시 너와 함께한다'고 약속해 주시는 것입니다. 이 말씀은 구약성경에만 114번이나 기록되어 있습니다. '두려워하지 말라'는 말씀은 강하고 담대한 마음을 스스로 가지라는 말이 아닙니다. 사람은 누구나 염려와 근심이 많을 수밖에 없습니다. 두려움은 누구에게나 찾아옵니다. 오히려 그때야말로 하나님이 함께하심을 믿는 믿음이 필요합니다.

하나님은 '임마누엘'의 하나님이십니다. 임마누엘의 뜻 그대로 하나님은 우리와 함께하십니다. 창세기 28장 16절은 "야곱이 잠이 깨어 이르되 여호와께서 과연 여기 계시거늘 내가 알지 못하였도다"라고 고백합니다. 야곱은 형 에서를 피해서 도망가는 신세였습니다. 형에 대한 두려움, 낯선 곳으로 향하는 두려움이 있었습니다. 그러나 꿈에서 하나님을 뵙고 난 뒤에 하나님이 자신과 함께하고 계심을 깨닫습니다. 사람들이 불안해하고 염려하는 이유는 고난의 현실을 인간의 눈으로 바라보기 때문입니다. 사람의 힘으로는 도저히 해답을 찾을 수 없기 때문입니다. 하지만 믿음의 눈으로 하나님의 함께하심을 보게 된다면, 두려움이 사라집니다.

이스라엘에 가면 야곱이 돌베개를 베고 잔 곳에 기념 교회가 세워져 있습니다. 그곳의 위치는 벧엘의 마을에서 떨어진 언덕입니다. 야곱은 사람들을 피해 홀로 그곳에서 잠을 청한 것입니다. 잠도 편하게 잘 수 없었을 것입니다. 혹시 형 에서가 쫓아올 수도 있다는 불안한 마음으로 두려움에 떨었을 것입니다. 야곱은 도망자였습니다. 인생의 실패자였습니다. 앞이 보이지 않았습니다. 그런 그가 염려하고 두려움 속에 있을 때, 하나님이 찾아오셨습니다. 그 후 야곱은 용기를 얻습니다. 하나님에게 서원하고, 하나님이 자신과 함께하심을 고백합니다. 이처럼 기드온에게 '내가 반드시 너와 함께하리니'라고 약속해 주신 것은 안심하라는 뜻입니다.

히브리어 원문에는 두 단어가 반복해서 나타납니다. 하나는 '야레'고, 다른 하나는 '샬롬'입니다. '야레'라는 말은 '두려움'이라는 뜻입니다. '샬롬'은 '평안'이라는 뜻입니다. 하나님은 우리에게 두려워하지 말고 안심하라고 말씀하십니다. 그 이유는, 하나님이 우리와 함께하시기 때문입니다. 하나님이 함께하신다는 것을 깨닫지 못하고 믿음의 눈으로 보지 않으면 두려움이 찾아옵니다. 그러나 어떤 환경에서도 하나님이 동행하신다는 것을 깨달은 사람들은 두려워하지 않습니다.

세계적인 부자였던 카네기(Andrew Carnegie)는 어린 시절에 굉장히 소심하고 두려움이 많았다고 합니다. 그의 전기에 보면, 하루는 어머니가 나무를 심기 위해 카네기에게 구덩이를 파라는 심부름을 시켰습니다. 시간이 한참이나 지났는데도 들어오지 않자 밖에 나가 보니, 어린 카네기가 구덩이를 보며 울고 있었습니다. 어머니가 깜짝 놀라 왜 우느냐고 물었을 때 카네기는, '내가 늙어서 구덩이에 들어가 죽을 생각을 하니 무서워서 눈물이 난다'고 답했다고 합니다. 청소년이 되어서도 갑자기 하늘에서 벼락이 떨어질까 봐 길을 똑바로 걸어가지 못했습니다. 신앙생활을 하면서도 믿음에 대한 확신이 없어 지옥에 갈 수도 있겠다는 생각에 두려움에 떨곤 했습니다.

그러다가 청년 시절에 카네기는 성령 체험을 합니다. 믿음의 눈이 열립니다. 그때의 심정을 카네기는 "내 심령에 햇빛이 비치는 것과 같았다"라고 표현합니다. 자신을 둘러싼 환경과 상황은 똑같았습니다. 갑자기 사업이 잘되거나 문제가 해결된 것이 아니었습니다. 건강에도 문제가 많았습니다. 그러나 하나님이 함께하심을 깨닫는 순간, 아무것도 두려워할 필요가 없게 되었습니다. 인생이 '야레'에서 '샬롬'으로 변한 것입니다.

소심하고 연약한 기드온이 호전적이고 힘이 강한 미디안을 어떻게 이길 수 있겠습니까? 인간적인 생각으로는 불가능한 일입니다. 그러나 기드온과 함께하는 전능하신 하나님의 손길이 있기에 가능한 것입니다. 정신의학자이자 유명한 베스트셀러 작가인 스콧 펙(Scott Peck)은 《아직도 가야 할 길》(율리시즈 역간)에서 이렇게 말하고 있습니다. "왜 인간이 실패하느냐? 두 가지 이유 때문이다. 첫째는 영적인 무지 때문이고, 둘째는 게으름 때문이다." 아무리 믿음이 있어도 게으르면 실패할 수밖에 없습니다. 그러나 그보다 더 중요한 것은, 영혼의 눈이 열리지 않으면 하나님이 함께하심을 깨달을 수 없습니다. 하지만 영적인 눈으로 바라보면 그 어떤 것에도 절망하지 않게 됩니다. 하나님이 우리와 함께하시며, 동행하시며, 우리를 도우신다는 이것이 은혜입니다.

지금도 하나님은 우리를 찾아오십니다. 우리의 죄악된 모습이 아니라, 가능성을 보고 우리를 세워 주십니다. 연약한 우리를 도우시는 하나님, 이것은 기드온뿐만 아니라 바로 우리에게도 주시는 하나님의 은혜입니다.

12

능력의 주를 의지하는
'기적의 질문'

"여자여 나와 무슨
상관이 있나이까"

요 2:1-11

한 신학교 교수가 기적을 믿지 않는다는 학생에게 이런 질문을 합니다. "자네의 아내가 만약 말을 할 수 없었는데 갑자기 말을 할 수 있게 된다면, 그 기적은 믿을 수 있겠는가?" 그러자 학생은 단호하게 말합니다. "저는 그것을 기적으로 인정할 수 없습니다. 차라리 말이 많은 아내가 말을 안 하게 된다면, 그 기적은 믿겠습니다."

수많은 사람이 기적에 대해 착각하며 살아갑니다. 하나님은 우리 삶에 크고 작은 기적들을 수없이 보여 주시는데도 사람들은 그것을 믿으려 하지 않습니다. 죽은 사람이 살아나거나 초자연적인 사건이 일어나는 것만을 기적으로 인정하고, 우리 삶의 현장에 나타나는 수많은 기적은 그저 당연하게 여기며 살아갑니다. 의외로 성경에 기록된 수많은 기적은 평범한 일상생활 속에서 나타났습니다. 분명히 홍해를 가르고 죽은 사람을 살리는 기적도 하나님은 보여 주십니다. 하지만 우리가 숨을 쉬며 오늘을 살아가는 것 역시 하나님이 주시는 기적입니다.

'기적'의 사전적 의미는 "상식으로는 생각할 수 없는 기이한 일, 신에 의하여 행해졌다고 믿어지는 불가사의한 현상"(국립국어원 표준국어대사전)입니다. 세상 사람들도 기적이라고 하면 사람의 능력으로는 할 수 없는 일이라는 것을 알고 있습니다. 그러나 우리는 그 기적이 바로 하나님의 능력으로 인한 것임을 이미 알고 있습니다. 하나님이 아니시고는 기적을 행할 다른 존재가 없기 때문입니다. 사람으로서는 할 수 없고, 오직 하나님의 능력으로 이루어지는 모든 것을 우리는 '기적'이라고 일컫습니다. 그런 의미에서 성경은 전부 기적의 말씀으로 가득 차 있습니다. 성경에 기록된 수많은 기적 가운데 본문은 예수님이 이 땅에 오셔서 행하신 첫 번째 기적을 소개하고 있습니다. 바로 예수님이 '가나 혼인 잔치' 자리에서 물로 포도주를 만드신 기적의 사건입니다.

무엇이든지 '첫 번째'는 굉장히 중요한 의미가 있습니다. 예수님이 이 땅에 와서 베푸신 수많은 기적 중 첫 번째가 바로 가나 혼인 잔치에서 일어났습니다. 요한복음 2장 11절은 "예수께서 이 첫 표적을 갈릴리 가나에서 행하여 그의 영광을 나타내시매 제자들이 그를 믿으니라"라고 말씀합니다. 생각해 볼 것은, 이 사건에 대해 언급하면서 성경은 '기적' 대신에 '표적'이라는 특별한 단어를 사용했다는 것입니다. 영어 성경에 보면 '사인'(Sign)이라고 되어 있습니다. '사인'이라는 단어 안에는 '징조'라는 뜻이 들어 있습니다. 즉, 첫 번째로 일어난 사건이나 현상을 보면 다음에 일어날 사건이나 현상을 짐작해 볼 수 있다는 것입니다.

그리스도인에게 예수님의 부활 사건이 중요한 이유는 '예수님이 잠자는 자들의 첫 열매'가 되어 주셨기 때문입니다. 예수님이 부활의 첫 번째 열매가 되어 주셨음을 알기에 예수님을 믿는 우리에게도 똑같이 두 번째, 세 번째 부활이 일어남을 알 수 있게 됩니다. 이처럼 첫 번째 표적은 굉장히 의미 있는 사건입니다. 예수님이 가나 혼인 잔치 자리에서 물로 포도주를 만드신 사건은 예수님이 이 땅에 오신 하나님임을 보여 주는 기적이었습니다. 물이 포도주가 되는 것은 오직 하나님만이 하실 수 있는 질적인 변화입니다. 이 사건은 예수님이 이 땅에 오신 하나님의 아들, 메시아라는 '사인'이었습니다.

본문 1절은 '사흘째 되던 날'이란 말로 시작됩니다. 예수님이 공생애를 시작하려고 열두 제자를 부르신 지 사흘이 지났다는 것입니다. 이때 주님이 제자들과 함께 혼인 잔치에 초대를 받으십니다. 이 혼인 잔치의 주인공이 누군지에 대해서는 학자들의 다양한 주장이 있습니다. 예수님의 어머니 마리아도 참석한 것을 볼 때 예수님의 친척 중 한 사람이라는 주장도 있고, 성경학자인 바클레이(William Barclay)는 요한복음을 기록한 사도 요한 자신의 결혼식이었을 것이라고 주장하기도 합니다. 혼인 잔치의 주인공이 아니고서는 이렇게 상세하고도 생동감 넘치는 표현을 기록할 수 없다는 것입니다. 하지만 본문은 누구의 혼인 잔치였는지를 정확하게 밝히고 있지 않습니다.

그런데 잔치 도중에 포도주가 떨어집니다. 그러자 어머니 마리아는 예수님에게 "포도주가 없다"(요 2:3)고 이야기합니다. 그런데 예수님의 반응이 의외입니다. 포도주가 떨어진 것이 자신과 무슨 상관이 있냐고 말씀하십니다. 그러면서 자신의 때가 아직 이르지 않았다고 그 이유를 설명하십니다. 하지만 이런 예수님의 부정적인 반응에도 불구하고 어머니 마리아는 하인들에게 "너희에게 무슨 말씀을 하시든지 그대로 하라"(요 2:5)고 지시합니다. 그리고 하인들은 순종합니다.

본문에서 가장 믿음 있는 모습을 보인 사람은 어찌 보면 하인들이라고 할 수 있습니다. 예수님은 하인들에게 이해할 수 없는 일들을 시키십니다. 사람들이 손발을 씻기 위해 물을 담아 놓는 돌 항아리에 물을 채우라고 하십니다. 하인들은 그 말씀에 순종해서 아귀까지 가득 물을 채워 넣습니다. 이번엔 더 어려운 명령을 하십니다. 항아리에서 물을 떠서 연회장, 즉 잔치를 주관하는 사람에게 가져다주라는 것입니다. 예수님의 말씀에 하인들이 순종하자 놀라운 일이 일어납니다. 물이 포도주로 변한 것입니다.

포도주를 맛본 연회장과 많은 손님이 잔치의 기쁨을 표현합니다. 그리고 연회장이 신랑을 불러 칭찬합니다. "사람마다 먼저 좋은 포도주를 내고 취한 후에 낮은 것을 내거늘 그대는 지금까지 좋은 포도주를 두었도다"(요 2:10). 보통은 잔치 초반에 좋은 포도주를 내놓은 뒤 잔치가 길어지면 포도주에 물을 섞거나 질이 좋지 않은 포도주를 내놓는데, 어떻게 이렇게 좋은 포도주를 내놓을 수 있느냐는 감탄입니다. 이에 성경은 이렇게 말씀합니다. "연회장은 물로 된 포도주를 맛보고도 어디서 났는지 알지 못하되 물 떠온 하인들은 알더라"(요 2:9). 하인들은 이 기적을 누가 일으키셨는지 알고 있었습니다. 이 사건을 통해 제자들은 예수님을 메시아로 믿게 됩니다.

우리는 가나 혼인 잔치 자리에서 있었던 사건을 통해 몇 가지 삶의 교훈을 생각해 볼 수 있습니다.

깨어지지 않는 잔치

혼인 잔치에 포도주가 떨어졌습니다. 포도주가 없는 혼인 잔치는 더 이상 계속될 수 없습니다. 그래서 예수님의 어머니 마리아가 포도주가 없다고 말합니다. 이에 예수님은 "여자여 나와 무슨 상관이 있나이까 내 때가 아직 이르지 아니하였나이다"(요 2:4)라고 대답하십니다. 한글 성경에 '여자여'라고 번역된 단어는 헬라어로 '귀나이'라 하는데, 이는 굉장히 겸손하고 따뜻한 표현입니다. 어머니를 '어머니'라고 부르는 것보다 더 존경심을 가지고 부르는 표현입니다. '나와 무슨 상관이 있냐'는 말씀은 예수님이 아직은 메시아로서의 모습을 드러낼 때가 아니라는 뜻입니다.

수로보니게 여인에게 기적을 베푸실 때처럼, 예수님은 기적을 베풀기 전 그 요청을 거부하며 믿음을 시험하실 때가 있습니다. 어떤 경우에는 너무하다 싶을 정도로 모욕을 주시는 것처럼 보이기도 합니다. 하지만 예수님의 깊은 마음은 온전한 믿음을 보시고자 하는 것입니다. 그 믿음을 통해 기적을 베풀어 주기를 원하시는 것입니다. 예수님의 어머니는 그 의미를 알고 있었습니다. 그래서 예수님이 거부하는 것처럼 보여도 하인들에게 무슨 말씀을 하시든 순종하라고 지시한 것입니다. 주님은 물을 포도주로 변화시켜 잔치를 폐하지 않게 하시고, 오히려 더 기쁨이 넘치는 축제의 장으로 만들어 주셨습니다.

당시에 포도주는 다양한 용도로 사용되었습니다. 음료로 쓰이기도 했고, 치료용으로 쓰이기도 했습니다. 특히 잔치를 베풀었을 때

잔치의 풍성함과 손님을 잘 접대하는 기준이 바로 어떤 포도주가 나왔느냐는 것이었습니다. 잔치에 포도주가 떨어진다면 문제가 심각해집니다. 이것은 우리 인생의 모습을 보여 주기도 합니다. 누구나 기쁨으로 인생을 시작하지만, 예기치 못한 고난과 문제가 닥칠 수 있습니다. 심지어 본문의 가나 혼인 잔치 자리는 예수님이 함께 계셨는데도 포도주가 떨어지는 문제가 발생했습니다. 어떤 사람들은 이 사실 때문에 절망하고 낙심합니다. '나는 하나님을 잘 믿고 있는데 왜 문제가 생깁니까?', '예수님이 나와 함께하신다고 했는데 왜 고난이 닥쳐옵니까?'라는 의문이 드는 것입니다.

그러나 그리스도인들의 삶에 문제가 발생하고 부족한 것이 생길 때, 그때가 오히려 예수님의 기적을 체험할 수 있는 기회입니다. 주님은 결코 우리가 고통과 슬픔 속에 사는 것을 원치 않으십니다. 박정근 목사는 《그리스도, 그 영원한 생명》(디모데)이라는 책에서 예수님이 하시는 사역의 핵심을 가나 혼인 잔치에서 찾아볼 수 있다고 말합니다. 주님이 공생애 사역을 시작하면서 가장 먼저 하신 말씀은 "회개하라 천국이 가까이 왔느니라"(마 4:17)라는 선포입니다. 예수님의 사역은 죄인들이 회개하고, 그들이 예수님을 믿어 천국 백성으로 살게 하시는 것입니다. 그것을 예수님이 가나 혼인 잔치에서 미리 보여 주고 계신다는 것입니다.

천국을 상징하는 말은 기쁨과 환희, 곧 축제입니다. 천국은 하나님이 주시는 실재(實在)적인 장소로서 우리에게 가장 큰 기쁨과 환희를 주는 곳입니다. 예수님은 이 땅에서 천국을 종종 혼인 잔치에 비유하여 증거하셨습니다. 이 땅에서는 때로 괴로움을 겪더라도 잔칫

집에 가면 항상 기쁨이 넘칩니다. 우리가 천국 백성으로 산다는 것은 날마다 잔칫집의 기쁨을 누리며 산다는 의미입니다.

주님은 성도들의 혼인 잔치가 깨어지기를 원치 않으십니다. 예수님이 본문의 가나 혼인 잔치를 통해 우리에게 주시고자 하는 메시지는, 우리 삶에 때로 포도주가 떨어지는 문제가 생길지라도 기쁨으로 살기를 원하신다는 것입니다. 어떤 고난과 문제 속에서도 기쁘게 살라는 것입니다. 고난과 문제는 주님에게 맡기고 잔치를 즐기라는 것입니다. 물론 성경은 신앙생활의 고난과 눈물, 장애물과 좁은 길도 말씀합니다. 그럼에도 불구하고 기독교 신앙의 핵심은 기쁨과 환희입니다. 초대 교회 성도들은 박해와 환난 속에서 많은 괴로움을 겪으면서도 늘 기뻐했습니다. 이처럼 우리 성도들은 이 땅에서 기쁘게 살아가야 할 사명이 있습니다. 혼인 잔치가 우리의 삶이 되어야 하는 것입니다.

그런 의미에서 오늘날의 결혼식은 혼인 잔치의 '기쁨'보다는 '바쁨'이 더 커진 것 같습니다. 마치 공장에서 찍어 내는 것처럼 결혼식이 진행됩니다. 30분 내에 결혼 예식을 마치고, 빨리 사진을 찍은 다음, 식당에 가서 빨리 먹고 나가 줘야 합니다. 차라리 옛날 동네에서 혼례를 치를 때의 분위기가 천국에 가깝습니다. 결혼식이 동네잔치 자리가 됩니다. 온 동네에 먹을 것이 풍성하고 기쁨이 넘칩니다. 동네 사람들의 얼굴에 웃음이 가득합니다. 동네에 있는 가난한 사람들도 그날만큼은 잔치 음식으로 배불리 먹습니다. 사람들이 모두 너그러워집니다.

이처럼 예수님은 하나님의 자녀인 우리가 혼인 잔치처럼 살기를 원하십니다. 우리가 고통 받으며 살기를 원치 않으십니다. 포도주가 떨어지는 문제는 우리가 해결할 수 있는 일이 아닙니다. 우리의 힘으로 불가능한 문제들은 예수님에게 맡기고, 우리는 그저 잔치를 즐기기를 원하십니다. 사도 바울은 "주 안에서 항상 기뻐하라 내가 다시 말하노니 기뻐하라"(빌 4:4)고 이야기합니다. 사도 바울이 빌립보서를 쓸 때는 주후 62-63년경으로 로마에서 가택 연금을 당하는 처지였습니다. 언제 죽을지 미래를 알 수 없었습니다. 온갖 고난을 당해서 몸은 만신창이가 되었습니다. 그런데도 자신은 너무나 기쁘다며, 빌립보 교인들을 향해서도 늘 기뻐하라고 권면하는 것입니다. 그는 고린도후서를 쓰면서 성도의 특징을 이렇게 이야기합니다. "근심하는 자 같으나 항상 기뻐하고 가난한 자 같으나 많은 사람을 부요하게 하고 아무 것도 없는 자 같으나 모든 것을 가진 자로다"(고후 6:10). 성도됨의 표징이 바로 기쁨이라는 것입니다.

성도들은 이 땅에서의 삶이 전부가 아닙니다. 우리가 진정으로 살아야 하는 곳은 영원한 잔치 자리인 천국입니다. 이 땅에서는 천국에서의 삶을 연습해 볼 뿐입니다. 힘들어도 견뎌 보고, 문제가 생겨도 기뻐하며 살아가는 연습을 해 보는 것입니다. 이 땅에서 조금의 이익을 얻기 위해 머리를 싸매거나 다른 사람이 끼친 작은 피해에 얼굴을 붉히며 복잡하게 사는 것은 하나님이 바라시는 삶이 아닙니다. 물론 하나님은 성도들이 거룩하고 경건하게 살아가기를 원하십니다. 그러나 그보다 중요한 것은, 하나님의 자녀들이 기쁘고 즐겁게 살아가는 모습을 원하신다는 사실입니다. 어떤 사람은 '인생은 고난의 연속인데 어떻게 재미있게 삽니까?'라고 의문을 가지기도 합니다. '도저히 기뻐할 만한 것이 내 삶에는 없습니다'라고 항변하기도 합니다. 그러나 성도들이 기뻐하며 사는 것은 믿음이 있기에 가능한 일입니다. 상황은 힘들고 문제는 해결되지 않고 삶의 조건은 여전히 똑같지만, 하나님이 함께하신다는 믿음이 있다면 기뻐할 수 있다는 것입니다.

우리는 물로 포도주를 만들 수 없습니다. 기적은 우리의 힘으로 할 수 있는 것이 아닙니다. 우리에게 불가능한 것을 자신의 힘으로 하려고 하면 당연히 화도 나고, 불평과 원망이 나올 수밖에 없습니다. 그때 주님은 '나에게 맡기고, 너는 기뻐하며 잔치를 즐겨라'라고 말씀해 주십니다. 그것은 우리 몫이 아니라는 것입니다. 고난과 문제, 어려움을 믿음으로 주님에게 맡기십시오. 그러면 우리 삶에 기쁨이 넘칠 것입니다.

인생의 답은 정해져 있다

혼인 잔칫집에 포도주가 떨어졌을 때, 어머니 마리아는 그 문제를 예수님에게 말씀드렸습니다. "예수의 어머니가 예수에게 이르되 저들에게 포도주가 없다 하니"(요 2:3). 사실 이것은 예수님에게 말씀드릴 상황이 아닙니다. 포도주가 떨어졌다면 잔치를 주관하는 연회장이나 신랑에게 이야기해서 해결책을 마련해야 합니다. 그러나 마리아는 이 문제를 예수님에게 말씀드립니다. 이것이 중요합니다.

현재도 이스라엘의 결혼식은 하루에 끝나지 않습니다. 혼인하면 일주일에서 열흘까지도 잔치를 벌입니다. 결혼하는 과정도 우리와 차이가 있습니다. 남자와 여자가 약혼하면 6개월에서 1년 동안 신부가 신랑을 기다립니다. 보통 6개월이 지나면 신랑 집안에서 언제쯤 신부를 데리러 간다고 신부 집안으로 통보를 합니다. 그런데 정확한 날짜는 알 수가 없습니다. 그래서 마태복음 25장의 열 처녀 비유와 같은 사건이 발생할 수 있는 것입니다. 신부는 신랑이 언제 올지 모르기 때문에 늘 준비되어 있어야 합니다. 때가 되어 마침내 신랑이 오면, 그날 저녁에 처음으로 합방을 합니다. 그리고 그다음 날신부를 데리고 신랑 집으로 함께 갑니다. 이때부터 본격적인 혼인잔치가 시작됩니다. 그런데 예수님이 가나 혼인 잔치에 가셨을 때는잔치의 거의 끝자락이었습니다. 먹을 것도 모자라고, 포도주도 거의떨어지는 때입니다. 어떻게 보면 포도주가 떨어진 것은 당연한 일입니다. 그럼에도 마리아는 예수님에게 이 문제를 아뢰었습니다. 이것이 바로 기독교의 순종이자 기독교의 진리입니다.

그리스도인들은 세 가지를 꼭 명심해야 합니다. 삶에 문제가 생기고 고난이 찾아왔을 때 꼭 기억해야 하는 원칙입니다. 첫째, 그 문제는 자신이 해결할 수 없음을 알아야 합니다. 둘째, 다른 사람도 그 문제를 해결할 수 없음을 알아야 합니다. 셋째, 문제는 오직 예수님만이 해결하실 수 있음을 알아야 합니다. 이것이 신앙입니다. 본문 5절은 "그의 어머니가 하인들에게 이르되 너희에게 무슨 말씀을 하시든지 그대로 하라 하니라"라고 말씀합니다. 거절하는 것처럼 보이더라도 주님이 들어주심을 믿고 문제를 아뢰는 것이 믿음의 태도입니다. 우리가 기도하는 것도 마찬가지입니다. 그 문제를 해결할 수 있는분이 오직 예수님이시기에 예수님에게 기도드리는 것입니다. 나도, 다른 어떤 누구도 해결할 수 없음을 인정할 때 예수님에게 문제를 가지고 나아갈 수 있습니다. 우리는 문제를 다른 누구도 아닌 예수님에게 말씀드려야 합니다.

그리스도인이라면 누구나 예수 그리스도를 마음으로 믿고 입으로 고백한 경험이 있습니다. 이제는 날마다 우리 삶의 현장에 예수님을 초청해야 합니다. 모든 문제를 예수님에게 아뢰고, 그분과 동행하며 살아야 합니다. 그리스도인들은 믿음으로 예수님에게 기도하며, 순종함으로 그분 앞으로 나아가야 합니다.

예수님은 하인들에게 "항아리에 물을 채우라"(요 2:7)고 말씀하십니다. 그들은 물을 항아리 아귀까지 가득 채웁니다. 상식적으로는 이해가 되지 않지만 예수님이 말씀하시니 그저 순종한 것입니다. 다음으로 예수님은 "이제는 떠서 연회장에게 갖다 주라"(요 2:8)고 말씀하십니다. 아마 이번에도 하인들은 이해가 되지 않았을 것입니다. 그래도 따지지 않고 순종함으로 물을 떠서 연회장에게 가져다줍니다. 이것이 순종입니다.

우리는 문제 앞에서 '이 문제를 어떻게 해결할까' 고민하며 이리저리 따져 봅니다. 그러나 그보다 우선되어야 하는 것은, 예수님에게 맡기고 말씀대로 순종하며 기도하는 것입니다. 주님이 기도하라 하시면 기도하고, 맡기라 하시면 맡기고, 말씀대로 살라 하시면 말씀대로 사는 것이 기적을 경험할 수 있는 비결입니다.

기도의 사람으로 불린 앤드류 머레이(Andrew Murray)는 《순종》(기독교문서선교회 역간)이라는 저서에서 이렇게 쓰고 있습니다. "누구든지 처음으로 그리스도인이 되었을 때 입학하는 학교는 하나님의 순종 학교이다." 물론 하나님은 말씀 한마디로 모든 문제를 해결하실 수 있습니다. 그러나 그전에 우리의 순종을 시험해 보십니다. 본문에서도 마찬가지입니다. 하인들이 돌 항아리에 물을 가득 채우고 그 물을 연회장에게 떠다 줄 필요가 없습니다. 그저 주님이 '포도주가 생겨라'라고 말씀하시면 문제는 해결됩니다. 예수님은 물 한 방울 없이도 포도주를 만들 능력이 있는 분이십니다. 죽은 나사로를 살리신 사건도 마찬가지입니다. 죽은 지 나흘이 되어 벌써 시체에서 냄새가 납니다. 이미 무덤은 돌로 막아 놓았습니다. 그런데 주님은 나사로가 죽은 지 한참이나 지난 후에 찾아와 굳이 사람들에게 냄새가 나는 무덤 문에 놓인 돌을 옮기라고 지시하십니다. 사실 예수님의 말 한마디면 모든 것이 해결됩니다. 말씀 한마디로 돌을 옮기실 수 있습니다. 나사로가 죽은 직후에 살리실 수도 있었습니다. 그러나 주님은 그렇게 하지 않으셨습니다. 예수님은 따지거나 계산하지 않고 말씀에 순종할 때 더 좋은 것을 주는 분이십니다.

앞선 장에서도 언급했던 《P31》이라는 책에서 하형록 회장은 "비즈니스와 신앙을 다르다고 말하지 마라"라고 말하고 있습니다. 그리스도인 중에도 세상의 삶과 신앙의 삶은 다르다고 생각하는 이들이 있습니다. 하지만 아닙니다. 그는 세계적인 건축 설계 회사인 '팀하스'를 경영하면서 두 가지를 깨닫습니다. 첫째는, 순종과 지식은 다르지 않다는 것입니다. 그리고 둘째는, 신앙과 삶은 다르지 않다는 것입니다. 사람들은 머리로 아는 지식과 순종은 다르다고 생각합니다. 그래서 신앙과 실제 삶을 다르게 살아갑니다. 그러나 무식할 만큼 순종하며 말씀대로 살아가면, 하나님의 역사하심을 깨닫게 된다는 것입니다.

'기적'이 아닌 '기적을 행하신 예수님'

본문 11절은 "예수께서 이 첫 표적을 갈릴리 가나에서 행하여 그의 영광을 나타내시매 제자들이 그를 믿으니라"라고 말씀합니다. 물이 포도주로 바뀐 것은 중요하지 않습니다. 이 기적을 통해 인생의 주인이요, 해결자이며 구원자이신 예수님을 믿게 되는 것이 중요합니다. 누구나 살아오면서 물이 포도주로 변한 것과 같은 기적을 체험했을 것입니다. 그런데 사람들은 그 사실을 인정하지 않습니다. 우리 삶에 크고 작은 기적이 임할 때, 그것을 통해 예수님을 바라보지 못합니다. 그리스도인이라면 기도 응답을 받았을 때 응답을 받은 그 자체보다 응답을 주신 예수님을 볼 수 있어야 합니다.

케임브리지(Cambridge) 대학의 종교학과 시험에 '예수님이 물을 포도주로 바꾼 사건에 대한 종교적인 의미를 서술하시오'라는 문제가 출제된 적이 있습니다. 다른 학생들은 열심히 답을 적는데 한 학생만은 답을 쓰지 않고 가만히 있었습니다. 시험을 마칠 즈음, 그 학생은 답안지에 딱 한 줄을 쓰고 시험장을 떠났습니다. 이 답안을 본 교수는 감탄하며 그에게 최고의 성적을 부여했습니다. "물이 그 주인을 만나니 얼굴이 붉어졌더라." 이 답을 쓴 학생은 바로 세계적인 천재 시인 '조지 고든 바이런'(George Gordon Byron)이었습니다.

물의 주인도 예수님이시고, 물을 포도주로 변화시킬 수 있는 분도 오직 예수님이십니다. 모든 기적의 주체는 예수님이십니다. 고린도후서 5장 17절은 "그런즉 누구든지 그리스도 안에 있으면 새로운 피조물이라 이전 것은 지나갔으니 보라 새것이 되었도다"라고 말씀합니다. 예수님이 물을 완전히 다른 성분인 포도주로 만드셨듯이, 죄인인 우리도 완전히 다른 하나님의 자녀로 변화시켜 주셨습니다. 우리가 본문에 기록된 가나 혼인 잔치에서 주목해야 할 것은, 기적 그 자체보다 이 기적을 통해 살아 계신 예수님을 만나는 것입니다.

앞서 언급한 하형록 회장은 심장 질환으로 두 번이나 심장 이식 수술을 받았습니다. 보통 심장 이식 수술을 받은 사람은 10년 넘게 살기가 힘들다고 합니다. 그는 심장 이식을 받으면서 받은 표식을 하나님이 주신 '사인'이라고 고백합니다. 하형록 회장은 이렇게 말합니다. "나의 두 번째 심장은 벌써 15년이 되었다. 어쩌면 나는 평균 수명까지 살 수 없을지도 모른다. 하지만 그 어떤 것도 확실하지는 않다. 나의 심장이 언제 또다시 문제가 생길지는 아무도 모른다. 그것은 주님의 몫이다. 나는 매 순간이 주님의 은혜로 사는 시간임을 인정할 수밖에 없다. 나는 주님께서 주신 기적을 통해 주님을 만나게 되었다. 이제는 죽음을 쉽게 받아들일 수 있을 것 같다. 주님의 은혜로 15년을 산 지금, 더 이상의 미련은 없다. 나의 이름을 높이는 삶은 의미가 없다. 나를 비우고 무엇보다도 주님의 뜻을 이루어 가는 삶만이 존재 가치가 있다. 지금부터 조금만 더 하나님의 뜻대로 살 수 있기를 희망한다."

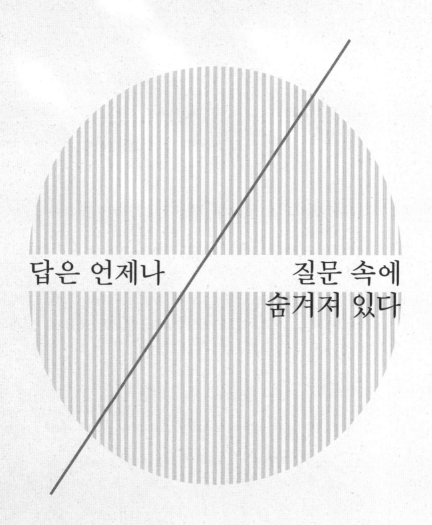

·4부·

답은 언제나 질문 속에
숨겨져 있다

13

하나님의 때를 이루는
'약속의 질문'

"여호와께
　　　능하지 못한 일이 있겠느냐"

창 18:9-15, 21:5-7

전 세계 사진작가 중 작품의 가치를 가장 높이 평가받은 사람은 브라질 출신의 예술가인 빅 뮤니츠(Vik Muniz)입니다. 그는 브라질에서 가장 척박하고 가난한 동네인 자르딤 그라마초(Jardim gramacho)에서 태어나 청소년기를 보냈습니다. 그의 고향인 자르딤 그라마초는 전 세계에서 가장 큰 쓰레기 매립장입니다. 하루에 쓰레기가 200톤 정도씩 매립되고 있습니다. 이 마을에서 살아가는 3천 명 정도의 주민들은 쓰레기 더미 속에서 재활용품을 모으거나 버려진 음식을 먹으면서 생계를 유지하고 있습니다.

하루는 거리에서 벌어진 싸움을 보고 말리던 도중 빅 뮤니츠는 다리에 총을 맞게 됩니다. 하지만 총을 쏜 사람이 브라질의 부자여서, 그 보상금으로 식구들 모두가 미국으로 이주할 수 있게 됩니다. 그 후 그는 20대 후반부터 사진에 흥미를 갖게 되면서 세계적인 사진작가가 됩니다.

그러던 어느 날, 빅 뮤니츠는 예수 그리스도를 만난 이후로 지옥 같았던 고향, 자르딤 그라마초로 돌아갑니다. 그곳에서 그는 다섯 명을 설득해 사진을 찍습니다. 첫 번째 사람은 열여덟 살의 '술렘'이라는 소녀입니다. 술렘은 벌써 두 아이의 어머니이자 일곱 살 때부터 매립지에서 일해 온 아이였습니다. 두 번째 사람은 '아이시스'인데, 알코올과 마약 중독에서 벗어나려고 노력하지만 벗어나지 못하는 사람입니다. 세 번째 사람인 '줌비'는 매립지에서 보이는 책이란 책은 모두 읽고 다니는 사람이고, 네 번째 사람인 '이마르'는 사람들이 버린 음식물들을 모아 큰솥에 끓여서 그 요리를 사람들에게 파는 일을 합니다. 마지막 사람인 '티아오'는 매립지에서 일하는 사람들을 모아서 조합을 만든 인물입니다.

빅 뮤니츠는 이 다섯 사람을 모아서 사진을 찍었습니다. 그는 찍은 사진을 농구장 크기만큼 확대한 후 그 사진을 바닥에 놓고 사람들의 얼굴을 쓰레기로 꾸몄습니다. 병뚜껑으로 눈썹을 만들고, 종이 상자로 턱을 그리고, 고무 타이어가 그림자 부분이 되면서 차츰 쓰레기 속에서 사람의 얼굴이 만들어졌습니다. 그는 작업을 마친 후 9미터 상공에 올라가 바닥에 쓰레기로 만든 작품을 카메라로 촬영했습니다. 이렇게 찍은 사진들로 전시회를 열었는데, 브라질 역사상 가장 많은 사람이 구경한 사진 전시회가 되었습니다. 그는 이 사진 작품을 판매해서 얻은 수익을 모두 자신의 고향 마을에 기부했습니다.

주위 사람들은 빅 뮤니츠에게 왜 이런 작품 활동을 하느냐고 물었습니다. 그때 그는 이렇게 대답했습니다. "나의 고향 마을 사람들은 자신들의 인생을 쓰레기라고 생각합니다. 그래서 나는 그들에게 세

가지의 메시지를 전하고 싶었습니다. 첫째, 비록 당신의 인생이 쓰레기 같을지라도 절망하지 마십시오. 둘째, 당신들에게 사라진 웃음을 되찾아 주고 싶습니다. 마지막 셋째, 당신들의 모습을 쓰레기로 장식했지만, 그 작품은 대단히 가치 있게 평가되었습니다. 이처럼 당신들은 스스로 생각하는 것보다 훨씬 더 가치 있는 존재입니다."

어떤 의미에서 보면 그리스도인 중에도 자신이 하나님 앞에 얼마나 가치 있는 존재인지를 깨닫지 못하고 살아가는 사람이 많습니다. 자신의 인생이 마치 쓰레기와 같이 보잘것없다고 여기는 사람도 있습니다. 삶에 기쁨 또는 웃을 이유가 없다며 절망 속에 살아가는 성도들도 있습니다. 맥스 루케이도의 《하나님의 가장 완벽한 선물, 은혜》(아드폰테스 역간)라는 책이 있습니다. 이 책에는 이런 구절이 소개되어 있습니다. "하나님은 늘 우리에게 이렇게 이야기하십니다. '잠시 가만히 앉아 있어 보렴. 너의 쓰레기 더미로 내가 놀라운 일을 하는 것을 잘 지켜보렴. 대신 네가 해야 할 것이 있단다. 바로 나의 약속을 믿는 것이다. 무조건 믿으렴. 찰거머리처럼 내가 너에게 준 모든 약속과 소망을 단단히 붙잡고 놓치지 말렴.' 이처럼 하나님은 끝까지 하나님을 신뢰하며 그 약속을 붙잡는 자를 절망의 자리에서 웃게 하십니다."

본문에 등장하는 사라도 마찬가지입니다. 하나님이 사라에게 자녀를 약속해 주셨지만, 처음에는 그 약속을 비웃었습니다. 그러나 하나님은 사라의 비웃음을 진짜 웃음으로 바꿔 주셨습니다. "사라가 이르되 하나님이 나를 웃게 하시니 듣는 자가 다 나와 함께 웃으리로다"(창 21:6). 이처럼 본문은 약속하신 아들, 이삭을 25년 만에 아브라함과 사라에게 주면서 그들을 절망 가운데서 웃게 해 주시는 그분의 사랑을 잘 보여 주고 있습니다.

하나님을 비웃지 말라
—

본문은 아브라함이 예루살렘에서 남쪽으로 30킬로미터 정도 떨어진 마므레의 상수리나무들 근처에 거주하고 있을 때입니다. 어느 날 하나님이 나그네의 모습으로 아브라함에게 나타나십니다. "여호와께서 마므레의 상수리나무들이 있는 곳에서 아브라함에게 나타나시니라"(창 18:1). 이때 아브라함은 이들이 범상치 않은 인물이라는 것을 깨닫고 나그네들을 극진하게 대접합니다.

아브라함의 대접을 받은 뒤에 그들은 "네 아내 사라가 어디 있느냐"(창 18:9)라고 묻습니다. 아브라함은 사라가 장막에 있다고 대답합니다. 당시 사람들은 여러 개의 장막을 붙여 일정한 거주지를 구성했는데, 집안의 가장이 거주하는 장막을 중심으로 부인과 아이들의 장막을 연결해서 생활하는 것이 일반적이었습니다. 즉, 아브라함이 거주하는 장막에서 대화하는 소리를 바로 옆 장막에서 사라가 들을 수 있었다는 것입니다. "그가 이르시되 내년 이맘때 내가 반드시 네게로 돌아오리니 네 아내 사라에게 아들이 있으리라 하시니 사라가 그 뒤 장막 문에서 들었더라"(창 18:10). 하지만 아브라함의 나이는 99세, 사라의 나이는 89세입니다. 이미 사라는 여성의 기능이 끊어진 상태입니다. 장막 문 뒤에서 듣고 있는데, 아무리 생각해도 말이 안 되는 이야기를 하고 있습니다. 이에 사라는 헛웃음을 짓습니다.

"사라가 속으로 웃고 이르되 내가 노쇠하였고 내 주인도 늙었으니 내게 무슨 즐거움이 있으리요"(창 18:12).

하나님이 분명히 24년 전에 약속하시기는 했지만, 오히려 시간이 지나면 지날수록 약속이 이루어질 기미가 보이지 않습니다. 상황은 점점 어려워집니다. 남편 아브라함은 늙어 버렸습니다. 자신도 아기를 낳을 수 있는 몸의 상태가 아닙니다. 이에 사라는 나그네의 말을 판단해서 비웃습니다. 한마디로 '말도 안 되는 소리'라는 것입니다. 그때 나그네로 아브라함에게 찾아오신 하나님이 이렇게 말씀하십니다. "사라가 왜 웃으며 이르기를 내가 늙었거늘 어떻게 아들을 낳으리요 하느냐"(창 18:13). 하나님은 사라의 마음까지도 다 알고 계십니다. 그러면서 한 번 더 강조하십니다. "여호와께 능하지 못한 일이 있겠느냐 기한이 이를 때에 내가 네게로 돌아오리니 사라에게 아들이 있으리라"(창 18:14). 아들을 한 번 더 약속해 주십니다. 사라는 두려운 마음에 "내가 웃지 아니하였나이다"(창 18:15)라고 부인합니다. 하지만 하나님은 모든 것을 아십니다. 사라가 겉으로는 웃지 않았을지 몰라도 속으로는 웃었다고 말씀하십니다. 하나님은 결국 사라의 비웃음을 진짜 웃음으로 바꿔 주십니다.

하나님의 약속에 대한 우리의 반응은 헛웃음일 때가 많습니다. 완전한 절망 속에 있는 우리에게 하나님이 새로운 희망의 약속을 주셔도 그것을 믿지 않습니다. 그리스도인 가운데도 하나님을 믿으면서, 그분이 자신의 주인이며 자신을 사랑하신다는 것을 알면서도 절망과 고난의 시간이 길어지면 자포자기하는 경우가 많습니다. 목회자나 주위 성도들이 '지금은 힘들어도 견디면 하나님이 회복시켜 주실 것'이라고 격려해도 헛웃음을 짓습니다. 때로는 하나님을 원망하거나 불평하는 반응을 보이기도 합니다. 하나님이 응답을 주셔도 깨닫지 못하고 거부합니다.

사라도 그랬습니다. 인간적인 기준으로는 임신이 불가능한 처지입니다. 이미 이스마엘이라는 아들도 얻었습니다. 그리고 24년 동안 너무 오래 기다렸습니다. 상황은 점점 나빠집니다. 기도하면 조금 나아지고, 믿음으로 살면 조금씩 회복되는 모습이 보여야 하는데 오히려 더 절망적입니다. 그래서 성도들 가운데 사라처럼 하나님의 약속을 의심하고 비웃으며 낙심하는 사람이 생기는 것입니다.

성경학자 가운데 사라를 가장 많이 연구한 두 사람은 종교 개혁가인 칼빈과 모리스(Frederik D. Maurice)입니다. 이들의 책에 보면 당시 사라의 표정이 매우 어두웠을 것이라고 말합니다. 쓴웃음과 비웃음을 짓는 표정입니다. 자포자기하며 허탈감이 가득한 모습일 것입니다.

칼빈이 사라의 족보를 조사해 본 결과, 그녀는 어릴 적부터 지금까지 굉장히 불쌍한 인생을 살아왔을 거라고 합니다. 창세기 11장 29절을 보면 사라는 하란의 딸이라고 생각해 볼 수 있습니다. 그리고 성경은 사라를 아브라함의 이복누이라고 말씀합니다. 사라의 아버지는 아버지 역할을 제대로 하지 못한 채로 일찍 세상을 떠납니다.

아브라함을 만난 이후에도 마찬가지입니다. 믿음의 남편을 만났는데, 남편과 함께 갑자기 갈대아 우르를 떠나 약속의 땅인 가나안으로 가게 됩니다. 약속의 땅이라고 해서 좋은 일만 있던 것은 아닙니다. 흉년을 만나 먹을 것조차 없는 신세입니다. 가족 중에 여성은 사라 한 사람뿐입니다. 타지에서 홀로 외로움을 견뎌야 했습니다. 생활

고에도 시달립니다. 더한 것은 흉년이 들어 남편을 따라 애굽으로 갔는데, 하나뿐인 남편이 자신을 외간 남자인 바로에게 넘깁니다. 그것도 한 번이 아니라 두 번이나 그런 행동을 합니다. 또 자신은 아들도 낳지 못했습니다. 그래서 아브라함은 하갈이라는 몸종을 통해 첫아들 이스마엘을 얻습니다. 그 후 사라는 몸종이었던 하갈에게 무시를 당합니다. 그렇다고 사라가 여성으로서 매력이 없거나 문제가 있는 것은 아닙니다. 창세기 12장 14절은 "아브람이 애굽에 이르렀을 때에 애굽 사람들이 그 여인이 심히 아리따움을 보았고"라고 말씀합니다. 사라는 바로와 애굽 사람들이 보기에 정말 아름다운 여인이었습니다. 아브라함도 그 사실을 알았기에 자기 생명을 보존하고자 사라를 누이라고 말했던 것입니다. 하지만 자신은 점점 늙어 갑니다. 아기도 낳지 못한 채 흘러가는 시간이 원망스러웠을 것입니다. 이렇게 오래도록 절망 속에 살면서 더는 자기 인생에 기쁨이 없을 것이라고 여겼을 것입니다. 그런데 어느 날, 웬 나그네가 나타나 갑자기 내년에는 자녀가 생길 것이라고 말하니 헛웃음이 나오는 것입니다.

하지만 이처럼 인간적인 판단으로는 불가능한 것처럼 보일지라도, 우리가 비웃으며 포기하지 말아야 하는 이유가 14절에 나타납니다. "여호와께 능하지 못한 일이 있겠느냐." 우리는 알 수 없지만 하나님은 모든 것을 아시고, 우리는 할 수 없지만 하나님은 모든 것을 하실 수 있는 분입니다. 중요한 것은 먼저, 우리의 생각을 바꿔야 합니다. '텔레비전 채널을 바꿀 수 있다면, 생각의 채널도 바꿀 수 있다'는 문구가 있습니다. 우리는 텔레비전의 채널을 마음껏 바꿉니다. 재미있는 코미디 프로그램을 보다가도 슬픈 영화를 볼 수 있습니다. 때로는 기독교 방송을 통해 온종일 찬양과 말씀을 접할 수도 있습니다. 생각도 마찬가지입니다. 우리의 생각 채널이 늘 우울하거나 낙심하는 것에 맞춰져 있다면 그 생각에 갇혀 살아가게 됩니다. 그럴 때일수록 우리는 빨리 생각의 채널을 전환해야 합니다. '나는 할 수 없지만, 하나님은 모든 것을 하실 수 있다'는 믿음을 바라봐야 합니다.

그렇다면 하나님의 약속을 비웃은 사라는 어떻게 되었을까요? 히브리서 11장 11절에 이 사건 이후 사라의 모습이 기록되어 있습니다. "믿음으로 사라 자신도 나이가 많아 단산하였으나 잉태할 수 있는 힘을 얻었으니 이는 약속하신 이를 미쁘신 줄 알았음이라." 처음 나그네의 이야기를 들었을 때는 믿을 수 없어서 헛웃음만 나왔지만, 시간이 지날수록 하나님을 신뢰하며 그 약속을 믿게 되었다는 말씀입니다. "여호와께 능하지 못한 일이 있겠느냐"(창 18:14)는 하나님의 말씀을 믿음으로 받아들이게 된 것입니다.

사라의 믿음은 '약속하신 이를 미쁘신 줄 아는 것'에서부터 시작됩니다. 나이가 많아 단산한 사라가 아이를 잉태할 수 있는 힘을 얻은 것은 자신의 능력으로 이룬 것이 아닙니다. 바로 약속하신 하나님을 경험하고 믿었기 때문입니다. 여기서 '미쁘다'라는 말은 헬라어로 '피스톤'이라 하는데, 이는 '신실하다'라는 뜻입니다. 사라가 하나님의 신실하심을 믿을 때 하나님이 그녀에게 잉태할 힘을 주셨다는 말씀입니다. 사라는 생각의 채널을 절망과 낙심에서 믿음과 신뢰로 바꾼 것입니다. 성경학자인 모리스는 이렇게 이야기합니다. "사라가 아브라함과 함께 하나님의 약속을 믿었기 때문에 부부 관계를 할 수 있었다. 희망이 힘이 되기 시작하는 것은 모든 것이 절망일 때뿐이다. 우리에게 절망이 있으므로 비로소 희망을 찾을 수 있다. 절망 속에서 하나님이 반드시 우리를 건져 주실 것이라는 소망에 시선을 고정해야 한다." 우리는 결코 희망을 포기해서는 안 됩니다.

2010년 8월 5일, 칠레 산호세 광산이 붕괴해서 서른한 명의 광부와 운전수 한 명, 조수 한 명 등 총 서른세 명이 갱도에 갇히는 사건이 발생합니다. 지하 700미터 아래에 갇힌 지 보름이 지나자 세상 사람들은 광부들이 모두 사망했을 것이라고 여겼습니다. 그런데 17일째가 되던 날, 구조대가 갱도 아래로 내려 보낸 줄에 종이가 매달려서 올라옵니다. 그 종이에는 '33명이 피신처에 모두 살아 있다'라고 쓰여 있습니다. 이때부터 본격적인 구출 작전이 시작됩니다. 칠레 정부는 서른세 명의 광부를 구출하기 위해 약 250억 원을 투입합니다. 그리고 2010년 10월 14일, 드디어 69일 만에 전원이 구출됩니다. 구조된 후 사람들이 69일 동안 생존할 수 있었던 이유를 묻자 그들은 이렇게 대답합니다. "우리는 희망의 끈을 놓지 않았습니다."

세상 사람들도 절망이 찾아오면 희망의 끈을 붙잡습니다. 돈과 권력, 건강과 자식 같은 것들을 희망의 끈이라고 생각합니다. 하지만 그것은 참된 희망이 아닙니다. 우리 인생에서 참된 희망은 오직 하나님이십니다.

하나님이 가까이 계심을 깨달으라

창세기 21장 1절은 "여호와께서 말씀하신 대로 사라를 돌보셨고 여호와께서 말씀하신 대로 사라에게 행하셨으므로"라고 말씀합니다. 이 구절을 히브리어 원문에 가깝게 해석하면, '여호와께서 말씀하신 대로 사라의 가까이에서 돌보셨고 여호와께서 말씀하신 대로 사라의 가까이에서 행하셨다'는 의미입니다. 우리는 하나님이 너무 멀리 계신 분이라고 생각하기 쉽습니다. 특히 예수 믿은 지 얼마 되지 않았거나 자신의 인생에 문제가 많다고 생각하는 사람들은 하나님이 가까이 계신다는 사실을 인정하기가 쉽지 않습니다. 하지만 이러한 생각은 우리의 착각입니다. 스스로의 생각에 갇혀 있는 모습입니다. 하나님은 언제나 우리를 먼저 찾아오십니다. 우리와 교제하기를 원하십니다. 아브라함이나 사라가 하나님을 먼저 찾은 것이 아닙니다. 하나님이 먼저 아브라함에게 나그네의 모습으로 나타나셨습니다. 하나님은 늘 아브라함 가까이에 계셨습니다. 요한일서 4장 19절은 말씀합니다. "우리가 사랑함은 그가 먼저 우리를 사랑하셨음이라." 우리가 하나님을 사랑하는 것보다, 하나님이 우리를 더 사랑하십니다. 그래서 우리는 절망할 필요가 없는 것입니다.

로마 바티칸시티(Vatican City)에는 시스티나 성당(Sistine Chapel)이 있습니다. 이 성당의 천장에는 세계적인 예술가 미켈란젤로(Michelangelo Buonarroti)의 〈천지창조〉가 그려져 있는데, 이 그림에서 하나님과 아담이 묘사된 부분을 보면 흥미로운 점을 발견할 수 있습니다. 아담은 여유롭고 편안하게 하나님을 바라보며 손을 내밀고 있습니다. 그런데 오히려 하나님은 아담을 향해 힘을 다해 다가오시려는 모습입니다. 온 힘을 다해 아담을 찾아와 도와주려고 하시는 하나님을 느낄 수 있습니다.

인간은 절망에 빠져 하나님을 잊은 채 살아갑니다. 오히려 우리를 지으신 하나님이 더 안타까워하십니다. 피조물인 인간은 하나님에 대해 별 관심을 두지 않고 살아갑니다. 그런데 하나님은 우리와 교제하기를 원하며 먼저 찾아와 주십니다. 이 사실을 깨달은 성도들은 더는 절망하지 않습니다. 하나님이 자신의 어려움과 형편을 모두 아심을 믿습니다. 하나님이 곁에 가까이 계심을 믿습니다. 이것을 경험하면 상황은 달라진 게 없어도 삶에 기쁨이 넘칩니다. 절망이 희망으로 변화됩니다.

절망을 희망으로 바꾸는 웃음의 미학

창세기 21장 3절은 "아브라함이 그에게 태어난 아들 곧 사라가 자기에게 낳은 아들을 이름하여 이삭이라 하였고"라고 말씀합니다. 여기서 '이삭'이라는 이름의 뜻은 '웃음'입니다. 아브라함과 사라는 하나님이 주신 약속의 자녀 이삭을 볼 때마다 비웃음을 웃음으로 바꿔 주신 하나님을 찬양하게 되었습니다. 불가능하다고 생각했던 소망이 이루어졌을 때 우리는 엄청난 기쁨 속에 마음껏 웃을 수 있게 됩니다. 헛웃음과 비웃음을 기쁨과 감격의 웃음으로 바꿔 주시는 분이 바로 하나님이십니다.

불가능하다고 생각한 일이 현실이 되었습니다. 본문 6절은 "사라가 이르되 하나님이 나를 웃게 하시니 듣는 자가 다 나와 함께 웃으리로다"라고 말씀합니다. 우리는 이 말을 하는 사라의 표정이 어떠했을지 짐작할 수 있습니다. 사라의 표정은 감격과 환희가 가득한 얼굴이었을 것입니다. 하나님의 능력과 신실하심을 체험한 사람만이 지을 수 있는 웃음입니다. 마찬가지로 아브라함도 매우 기뻐합니다. "아이가 자라매 젖을 떼고 이삭이 젖을 떼는 날에 아브라함이 큰 잔치를 베풀었더라"(창 21:8). 이처럼 아브라함과 사라는 남은 인생 동안 매일 이삭을 바라볼 때마다 하나님이 주신 기쁨을 경험했을 것입니다.

우리는 두 가지 사실을 기억해야 합니다. 첫째, 하나님은 약속을 반드시 지키는 분이십니다. 그리고 둘째, 하나님은 그 약속을 통해 주위 사람들까지 웃게 해 주십니다. 우리는 단지 하나님의 '타이밍', 하나님의 '때'를 알지 못할 뿐입니다. 우리에게는 때로 기다림의 시간이 필요합니다. 우리는 자꾸 내가 원하는 타이밍을 정해 놓고 하나님이 그 계획에 맞춰 주시기를 원합니다. 내 계획대로 하나님이 해 주시지 않으면 절망하고 낙심합니다. 하나님이 응답해 주시지 않는다고 포기해 버립니다. 이것은 믿음의 모습이 아닙니다.

오스 힐먼(Os Hillman)은 《하나님의 타이밍》(생명의말씀사 역간)이라는 책에서 '그리스도인의 삶에는 세 가지 영적 단계가 있다'고 소개합니다. 첫 번째는 '편의' 단계입니다. 필요한 물건이 있을 때 찾아가는 편의점처럼, 필요할 때만 하나님을 찾는 단계입니다. 두 번째는 '위기' 단계입니다. 목숨이 경각에 달려 있을 때는 그리스도인이든 비그리스도인이든 상관없이 하나님을 찾게 됩니다. 즉, 급하게 도움을 요청하기 위해서 하나님을 찾는 단계입니다. 세 번째는 '확신' 단계입니다. 어떠한 상황에서도 선하신 하나님을 믿고 기다리며 그분의 타이밍을 신뢰하는 단계입니다. 그는 계속해서 이렇게 쓰고 있습니다. "하나님의 타이밍은 내가 가진 잔고가 '0'이 될 때 시작된다." 할 수 있는 것이 아무것도 없어서 이제는 끝이라고 생각할 때부터 하나님의 역사가 시작된다는 의미입니다.

그러므로 우리는 어떤 상황에서도 전능하신 하나님을 믿어야 합니다. 하나님의 선하신 때를 기다려야 합니다. 하나님은 반드시 우리를 웃게 해 주심을 확신해야 합니다. 그때 우리의 얼굴에서 절망과 헛웃음이 사라지고 하나님이 주시는 기쁨의 웃음이 터져 나오게 될 것입니다. 우리 하나님에게는 능하지 못한 일이 없으십니다.

14

근심을 안심으로 채우는 '돌봄의 질문'

"어찌 다른 일들을
염려하느냐"

눅 12:22-32

과연 우리 인생에서 아무 걱정 없이 살았던 날을 따져 본다면 얼마나 될까요? 인류 역사상 많은 나라가 있었는데, 그중 사라센(Saracens)이라는 제국이 있었습니다. 사라센은 이슬람 제국으로 인도 서부에서부터 아프리카 북부에 이르는 영토를 가진 굉장히 거대한 제국이었습니다. 당시 세계 최고의 대제국이었던 사라센은 특별히 아브드 알 라흐만 3세(Abd ar Rahman Ⅲ, 891-962)가 통치하던 시대가 가장 전성기였습니다. 그는 세계에서 가장 거대한 제국을 49년간 다스렸습니다. 제국이 얼마나 부강했던지, 1년 세입(歲入)이 지금으로 환산하면 3,360억 원 정도였으며, 세계에서 가장 강력한 육군과 해군을 통솔하고 있었습니다. 그뿐만 아니라, 아브드 알 라흐만 3세는 부인이 3,321명이었으며, 자녀는 616명을 두었다고 기록되어 있습니다. 이렇게 인간적으로는 최고의 자리에 올랐던 그가 마지막 임종 때 남긴 말이 전해 내려옵니다. "내가 오래도록 영광스러운 이 사라센 제국을 통치했으나 진정으로 염려와 근심을 내려놓고 행복을 느낀 날은 단 14일이었다." 어떤 사람은 그가 예수님을 믿지 않았기에 염려와 근심 속에 평생을 살았다고 여길 수 있습니다. 정답입니다. 그러나 예수님을 믿는 사람에게도 똑같이 염려는 찾아옵니다. 정도의 차이는 있겠지만, 누구든 크고 작은 염려와 근심거리를 안고 살아가는 것이 바로 우리 인생입니다.

목회자도 예외는 아닙니다. 설교의 황태자라고 불리는 찰스 스펄전 목사의 전기에는 이런 기록이 있습니다. 스펄전 목사에게 가장 큰 염려거리는 설교였다고 합니다. 다른 교회에서 설교 부탁을 해 오면, 그때부터 염려와 근심 때문에 소화가 안 되고 잠을 못 이루었다는 것입니다. '내 설교에 사람들이 은혜 받지 못하면 어떻게 하나', '내 설교를 통해서 상처 받는 사람이 생기면 어떻게 하나'와 같은 고민을 계속했다는 것입니다. 심지어 얼마나 염려가 심했던지, 강대상에 서기조차 힘든 날도 있었다고 솔직히 고백합니다. 이처럼 염려는 어떤 측면에서 누구에게나 인생의 동반자라고 말할 수 있습니다.

미국 국립암센터에서 사람들의 염려에 대해 조사한 적이 있습니다. 그 결과 사람들이 하는 염려의 유형이 다섯 가지 정도로 나뉘는 것을 발견했습니다. 첫 번째는 관심사에 대한 염려입니다. 건강, 자녀, 물질, 명예 등 현재 자신이 가장 관심을 두고 있는 분야에 대한 염려거리가 많다는 것입니다. 예를 들면, 학생은 성적이 염려거리가 될 수 있습니다. 청년은 취업이나 결혼이 염려거리입니다. 두 번째는 변화에 대한 염려입니다. 죽음, 이혼, 부도, 퇴직 등 현재 상황에서 바뀌는 부분에 대한 염려입니다. 세 번째는 비판에 대한 염려입니다. 특별히 남들의 시선을 많이 의식하는 우리나라 사람들은 비판에 대한 염려가 많습니다. 다른 사람들의 눈치를 많이 살핍니다. 지적을 받거나 비판받는 것을 두려워합니다. 설령 다른 사람들은 그렇게 생각하지 않음에도 스스로 다른 사람의 시선을 의식하며 염려합니다. 네 번째는 압박감에 대한 염려입니다. 수험생으로서의 압박감, 가장으로서의 압박감, 책임자로서의 압박감 등으로 염려가 많다는 것입니다. 마지막 다섯 번째는 양심의 가책에 대한 염려입니다. 자신이 무엇인가 잘못을 했을 때 양심의 가책과 다른 사람들에게 들키면 어떻게 될지에 대한 염려입니다. 이렇게 따지면, 세상에 하루라도 염려 없이 살아갈 수 있는 사람은 없을 것 같습니다.

그러나 성경은 단호하게 '염려하지 말라'고 말씀합니다. '염려하지도 말고 근심하지도 말라'는 말씀이 신·구약 성경에 걸쳐서 550회 이상 기록되어 있습니다. 그것도 그저 권면하는 어투가 아니라, 강력한 명령으로 말씀합니다. '염려하거나 근심하지 않았으면 좋겠다'가 아닙니다. '염려하지 말라, 근심하지 말라'고 분명히 말씀하고 있습니다. 이 땅에 오신 예수님도 마찬가지십니다. 근심과 염려가 가득한 이 세상을 살아가는 성도들의 삶을 보면서 '염려하지 말라'고 본문을 통해 이야기하고 계십니다.

'염려하지 말라'는 예수님의 단호한 명령

우리는 본문을 통해 '염려하지 말라'는 주님의 명령을 마음에 새길 수 있습니다. "그러므로 내가 너희에게 이르노니 너희 목숨을 위하여 무엇을 먹을까 몸을 위하여 무엇을 입을까 염려하지 말라 … 너희는 무엇을 먹을까 무엇을 마실까 하여 구하지 말며 근심하지도 말라"(눅 12:22, 29). 예수님은 말씀을 통해서 단호하게 '염려하지 말고, 근심하지도 말라'고 명령하고 계십니다.

그렇다면 도대체 성경에서 말하는 '염려'란 무엇일까요? '염려'는 헬라어로 '메림나오'라 하는데, 이 단어에는 크게 두 가지 뜻이 있습니다. 첫째는, '마음이 나누어지다'라는 의미입니다. 염려하는 사람에게는 두 마음이 있다는 뜻입니다. 야고보서 1장 8절은 의심하는 사람에 대해 "두 마음을 품어 모든 일에 정함이 없는 자"라고 말씀합니다. 염려가 많은 사람은 믿음이 있는 것처럼 보이지만, 실상은 믿음이 없는 사람입니다. 거룩한 것처럼 보이지만 세속적인 사람입니다. 교회에서는 신앙생활을 잘하는 것처럼 보이지만, 교회 밖에서는 세상 사람과 똑같이 살아갑니다. 이처럼 염려는 성격이나 기질의 문제가 아닌 하나님에 대한 '신뢰'의 문제입니다. 하나님에 대한 확실한 믿음이 있다면 염려하지 않습니다. 어떤 경우에도 하나님을 신뢰한다면 기도하고 인내하며 믿음으로 견뎌 냅니다. 그러므로 결국 염려, 즉 두 마음을 품는 것은 참된 신앙인의 삶의 자세가 아닙니다. 둘째는, '스스로의 목을 조르다'라는 의미입니다. 다른 사람이 목을 조르는 것이 아니라, 스스로 자신의 목을 조르는 것입니다. 염려하는 것은 스스로를 죽이는 일입니다. 영적인 호흡을 막는 것이 염려입니다. 또한 성경에서 말하는 '근심'은 헬라어로 '메테오리제스테'라 하는데, 이는 '위에서 내려다보며 궁리하다', '멀리 보다'라는 뜻입니다. 위에서 내려다보며 멀리 보는 것은 긍정적인 것처럼 생각됩니다. 인생에 있어서 멀리 보는 것은 좋은 것이라고 여기기 쉽습니다. 세상 사람들은 인생을 멀리 내다보며 미래를 준비하는 것이 지혜로운 일이라고 말합니다. 그런데 성경은 이러한 일들이 '근심'이라고 말합니다. 산에 오르면 정상에 오르기 전까지는 나무밖에 보이지 않습니다. 하지만 정상에 오르면 숲도 보이고, 저 먼 곳에 있는 풍경까지 모두 한눈에 들어옵니다. 하지만 인생은 등산과는 다릅니다. 우리 인생에 정상이란 것은 없습니다. 정상에 오른 것처럼 보이지만, 그 앞에는 더 큰 산이 가로막고 있는 것이 인생입니다. 우리의 미래는 우리의 것이 아닙니다. 바로 한 치 앞의 인생도 알 수 없는 것이 인간입니다.

사람들은 자신의 미래를 예측하려고 합니다. 더 높이, 더 멀리 내다보려고 안간힘을 씁니다. 이렇게 멀리 내다보려고 하면 할수록 오히려 근심거리는 많아집니다. 앞으로 미래가 어떻게 될지, 진로와 장래에 대한 고민이 많아집니다. 그래서 세상 사람들과는 달리 그리스도인은 인간의 한계를 인정하고 하나님에게 모든 것을 맡긴 채 겸손하게 그분만을 의지해야 합니다. 스스로 해결할 수 없는 염려거리까지 멀리 내다보는 것이 아니라, 나와 지금도 함께하고 계시는 하나님만을 붙들어야 합니다.

마태복음 6장 34절은 "그러므로 내일 일을 위하여 염려하지 말라 내일 일은 내일이 염려할 것이요 한 날의 괴로움은 그 날로 족하니라"고 말씀합니다. 우리는 내일 일을 알 수 없는 연약한 존재입니다. 우리가 하는 근심과 염려 중 대부분은 우리가 어찌할 수 없는 것들입니다. 그러나 우리가 확실하게 아는 것은, 내일의 수많은 걱정거리가 있어도 그것을 하나님에게 맡기면 오늘을 감사하며 지낼 수 있다는 것입니다. 근심과 염려를 하나님에게 맡기면 걱정이 사라집니다. 삶에 감사와 기쁨이 넘칩니다.

복음성가 〈내일 일은 난 몰라요〉의 원제는 〈I Know Who Holds Tomorrow〉입니다. 바로 내일 일은 주님이 붙들고 계신다는 뜻입니다. 우리는 미래를 알 수 없음에도 자신이 하나님인 것처럼 장래 일들을 계획하고 판단하는 경우가 많습니다. 그러나 아무리 미래에 대한 구체적인 계획을 세워 놓아도 하나님이 오늘 밤 부르시면 가야 하는 것이 우리 인생입니다. 반대로 말하면, 삶에 엄청난 문제와 염려거리가 있어도 하나님에게 맡긴다면 모든 것이 해결되는 것입니다.

'아무것도' 염려하지 말라

본문 22절에서 예수님은 "너희 목숨을 위하여 무엇을 먹을까 몸을 위하여 무엇을 입을까 염려하지 말라"라고 말씀하십니다. 이는 단순하게 먹을 것과 입을 것을 걱정하지 말라는 것이 아닙니다. 이것은 유대인들의 문학적인 표현으로, 의식주만을 뜻하는 것이 아닌 삶 전체를 빗대어 표현한 것입니다. 즉, 먹을 것과 입을 것을 염려하지 말라는 것은 모든 것들에 대해 염려하지 말라는 말씀입니다. 마태복음 6장 32절은 "이는 다 이방인들이 구하는 것이라 너희 하늘 아버지께서 이 모든 것이 너희에게 있어야 할 줄을 아시느니라"라고 말씀합니다. 이 말씀은, 우리가 이 땅에서 먹을 것과 입을 것을 걱정하는 것은 마치 이방인과 같다는 것입니다. 즉, 그리스도인이라면 세상적인 문제에 대해 전혀 염려하지 말라는 말씀입니다.

그러면서 예수님은 재미있는 예시를 말씀하십니다. "너희 중에 누가 염려함으로 그 키를 한 자라도 더할 수 있느냐"(눅 12:25). 쉽게 말해, 키 작은 사람이 자신의 키 때문에 아무리 염려를 한다고 해도 1센티미터도 자라게 할 수 없다는 것입니다. 이렇게 작은 일도 하지 못하면서 인간이 무엇이 그렇게 대단하기에 염려와 걱정거리를 머리에 이고 살아가느냐는 것입니다. 얼 나이팅게일(Earl Nightingale)은 "우리가 가지고 있는 염려의 92퍼센트는 실제 일어나지 않는 일에 대한 염려다. 진정 관심을 가져야 하는 염려는 오직 8퍼센트뿐이었다. 우리는 전혀 쓸모없는 92퍼센트의 염려 때문에 오늘을 허비하며 살고 있다"고 말했습니다. 이 말처럼 오늘날 많은 사람이 자신을 그리스도인이라고 여기면서도 자신의 미래를 붙들고 계시는 주님을 의지하기보다는 염려함으로 삶을 허비하고 있습니다. 이러한 사람들을 향해 주님은 이렇게 말씀하십니다. "그러므로 내일 일을 위하여 염려하지 말라 내일 일은 내일이 염려할 것이요 한 날의 괴로움은 그날로 족하니라"(마 6:34).

윌리엄 오슬러(William Osler)는 '매일의 칸막이'라는 글에서 "칸막이를 하고 사는 지혜가 그리스도인들에게는 필요하다"라고 말합니다. 예를 들어, 우리의 삶에 어제와 오늘 그리고 내일이라는 방이 있다고 가정하고 각 방 사이에 칸막이가 있다고 생각해 봅시다. 그런데 많은 사람은 어제와 오늘, 오늘과 내일 사이에 칸막이를 막지 않고 열어 놓은 채로 살아간다는 것입니다. 이런 사람들은 지나온 과거가 오늘에 영향을 미치고, 아직 오지 않은 내일이 오늘에 영향을 주고 있습니다. 즉, 과거의 상처와 아픔이 오늘까지 이어지고, 아직 하지 않아도 될 내일에 대한 걱정을 오늘 하고 있다는 것입니다. 그러면서 오슬러는 이렇게 강조합니다. "그리스도인에게 과거와 미래는 자신의 몫이 아니다. 내 것이 아닌 것을 가지고 걱정하는 것은 잘못된 삶이다. 우리는 어제와 내일에 칸막이를 단단히 막고, 완전한 오늘을 감사하며 누리는 습관을 들여야 한다." 결국 염려는 감사를 놓치는 일입니다.

오늘날 사람들은 너무 많은 것을 누리며 살아갑니다. 그래서 오히려 감사하지 못합니다. 더 멀리, 더 높이 내다봄으로 더 많은 것을 누리려 합니다. 그 결과 과거의 후회, 미래의 염려까지 오늘로 끌어들임으로써 걱정과 근심 속에 살아가고 있는 것입니다. 오스왈드 챔버스(Oswald Chambers)는 "염려하는 것은 하나님의 돌보심에 대한 신뢰의 결함을 드러내는 것이며, 하나님에 대한 무의식적인 모욕이다"라고 말합니다. 즉, 그리스도인들이 염려하면서 산다는 자체가 하나님을 모욕하는 행동이라는 것입니다. 본문 28절은 "오늘 있다가 내일 아궁이에 던져지는 들풀도 하나님이 이렇게 입히시거든 하물며 너희일까 보냐 믿음이 작은 자들아"라고 말씀합니다. 하나님이 해 주실 것을 믿지 못하고 염려하는 것은 믿음이 작은 자들이 하는 행동이라는 것입니다.

계속해서 주님은 하나님이 책임져 주시는 세 가지 예를 말씀해 주십니다. 첫 번째는 '까마귀'입니다. 본문의 까마귀는 헬라어로 '코라카스'라고 불리는 까마귀 과(科)의 새입니다. 현재의 중동 지역에서는 잘 보이지 않지만, 과거에는 중동 지역의 골짜기 인근에서 찾아볼 수 있는 새였습니다. 그 이유는, 당시 죄인들이 사형을 당하면 시신을 매장하거나 굴에 장사하지 않고 골짜기에 버렸는데, 그러면 까마귀들이 시체를 쪼아 먹기 위해 주변으로 몰려들었기 때문입니다. 그래서 레위기 11장과 신명기 14장은 부정한 새 중에 하나로 까마귀 종류의 새를 말씀하고 있습니다.

이렇게 보면 이스라엘 사람들에게 까마귀는 부정적인 의미의 새입니다. 그런데 신약성경 전체에서 까마귀라는 언급은 본문에 단 한 번 등장합니다. 같은 말씀을 기록하고 있는 마태복음 6장 26절에서는 까마귀를 '공중의 새'라고 표현했습니다. 예수님이 본문에서 까마귀를 특정해서 말씀하신 까닭은, '너희가 가장 부정하다고 여기는 까마귀와 같은 새조차도 하나님이 기르시는데, 하물며 너희를 하나님이 책임지시지 않겠느냐'는 뜻인 것입니다.

두 번째는 '백합화'입니다. 본문의 백합화는 정확히 말하면 '아네모네'(Anemone)라는 꽃입니다. 한글로 백합화라고 번역되어 있어 그저 하얀 꽃이라고 생각하기 쉽지만, 붉은색과 보라색의 아주 화려한 꽃입니다. 특별히 보라색과 붉은색은 과거에 왕을 상징하는 색이었습니다. 때문에 인류 역사상 가장 부귀영화를 누린 솔로몬이 입은 옷과 영광보다도 '아네모네' 꽃 한 송이의 색이 더 화려하다는 것입니다. 그리고 이 꽃을 바로 하나님이 입히셨다고 말씀합니다.

세 번째는 '들풀'입니다. 이스라엘 땅에서 자라나는 들풀은 땅이 척박하고 뜨거운 바람이 불어오기 때문에 곧 시들어 죽고 맙니다. 그래서 이스라엘 사람들은 땔감으로 귀한 나무보다는 시들어 죽은 들풀들을 모아서 사용했습니다. 이처럼 들풀은 가장 하찮은 존재를 비유적으로 이야기할 때 쓰는 표현입니다. 그러므로 들풀도 하나님이 입히신다는 것은, 너희가 가장 하찮다고 여기는 것조차도 하나님이 책임지고 계신다는 뜻입니다.

예수님은 이 세 가지를 예로 들며 '하물며 너희일까 보냐'라고 말씀하십니다. 여기서 '하물며'라는 단어는 헬라어 '포소 말론'을 번역한 것인데, '포소'는 '얼마나' 그리고 '말론'은 '더'라는 뜻입니다. 따라서 '하물며'로 번역되어 있지만 원문의 뜻은 '얼마나 더'라는 의미입니다. 즉, 예수님이 말씀하신 본문의 내용을 요약하면 이렇습니다. '너희가 부정하게 생각하는 까마귀도 하나님이 먹이시고, 백합화도, 심지어 하찮게 보이는 들풀도 하나님이 입히시는데, 하나님이 너희를 얼마나 더 귀하게 여기며 책임지시겠느냐.' 하나님이 반드시 책임지실 테니 염려하지 말라는 말씀입니다.

이처럼 우리의 모든 염려는 우리의 몫이 아닙니다. 우리가 해결할 수 있는 것도 아닙니다. 모두 주님에게 맡겨야 합니다. 본문 30절은 "너희 아버지께서는 이런 것이 너희에게 있어야 할 것을 아시느니라"라고 말씀합니다. 이것이 우리의 소망입니다. 우리의 고난도, 아픔도, 상처도, 문제도, 염려도 하나님이 알고 책임지심을 믿는 것이 신앙입니다. 마태복음 6장 33절의 "그런즉 너희는 먼저 그의 나라와 그의 의를 구하라 그리하면 이 모든 것을 너희에게 더하시리라"라는 말씀처럼, 우리가 염려거리들을 하나님에게 맡기면 하나님을 온전히 신뢰하게 되고, 하나님이 원하시는 기도의 삶을 살 수 있게 됩니다.

'낚시 기도'라는 표현이 있습니다. 그리스도인들이 하나님에게 낚시 기도를 하고 있다는 것입니다. 사람들이 낚시를 할 때 미끼를 넣었다가 뺐다가 하는 것처럼 그리스도인들도 하나님에게 기도함으로 염려를 맡겼다가 도로 찾아오고, 맡겼다가 또다시 찾아오고 있다는 것입니다. 교회에 오면 세상의 무거운 근심과 염려를 맡기고 가야 하는데, 예배를 드리면서 잠시 맡겼다가 세상으로 돌아갈 때 근심과 염려를 다시 찾아가는 성도들이 많습니다. 베드로전서 5장 7절은 "너희 염려를 다 주께 맡기라 이는 그가 너희를 돌보심이라"라고 말씀합니다. '맡기다'라는 단어는 헬라어로 '에피리프산테스'라 하는데, 이는 '위로 던지다'라는 뜻입니다. 즉, 염려를 맡긴다는 것은 '염려를 위로 던져 버린다'는 것입니다. 우리는 이제까지 인생에 염려가 찾아올 때 해결하는 방향을 잘못 알고 있었습니다. 어떤 사람은 염려거리를 해결하기 위해 자기 자신에게 던집니다. 어떤 사람은 염려거리를 해결하려고 세상을 향해 던집니다. 그러나 그 결과는 또 다른 절망과 고난입니다. 염려거리를 해결하려면 위쪽으로, 하나님을 향해 던져야 합니다. 오직 하나님만이 우리의 문제를 해결하실 수 있기 때문입니다.

우리가 감당할 수 없다고 해서 하나님에게도 불가능한 것은 아닙니다. 우리는 이제 끝이고 절망이라고 생각하지만, 하나님 보시기에는 아무것도 아닌 일입니다. 천지만물을 말씀으로 창조하고 죽은 자도 살리시는 하나님의 능력이라면, 우리의 염려거리는 아무것도 아닙니다. 그래서 우리는 하나님에게 모든 염려를 맡길 수 있습니다.

미국의 유명 작가인 데일 카네기(Dale Carnegie)의 《카네기 행복론》(씨앗을뿌리는사람 역간)이라는 책이 있습니다. 이 책에서 저자는 스탠리 존스(E. Stanley Jones) 선교사에 대해 소개합니다. 스탠리 존스 선교사는 인도에서만 40년 동안 선교 사역을 감당한 분입니다. 그러다 보니 사람들은 그에게는 굉장한 믿음이 있어서 인도를 변화시키는 일에 쓰임 받았다고 생각합니다. 하지만 그렇지 않았습니다. 그는 처음 인도에 도착했을 때 염려와 걱정으로 8년 동안을 고통 속에서 보냈습니다. 극심한 피로와 신경쇠약으로 건강에도 이상이 생겼습니다. 설교하거나 사역하면서 조금만 스트레스를 받으면 졸도해 버리는 것이었습니다. 미국으로 안식년을 가 봐도, 요양을 해 봐도 소용없었습니다. 여전히 건강이 좋지 않았습니다. 미래가 불안하고, 우울한 나날이 계속되었습니다.

그러던 중 한 집회에 참석했는데, 주제 말씀이 '염려하지 말라'는 것이었습니다. 스탠리 존스는 이 말씀을 듣고 회복되었습니다. 집회를 마치고 하나님 앞에 간절히 부르짖을 때 하나님이 물으셨습니다. '내가 준 사명에 순종할 뜻이 있느냐?' 그때 그는 이렇게 대답했습니다. '하나님, 저는 틀렸습니다. 아무런 소망이 없습니다. 어찌할 바를 알지 못하겠습니다.' 그러자 하나님이 이렇게 말씀하셨습니다. '만일 네가 나에게 모든 염려를 맡긴다면, 나는 너를 지켜 줄 것이다.' 이러한 하나님의 약속을 받은 후, 그때부터 온몸에 평화가 충만하고 기쁨이 넘치게 되었습니다.

먼저 그의 나라를 구하라

본문에서 예수님은 '염려하지 말라'는 것에서 더 나아가 '그의 나라를 구하라'고 말씀하십니다. 이 말씀은 염려와 근심 및 세상의 모든 일들을 그만두고 오직 하나님의 일만 하라는 뜻이 아닙니다. '우선순위를 두고 살라'는 말씀입니다. 그리스도인들이 추구하는 우선순위를 하나님에게 두고 살아간다면, 더는 염려할 필요가 없다는 것입니다. 건강에 집착하고 자녀에게 우선순위를 두면 염려가 끊이지 않습니다. 우리는 염려거리가 생겼을 때, 과연 지금 하는 염려가 본질적인 것인지를 고민해 봐야 합니다. 헛된 염려에 빠져들기보다는 하나님에게 맡기고 오히려 용기 내어 믿음으로 하나님 나라를 향해 달려가야 합니다. 염려하기보다는 하나님 나라의 가치 있는 일에 우리를 드리는 것이 예수님의 뜻입니다.

시편 37편은 "여호와를 의뢰하고 선을 행하라 … 여호와를 기뻐하라 그가 네 마음의 소원을 네게 이루어 주시리로다 … 네 길을 여호와께 맡기라"(시 37:3-5)라고 말씀합니다. 지금의 염려에 매몰돼 절망하지 말고, 믿음의 발걸음으로 하나님이 행하실 놀라운 계획을 바라보며 나아가라는 희망의 메시지인 것입니다. 예수님이 말씀하신 '염려하지 말라, 근심하지 말라'의 핵심은 '하나님에게 맡기라'는 것입니다.

전 국가대표 축구 선수인 이영표가 쓴 《생각이 내가 된다》(두란노)라는 책이 있습니다. 축구 선수 생활을 은퇴하고 37세의 나이로 인생의 전반전을 마친 그에게도 여러 가지 염려거리가 있었습니다. 하지만 그는 신앙인으로서 '하나님이 나에게 주신 사명이 무엇일까'를 깊이 고민했다고 합니다. 이 책에 보면 이런 구절이 있습니다. "하나님께서 주신 나의 사명은 누군가의 아들로서, 세 딸의 아빠로서, 한 아내의 남편으로서, 누군가의 친구와 이웃으로서, 축구 선수 이영표로서, 그리스도인 이영표로서 오늘 허락된 이 하루의 삶에 최선을 다하는 것이다."

이처럼 염려거리가 있어도, 과거와 현재와 미래의 염려를 모두 하나님에게 맡기고 그리스도인으로서 하나님 앞에 오늘을 최선을 다해 사는 것이 하나님 나라와 그분의 의를 구하는 것입니다.

15

무모함을 쓸모 있게 하는
'확신의 질문'

"너희 마음에
　　무슨 생각을 하느냐"

눅 5:17-26

누가복음 5장에는 자기를 희생해서 친구를 살리고자 한 '네 친구'의 우정이 기록되어 있습니다. 이들은 병에 걸린 친구를 위해 자신을 희생했습니다. 무모하게 보일 정도의 믿음으로 친구를 주님 앞에 데리고 나왔습니다. 그들의 믿음으로 한 친구는 새로운 삶을 살아갈 수 있게 되었습니다. 우리는 본문에서 벗에게 새 생명을 주기 위해 희생한 친구들의 아름다운 사랑을 살펴볼 수 있습니다.

　본문은 이스라엘 갈릴리 호수의 북쪽에 위치한 가버나움, 현재의 이름으로는 '카페르나움'(Capernaum)에서 있었던 일입니다. 마태복음 4장 13절을 보면, 가버나움은 예수님이 나사렛 다음으로 살아가신 두 번째 고향입니다. 현재도 가버나움은 갈릴리 지역의 모든 도시 중에 가장 크고 번화한 곳입니다. 이 지역이 번화한 이유는 교통의 요충지이기 때문입니다. 이스라엘에는 '비아 마리스'(via maris)라는 해변 길이 있습니다. 이 길은 이집트에서부터 지중해 해안을 따라 이스라엘 내륙으로 들어오는 길입니다. 그리고 세겜을 거쳐 가버나움을 지나 시리아의 수도인 다메섹까지 이어집니다. 이 길은 그 당시 국제 교역로로 사용되었으며, 따라서 가버나움 또한 무역 도시로 발달하게 되었습니다. 특히 가버나움에는 많은 유대인이 살고 있었는데, 지금도 300여 명이 들어갈 수 있는 거대한 회당 터 유적이 남아 있습니다. 이 회당 가까이에는 베드로의 집터도 있습니다. 그래서 예수님이 복음을 전하러 다니다가 가버나움에 들를 때면 베드로의 집에서 머물기도 하셨던 것 같습니다. 그곳에서 기도하며, 회당에서 말씀도 증거하셨습니다.

바로 이 가버나움에서 본문의 사건이 일어납니다. 본문의 사건은 마태복음, 마가복음, 누가복음에 모두 기록되어 있습니다. 특히 마가복음 2장은 "후에 예수께서 다시 가버나움에 들어가시니 집에 계시다는 소문이 들린지라"(막 2:1)라고 말씀합니다. 즉, 예수님이 다시 가버나움으로 돌아오신 이유가 있다는 것입니다. 성경학자들은 이때 예수님이 계신 집을 베드로의 집이라고 추측하기도 합니다.

예수님이 오셨다는 소문이 들리자 많은 사람이 몰려듭니다. 이미 예수님이 기적을 행하신다는 것과 메시아로 오신 분이라는 소문이 많이 퍼져 있었습니다. 안 그래도 큰 도시인 가버나움에서 죽은 자도 살리고 병자도 고치신다는 소문을 들은 사람들이 몰려 인산인해를 이룬 것입니다. 사람들이 가득해서 문 앞까지도 들어설 자리가 없습니다. 그런데 본문 18절은 "한 중풍 병자를 사람들이 침상에 메고 와서 예수 앞에 들여놓고자 하였으나"라고 말씀합니다. 예수님 시대에 '중풍'은 불치병으로 여겨졌습니다. 더욱이 병의 원인이 그 사람의 죄 때문이라는 인식이 있었습니다. 그래서 사람들은 중풍 병자를 죄인으로 여겨 접촉도 하지 않고 업신여기며 비난했습니다. 그런데 본문에 나오는 중풍 병자는 상태가 조금 더 심각합니다. 전혀 거동할 수 없어서 침상에 메인 채로 예수님에게 나올 정도입니다. 쉽지 않은 일입니다. 사람이 많은 것도 문제지만, 사람들이 꺼리는 중풍 병자가 사람들 앞에 나선다는 것 자체가 어려운 일입니다.

이런 어려움 속에서 중풍 병자와 친구들은 예수님을 만나고자 합니다. 예수님만이 중풍병을 치유하실 수 있다는 믿음이 있었기 때문입니다. 하지만 예수님을 만나기까지는 장애물이 너무나 많습니다. 문밖까지 사람들이 가득합니다. 중풍 병자와의 신체 접촉을 금기시하는 사람들을 뚫고 지나갈 수도 없습니다. 그래서 친구들은 한 가지 아이디어를 냅니다. 집 바깥 계단을 통해 지붕으로 올라간 뒤, 지붕을 뜯고 집 안으로 중풍 병자의 침상을 줄로 매달아 예수님 앞으로 내리기로 한 것입니다. 이때 예수님이 그들의 믿음을 보고 "이 사람아 네 죄 사함을 받았느니라"(눅 5:20)라고 말씀하십니다. 그러면서 "내가 네게 이르노니 일어나 네 침상을 가지고 집으로 가라"(눅 5:24)고 선포하십니다. 중풍 병자의 병이 치유되고, 그의 삶이 새롭게 변화되었습니다.

예수님이 가버나움의 중풍 병자를 치유하신 사건은 2천 년 전에 있었던 옛날이야기로 끝나지 않습니다. 성경의 모든 사건은 1차적으로는 역사적인 사실로 봐야 하고, 2차적으로는 그 사건이 오늘을 살아가는 우리에게 어떤 의미가 있는지를 살펴봐야 합니다.

은혜는 믿음으로부터 출발한다

═══

우리에게는 '예수님을 어떻게 믿고 받아들이느냐'가 모든 신앙생활의 출발점입니다. 나사렛 예수 그리스도를 어떤 분으로 믿느냐에 따라 제자와 무리가 나누어집니다. 예수님을 나의 구세주로 믿는 것이 기적의 출발점이고, 은혜의 시작입니다.

본문 17절에는 예수님이 말씀을 가르치실 때 함께 있던 사람들이 기록되어 있습니다. 한 무리는 '바리새인'들이고, 또 다른 무리는 '율법 교사'들이었습니다. 역사적으로 바리새인들은 바벨론의 포로가 되었던 이스라엘 백성이 고향 땅으로 돌아왔을 때부터 분파가 만들어지기 시작했습니다. 당시 우상 숭배를 하지 않고 끝까지 신앙을 지키며 살았던 유대인들이 모여서 바리새인이 되었습니다. '바리새인'은 그 뜻이 '분리하다'입니다. '나는 너희와 다르게 신앙의 정조를 지킨 구별된 사람이다'라는 뜻으로 '바리새인'이라고 일컬어지게 된 것입니다. 바리새인들은 원래는 신앙의 지조가 있었던 사람들입니다. 하지만 세월이 흐르면서 그들의 신앙이 변질되기 시작했습니다. 선조들이 가졌던 신앙의 모습보다는 특권의식에 젖어든 것입니다. 바리새인들은 당시 정치, 경제, 사회, 문화 등 각 분야에 걸쳐서 권력을 행사하던 사람들입니다. 그들은 사법권까지 갖고 있었던 최고의 실력자들입니다. 1세기 유대인 출신의 역사가인 요세푸스(Flavius Josephus)의 《유대 고대사》에 보면, 당시 6천 명 정도의 바리새인들이 있었다고 합니다.

하지만 바리새인들에 대한 예수님의 평가는 굉장히 혹독합니다.

예수님은 바리새인들을 향해 "뱀들아 독사의 새끼들아 너희가 어떻게 지옥의 판결을 피하겠느냐"(마 23:33)라고 책망하십니다. 또한 그들은 "회칠한 무덤 같으니 겉으로는 아름답게 보이나 그 안에는 죽은 사람의 뼈와 모든 더러운 것이 가득하도다"(마 23:27)라고 말씀하십니다. 즉, 겉으로 보이는 것과는 달리 바리새인들 속에는 더러운 죄악과 믿음 없는 종교인의 모습이 가득하다는 것입니다. 바리새인들은 하나님에 대한 믿음도 없을 뿐만 아니라, 이 땅에 오신 예수님이 메시아임을 전혀 깨닫지 못하고 있는 것입니다.

'율법 교사'들은 성경에 나오는 '서기관'들입니다. 이들은 성경을 필사하는 사람입니다. 율법이 어떤 뜻인지 해석하며 삶에 적용하는 역할을 했습니다. 이들도 역시 지도층에 속해 있었습니다. 하지만 율법 교사들은 4천 년 동안이나 성경을 연구했음에도 예수님을 믿지 않았습니다. 구약성경에 예언된 그대로 이 땅에 오신 예수님을 거부했습니다. 즉, 바리새인과 율법 교사들은 예수님을 하나님의 아들로 인정하지 않는 종교인들이었습니다.

본문 17절에서 바리새인과 율법 교사들은 앉아 있습니다. 사람들이 가득 차 있었지만, 권력이 있고 지도층이었기에 집 안에서 예수님 바로 앞에 앉아 있는 것입니다. 이들은 예수님이 가르치실 때 가장 가까이에 있었기 때문에 가장 큰 은혜를 누리고 예수님을 가장 먼저 영접할 수 있었습니다. 하지만 그들의 생각은 달랐습니다. 예수님의 말씀을 순수한 마음으로 듣지 않았습니다. 예수님의 가르침을 자신에게 주신 말씀으로 받고 '아멘' 하며 예수님을 바라보는 것이 아니라, 예수님의 잘못을 지적하기 위해 비판의 눈을 가지고 그 자리에 있는 것입니다.

예수님이 중풍 병자를 말씀으로 치유하실 때도 그들은 꼬투리를 잡습니다. "서기관과 바리새인들이 생각하여 이르되 이 신성 모독하는 자가 누구냐 오직 하나님 외에 누가 능히 죄를 사하겠느냐"(눅 5:21). 그들은 예수님이 중풍 병자의 믿음을 보고 죄 사함을 선포하시자 즉시 꼬투리를 잡을 생각이 들었습니다. 더 나아가, 예수님이 중풍 병자를 일으키고 기적을 보여 주셔도 그분을 믿지 않습니다. 수많은 사람이 하나님에게 영광을 돌리며 예수님을 메시아로 고백했지만, 그들은 가장 가까이서 지켜봤음에도 예수님을 영접하지 않습니다.

이처럼 우리는 자신의 신앙 연륜이나 직분을 자랑할 필요가 없습니다. 아무리 신앙생활을 오래했어도 그저 몸만 교회에 왔다 갔다 한 사람은 종교인과 다를 바 없습니다. 하지만 오늘 예수님을 영접해도 예수 그리스도를 마음으로 믿고 입으로 시인하며 하나님의 뜻을 두려워해 믿음대로 산다면, 이 사람은 참된 그리스도인의 삶을 살아가는 것입니다. 본문에 나오는 중풍 병자의 친구들은 바리새인처럼 신앙의 뼈대가 있지 않습니다. 율법 교사들처럼 성경에 박식하지도 않습니다. 그러나 그들에게는 탁월한 믿음이 있었습니다. 무모하게 보일 정도로 주님에 대한 확고한 믿음이 있었습니다. 예수님만을 죄 사함을 주실 수 있는 분, 죽은 자를 살리고 불치병을 고치실 수 있는 능력 있는 분으로 믿었던 것입니다.

케빈 하니 목사는 《무모한 믿음》이라는 책에서 "하나님께서는 우리를 무모한 믿음으로 초대하신다"고 말하고 있습니다. 즉, 예수를 믿는다는 것은 지금까지 길들여진 세상의 삶이 모험의 삶으로 바뀌는 것이라는 이야기입니다. 세상은 우리를 더 안락하고 풍요롭고 나약하게 길들이고 있습니다. 그러나 예수님은 세상 속에 안주하려는 우리에게 손을 내미십니다. 그리고 장대하게 펼쳐지는 무모한 믿음의 삶으로 우리를 데려가십니다. 무모한 믿음의 삶은 나의 경험과 논리를 내려놓는 삶입니다. 인간적으로는 도저히 불가능한 일들이 현실이 되는 삶입니다. 하지만 '무책임'과 '무모함'은 다릅니다. 예를 들어, '될 대로 되라'는 것은 무책임한 삶입니다. 그러나 무모함은 다른 사람들이 보기에는 터무니없어 보여도, 자신의 마음속에 믿음이 있기에 용기로 나타나는 모습입니다. 결국 무모한 믿음이란, 내 능력으로 되는 것이 아닙니다. 내가 용기가 있어서 나타나는 것도 아닙니다. 주님에 대한 확실한 믿음이 있으므로 가능한 무모함입니다.

케빈 하니 목사는 책에서 자신의 아들 이야기를 소개합니다. 하루는 셋째 아들이 2층에 있는 자기 방에서 마당에 있는 수영장으로 '다이빙'을 하면 어떻겠냐고 물었다고 합니다. 이 이야기를 들은 케빈 하니 목사는 '머리부터 떨어지면 안 된다, 잘못하다가 돌에 부딪치면 다칠 수 있다, 1층 지붕에 떨어지면 큰일 난다' 등 여러 문제와 위험을 말해 주었습니다. 그러다가 갑자기 그는 이것이 믿음의 문제라는 생각을 합니다. 그래서 아들에게 위험스러운 환경에 대해서 철저히 교육한 뒤 마지막 결론으로 '뛰어내려 보라'고 허락합니다. 아들은 신이 나서 한 시간 동안이나 자기 방에서 수영장으로 다이빙을 계속합니다. 그는 이 경험을 토대로, 무책임은 생각 없이 일단 뛰어내리는 것이지만, 무모함은 여러 가지 위험과 조건과 환경에도 불구하고 믿음으로 뛰어내리는 것이라는 결론을 내립니다. 본문 20절은 "예수께서 그들의 믿음을 보시고"라고 말씀합니다. 장애물이 많습니다. 위험할 수도 있습니다. 그러나 어떻게든 예수님에게로 가면 문제가 해결된다는 믿음으로 용기를 냅니다. 이것은 예수님에 대한 확실한 믿음이 없이는 불가능한 행동입니다.

케빈 하니는 그의 책에서 자신이 인도네시아의 한 신학교 졸업식에 참석한 이야기도 소개하고 있습니다. 인도네시아는 이슬람 국가입니다. 그래서 예수를 믿고 신학교에 간다는 것은 대단한 일입니다. 그런데 신학교를 졸업하는 것은 더 어렵습니다. '이슬람 공동체 마을에 들어가서 30명 이상에게 복음을 전하고 교회를 개척'해야 졸업을 할 수 있습니다. 졸업식에 참석한 졸업생 중 '레이딘'이라는 학생이 이런 간증을 합니다. "저는 예수 믿기 전 유명한 깡패였습니다. 하지만 지금은 완전히 변화되었습니다. 어느 마을에 전도하러 가니 마을 사람들이 저에게 폭력을 행사했습니다. 주술사들은 예수님을 욕하고 저주했습니다. 예전 같으면 주먹질 한방에 모든 것을 해결할 수 있었습니다. 하지만 저는 손가락 하나도 대지 않았습니다. 그보다는 하나님께서 나를 대신해서 싸우실 것이라고 말했습니다. 그때 한 주술사가 갑자기 숨을 멈추었습니다. 그러더니 숨이 막힌 채 죽고 말았습니다. 저를 때리고 욕하러 모인 모든 마을 사람들이 그 광경을 목격했습니다. 이 사건을 통하여 마을 사람들 모두가 예수님을 영접하게 되었습니다." 케빈 하니는 이 간증을 소개하면서 우리가 어떤 예수를 믿느냐가 굉장히 중요하다고 말합니다.

본문에 나오는 친구들이 난관을 뚫고 예수님 앞에 자신들의 친구인 중풍 병자를 데리고 갈 수 있었던 이유는, 예수님이 누구신지에 대한 확실한 믿음이 있었기 때문입니다. 세상의 논리와 자신의 경험으로는 도저히 이해할 수 없을지라도 예수님을 어떻게 받아들이는지에 따라 인생이 변화되는 것입니다. 케빈 하니는 계속해서 이렇게 말합니다. "레이딘의 간증은 2천 년 전 그리스도인들이 예수님의 이름을 선포할 때마다 일어났던 사건을 상기시켜 준다. 눈먼 이들이 보았고, 다리 절던 이들이 멀쩡하게 걸었으며, 죽었던 이들이 벌떡 일어났다. 예수님의 이름에는 악한 영을 내쫓고, 하나님을 향한 마음을 더할 나위 없이 굳세게 다져 주는 능력이 있다. 그로부터 2천 년이라는 세월이 흐른 지금도 주님의 이름에 담긴 권세는 여전히 막강하다. 오늘날 우리 눈에 예수님이 보이지 않더라도, 주님의 그 권세와 능력은 여전히 막강하다. 중요한 것은 그 권능을 신뢰하느냐, 그렇지 않느냐에 달려 있다. 문제는 오늘날을 살아가는 우리들이 중요한 고비마다 주님 대신 자신의 능력을 신뢰해야만 할 것 같은 유혹을 받는다는 것이다. 그러므로 오직 하나님만이 주실 수 있는 능력을 전폭적으로 의지하며 전심으로 갈구하는 마음가짐이야말로 오늘을 사는 그리스도인들이 당면한 커다란 도전이 아닐 수 없다."

장애물을 뛰어넘는 확고한 믿음

믿음의 발걸음에는 언제나 장애물이 있습니다. 인생은 마치 장애물 달리기 경주와 같습니다. 장애물 달리기는 선수가 마음껏 뛸 수 없습니다. 속도를 내려고 하면 갑자기 장애물이 앞을 가로

막습니다. 장애물을 넘어서면 또 다른 장애물이 나타납니다. 이것이 인생입니다. 본문에 나오는 중풍 병자와 친구들 역시 수많은 장애물을 만났습니다. 사람이 가득합니다. 친구는 중풍에 걸려 거동하지도 못합니다. 사람들의 인식은 좋지 않습니다. 친구를 침상에 매단 채 지붕 위로 올라가는 것도 쉬운 일이 아닙니다.

당시 이스라엘 집에는 지붕으로 올라가는 계단이 반드시 있었습니다. 중동 지역은 굉장히 더워서 낮보다는 밤에, 집 안보다는 지붕 위에서 행해지는 활동이 많았기 때문입니다. 당시 지붕은 지금으로 말하면 거실의 개념입니다. 밤이 되면 시원한 지붕 위에서 대화도 나누고, 음식도 먹으며, 기도도 합니다. 마태복음 24장 17절의 "지붕 위에 있는 자는 집 안에 있는 물건을 가지러 내려가지 말며"라는 말씀은 지붕 위에서 기도하라는 것입니다. 따라서 지붕은 이스라엘 사람들에게 있어 중요한 생활 공간이었습니다.

지붕의 구조도 우리와는 다릅니다. 본문 19절은 "지붕에 올라가 기와를 벗기고"라고 기록되어 있습니다. 하지만 '기와'로 번역된 '케라몬'은 '흙벽돌'이라는 의미가 더 적합합니다. 당시 지붕은 진흙 벽돌로 덮고 그 위에 나뭇가지와 짚을 한 번 더 덮은 것입니다. 친구들이 지붕에 올라가서 나뭇가지와 짚을 들어내고, 흙벽돌을 침상을 달아 내릴 넓이만큼 벗겨내기가 쉽지 않습니다. 아마 집 안으로 흙과 먼지가 잔뜩 떨어졌을 것입니다. 주변 사람들은 난리가 났을 것입니다. 그럼에도 친구들은 무모할 정도로 예수님에게 나아갑니다. 모든 장애물을 헤쳐 나가며 상황과 환경에 구애받지 않았습니다. 어떻게 하든지 예수님을 찾아가면 친구가 회복될 수 있다는 것, 그 한 가지만 바라보며 앞으로 나아갔습니다.

믿음이란, 장애물을 극복하는 것입니다. 본문 20절은 "예수께서 그들의 믿음을 보시고 이르시되 이 사람아 네 죄 사함을 받았느니라" 라고 말씀합니다. 마가복음 2장 5절에도 "예수께서 그들의 믿음을 보시고 중풍병자에게 이르시되 작은 자야 네 죄 사함을 받았느니라" 라고 기록되어 있습니다. 여기서 '작은 자'는 헬라어로 '테크논'이라 하는데, 이 단어는 정말 친근한 사람을 따뜻하게 부를 때 쓰는 호칭입니다. 즉, 이 중풍 병자는 질병의 치유뿐 아니라 영혼 구원까지 받으며 하나님의 영광을 위해 쓰임 받는 삶을 살게 된 것입니다. 이것은 바로 예수님이 이 땅에 오신 하나님임을 보여 주는 사건입니다. 하지만 이 기적을 가장 가까이에서 지켜본 바리새인과 율법 교사들은 예수님을 영접하기는커녕, 오히려 예수님을 죽이려 합니다.

이처럼 믿음의 발걸음을 떼고자 할 때 많은 장애물이 있는 것은 당연한 일입니다. 우리 삶에 장애물이 많다면, 더 큰 은혜를 받기 위한 과정으로 받아들여야 합니다. 그리스도인은 좌절하거나 포기해서는 안 됩니다. 상황과 환경에 굴복하지 말아야 합니다. 인생을 살다 보면 장애물 하나를 넘었는데 또 다른 장애물이 나타날 때가 있습니다. 그럴지라도 하나님이 우리 삶에 계속되는 장애물을 주실 때는 더 큰 은혜를 주시기 위한 과정인 줄로 믿어야 합니다. 이것이 가버나움의 사건이 우리에게 주는 교훈입니다.

세계적인 작가이자 기독교 변증론자인 C. S. 루이스(Lewis)의 《나니아 연대기》라는 책이 있습니다. 이 책은 이미 영화로도 제작이 된 세계적인 베스트셀러입니다. 이 책을 통해 저자인 C. S. 루이스는 예수님의 십자가와 대속의 죽으심 그리고 영생과 구원의 길과 같은 주제를 쉽게 풀어서 설명하고 있습니다.

이 책의 '말과 소년' 편에는 '샤스타'라는 소년이 등장합니다. 샤스타는 무덤도 지나가야 하고, 힘든 계곡도 건너야 하고, 건조한 사막도 거쳐 가야 합니다. 끝까지 장애물이 있습니다. 한 번도 쉽게 지나가는 일이 없습니다. 하지만 생명의 위협을 받을 때마다 어떤 계기로 인해서 보호를 받고 그 고비를 넘깁니다.

모든 장애물을 뛰어넘은 샤스타는 드디어 안전한 곳에 도착합니다. 나지막한 산을 올라가는데, 그제야 갑자기 느껴지는 것이 있습니다. 바로 자기 곁에서 누군가가 계속 따라오는 것을 깨달은 것입니다. 샤스타는 옆을 향해서 '지금 내 옆에 누가 있냐'며 소리를 지릅니다. 아무 대답이 없지만, 확신하고 계속해서 '당신은 누구냐'며 묻습니다. 그러자 드디어 조용한 목소리가 들립니다. "네가 무덤에서 공포에 떨고 있을 때, 너를 위로했던 고양이가 바로 나였어. 네가 자는 동안 승냥이가 와서 너를 해치려고 할 때, 승냥이를 쫓아냈던 사자가 바로 나였어. 네가 늦지 않도록 론 왕국으로 가는 길을 인도한 것도 바로 나였어." 샤스타는 '도대체 당신의 이름이 무엇이냐'고 묻습니다. 이 질문에 그는 'I am that I am', 즉 '나는 나다'라고 대답합니다.

이 표현은 출애굽기 3장 14절에서 하나님이 모세에게 하신 "나는 스스로 있는 자이니라"라는 말씀입니다. 마태복음 14장 27절에서도 풍랑을 만난 제자들에게 예수님이 찾아오십니다. 물 위를 걷는 예수님을 보고 제자들은 유령이라며 무서워합니다. 그때 예수님은 "안심하라 나니 두려워하지 말라"고 말씀하십니다. 이때에도 예수님은 '나는 스스로 있는 자'라는 표현을 사용하십니다. 바로 예수님이 하나님이라는 말씀인 것입니다. C. S. 루이스는 이 이야기를 통해 주님은 어떠한 장애물과 고난 속에서도 우리와 함께하신다는 감격을 나누고자 했던 것입니다.

이처럼 예수님이 함께하신다면 장애물 때문에 좌절할 필요가 없습니다. 삶의 문제 때문에 절망할 필요가 없습니다. 우리의 구원자 되시는 예수님이 우리와 함께하시기 때문입니다.

이웃의 좋은 친구가 되라

본문의 네 친구는 중풍병에 걸려 고통과 절망 속에 있는 친구를 모든 방법을 동원해서 살리려 했습니다. 그들은 친구를 위해 희생했습니다. 친구를 위해 믿음의 결단을 내렸습니다. 이동원 목사의 《당신은 예수님의 VIP》(두란노)라는 책에 보면 "대가를 지불하지 않고는 위대한 일을 이룰 수 없습니다"라는 글귀가 있습니다. 즉, 사랑하는 이웃이나 친구의 구원을 진실로 소망한다면, 자신이 희생해서 값을 지불할 각오를 해야 한다는 말입니다. 요한복음 15장 13절도 "사람이 친구를 위하여 자기 목숨을 버리면 이보다 더 큰 사랑이 없나니"라고 말씀합니다.

오늘날 그리스도인의 문제가 이것입니다. 많은 이들이 말로만 사랑하고 실제로는 희생하려 하지 않습니다. 이러한 모습이 하나님의 영광을 가리고 있습니다. 혹시라도 하나님의 기적의 손길들을 우리가 막고 있지는 않은지 돌아봐야 합니다. 그리스도인은 주변의 힘들고 어려운 이들과 함께하는 눈과 행동이 필요합니다. 성도들은 세상 사람들과 똑같은 눈으로 사람들을 바라봐서는 안 됩니다.

남아프리카공화국에는 '줄루족'이라는 부속이 있습니다. 독특하게도 그들의 인사말은 '당신을 보고 있습니다'입니다. 서로 만날 때마다 '당신을 보고 있습니다'라는 인사말을 건네는 것입니다. 이것은 내 이웃인 당신이 힘들어하는 점은 없는지, 아픈 곳은 없는지, 내 도움이 필요하지는 않는지 계속해서 관심을 가지고 있다는 의미입니다. 무엇보다도 이웃과 친구가 되는 가장 좋은 방법은, 그들을 예수님에게로 데리고 오는 것입니다. 왜냐하면 예수님만이 해결책이시기 때문입니다. 인생에서 우리가 줄 수 있는 도움은 한계가 있습니다. 본문의 중풍 병자의 친구들도 자신들이 아무리 노력하고 희생해도 예수님을 만나지 못하면 아무 소용없는 일입니다. 그러나 주님 앞에 나온다면, 말씀 한마디로 병을 치유 받고 죄 사함과 구원의 은총을 누리게 되는 것입니다.

'백문일답'(百問—答)이라는 말이 있습니다. '백 가지 질문에 대한 답이 오직 한 가지'라는 뜻입니다. 수도원에서 수십 년간 묵상하며 진리를 깨우친 수도사가 세상에 나오자 많은 사람이 질문을 던졌습니다. 첫 번째 사람이 물었습니다. "우리가 알아야 할 가장 중요한 진리가 무엇입니까?" 그러자 수도사는 '예수 그리스도'라고 대답했습니다. 또 다른 사람이 물었습니다. "인생을 어떻게 살아야 행복합니까?" 역시 수도사는 '예수 그리스도'라고 대답했습니다. '염려에서 해방되는 비결', '사업에서 성공하는 비결', '문제와 장애물을 뛰어넘는 비결' 등 여러 질문을 했지만, 수도사의 대답은 오직 '예수 그리스도'였습니다. 마찬가지로 우리 삶에 일어나는 모든 문제의 해답 또한 예수 그리스도이십니다. 예수님을 해답으로 믿는 사람은 이제 삶에 두려움이 없습니다. 걱정과 근심이 사라집니다.

우리는 먼저 주님에 대한 자신의 믿음을 점검해야 합니다. 그리고 포기하지 말아야 합니다. 예수님이 함께하심을 깨닫고 믿음으로 장애물을 넘어서야 합니다. 더 나아가, 우리는 주변의 고통 받고 힘들어하는 사람들에게 좋은 친구가 되어 주어야 합니다.

16

성숙한 믿음을 이루는
'긍휼의 질문'

"누가 강도 만난 자의
이웃이 되겠느냐"

눅 10:30-37

'님비(NIMBY) 현상'이라는 용어가 있습니다. 이것은 'Not In My Back Yard'의 앞 글자를 따서 만든 단어로 '내 뒷마당에는 절대 안 돼'라는 뜻입니다. 주로 어떤 시설이나 정책이 공공의 이익을 위해서는 꼭 필요하지만 자신에게는 불이익을 가져다줄 때 그것을 반대하는 행동을 일컫습니다. 예를 들어, 화장장이나 발전소 같은 시설은 꼭 필요하지만, 그것이 내가 거주하는 지역에 설치된다면 땅값이 하락하는 등 불이익을 받기 때문에 반대하는 경우입니다. 이렇듯 '님비 현상'은 개인 이기주의와 지역 이기주의를 뜻하는 말입니다. 이와 같이 사람들은 공공의 이익보다는 나에게 이익이 되느냐를 고려해서 찬성하거나 반대하는 경우가 많습니다.

2018년, 대구 지역에서 일어난 가슴 아픈 사연이 뉴스와 신문 기사를 통해 전해진 적이 있습니다. 대구시에서 다세대 주택을 매입해 장애인들이 자립해서 살아갈 수 있는 '자립생활주택'을 마련하고 입주를 추진 중이었습니다. 그런데 해당 지역 주민들이 그 소식을 듣고 출입구를 봉쇄한 채 연판장을 돌리며 결사반대를 했습니다. 주민들에게 반대하는 이유를 묻자 '집값이 떨어진다, 자녀들에게 보여 주기 싫다, 함께 생활하기가 불안하다'라고 대답했습니다. 또 2017년에는 서울 강서구에서 열린 '강서지역 공립 특수학교를 신설하기 위한 주민 토론회'에서 지역 주민의 완강한 반대 앞에 장애 아이를 둔 부모들이 무릎을 꿇고 고개를 숙이며 눈물을 흘리는 모습이 보도되기도 했습니다. 기사 중 이런 내용이 있었습니다. 한 학부모가 무릎을 꿇고 "여러분들도 부모이고 저도 부모입니다. 단지 장애가 있다는 이유 하나만으로 아이들이 학교에 다닐 수 없어선 안 됩니다. 여러분들이 저에게 모욕을 주셔도 괜찮습니다. 저를 때리셔도 맞겠습니다. 제발 아이들을 위하여 학교를 짓게 해 주십시오"라고 말했다는 것입니다.

이러한 소식들을 접하면서 안타까운 마음이 드는 것은, 그 현장에 그리스도인들 역시 있었을 것이라는 생각 때문입니다. 대구의 다세대 주택에도, 서울의 토론회 현장에도 과연 그리스도인이 한 사람도 없었을까 하는 의문에 가슴이 아픈 것입니다. 그리스도인들은 소외되고 가난하고 연약한 이웃들을 위해 희생하고, 그들과 아픔을 함께해야 합니다. 그러나 이 시대에는 예수님을 믿는 그리스도인조차도 이기주의와 개인주의 속에서 사랑을 실천하거나 긍휼을 베풀면서 살아가지 못하고 있습니다. 그 이유는, 우리가 예수님의 발자취를 따라가는 것이 아니라 그저 종교인으로 살아가기 때문입니다. 우리가 주님이 원하시는 뜻이 무엇인지를 생각하며 살아간다면, 나의 조

그만 이익이나 불이익 때문에 고통 받는 이웃을 외면할 수는 없게 됩니다. 야고보서 2장 15-16절은 "만일 형제나 자매가 헐벗고 일용할 양식이 없는데 너희 중에 누구든지 그에게 이르되 평안히 가라, 덥게 하라, 배부르게 하라 하며 그 몸에 쓸 것을 주지 아니하면 무슨 유익이 있으리요"라고 말씀합니다. 말로는 '사랑합니다, 축복합니다'라고 하면서도 정작 필요할 때 도움이 되지 못한다면 아무런 소용이 없다는 것입니다.

본문인 누가복음 10장 30-37절은 유명한 '선한 사마리아 사람의 비유'입니다. 이 비유를 통해서 예수님은 강도 만난 자의 진정한 이웃이 누구인가를 말씀하고 계십니다.

어느 날 한 율법 교사가 예수님에게 "내가 무엇을 하여야 영생을 얻으리이까"(눅 10:25)라고 묻습니다. 이 질문은 정말 그 대답을 듣고 싶어서가 아니라, 예수님을 시험해서 꼬투리를 잡으려고 던진 것이었습니다. 주님은 그 율법 교사에게 "율법에 무엇이라 기록되었으며 네가 어떻게 읽느냐"(눅 10:26)고 되물으십니다. 율법 교사는 "하나님을 사랑하고 또한 네 이웃을 네 자신같이 사랑하라 하였나이다"(눅 10:27)라고 대답합니다. 그때 예수님은 "네 대답이 옳도다 이를 행하라 그러면 살리라"(눅 10:28)라고 말씀하셨습니다. 이 말씀 속에는 하나님 말씀을 머리로는 알면서도 삶에서는 행하지 않는 것에 대한 안타까운 마음이 들어 있습니다. 율법 교사가 다시 "그러면 내 이웃이 누구니이까"(눅 10:29)라고 질문하자 예수님은 선한 사마리아 사람의 비유를 말씀하십니다.

선한 사마리아 사람의 비유는 이렇습니다. 어떤 사람이 예루살렘에서 여리고로 내려가고 있습니다. 예루살렘은 해발 750미터에 자리 잡고 있습니다. 그러나 여리고는 해수면보다 아래인 해저 250미터 위치입니다. 즉, 예루살렘에서 여리고까지는 약 1,000미터의 고도 차이가 나는 것입니다. 두 도시 사이의 거리는 28킬로미터 정도밖에 되지 않습니다. 28킬로미터라는 짧은 거리를 이동하는데 고도가 1,000미터 차이가 난다는 것은 예루살렘에서 여리고로 향하는 길이 굉장히 험하다는 것을 알려 줍니다. 그런데 엎친 데 덮친 격으로이 사람이 강도를 만납니다. 성경에 보면 강도 한 사람이 아니라 강도떼를 만난 것으로 표현되어 있습니다. 한 사람에게 강도떼가 덤벼들어서 금품을 약탈하고, 때려서 거의 죽을 지경으로 만들어 놓은 것입니다. 이 사람은 인생에서 죽음 직전에 와 있는 절체절명의 순간을 맞이한 것입니다.

이때 마침 한 제사장이 그 길로 내려갑니다. 하지만 이 상황을 보고 오히려 피해서 지나갑니다. 다음으로는 레위인이 지나칩니다. 그러나 레위인 역시 고통 받는 사람을 외면하며 지나갑니다. 주님은 비유를 통해서 제사장과 레위인과 같은 형식적인 종교인의 삶을 책망하고 계십니다. 마지막으로 어떤 사마리아 사람이 여행하는 중 이사람을 발견합니다. 사마리아 사람은 이방인들과 혼혈이 되었다는 이유로 유대인들에게는 짐승보다 못한 취급을 받고 있었습니다. 그런데 오히려 사마리아 사람은 강도 만난 사람을 불쌍히 여깁니다. 제사장과 레위인이 해야 할 일을 그들이 업신여기는 사마리아 사람이 하는 것입니다. 강도 만난 사람을 포도주와 기름을 부어 치료합니다. 자기 짐승에 태워 주막으로 데리고 갑니다. 그리고 이튿날 주인에게 돈을 주며 이 사람을 돌보아 주라고 부탁합니다. 만약 비용이 더 들면 돌아올 때 갚겠다는 약속까지 합니다. 즉, 선한 사마리아 사람은 다음 날까지 강도 만난 사람을 정성껏 간호한 것입니다. 주막을 떠나면서도 끝까지 책임을 다하고 있습니다.

비유를 마치신 후 예수님은 율법 교사에게 "네 생각에는 이 세 사람 중에 누가 강도 만난 자의 이웃이 되겠느냐"(눅 10:36)고 질문하십니다. 율법 교사는 "자비를 베푼 자니이다"(눅 10:37)라고 대답합니다. 율법 교사는 예수님의 비유를 듣고 자존심이 많이 상한 모습입니다. 예수님을 시험하려고 질문했는데 오히려 자신들이 책망을 당한 것입니다. 자신들이 업신여기는 사마리아인이 오히려 하나님이 원하시는 진정한 이웃이라고 말씀하시는 예수님이 기분 나쁜 것입니다. 그래서 그저 '자비를 베푼 자'라고만 대답합니다.

오늘날 성도들 역시 진정한 이웃이 누구인지에 대해 깊이 고민해야 합니다. 이 땅에는 수많은 그리스도인이 살아가고 있습니다. 그러나 각양각색의 그리스도인들은 하나님의 기준에서 세 부류로 나뉩니다. 첫 번째 부류는 '있어서는 안 될 사람'입니다. 이는 바로 강도와 같은 사람입니다. 다른 사람을 칼로 찔러 육체에 상처를 주는 것뿐 아니라 마음에 아픔을 주고 다른 사람을 괴롭게 하는 사람이 바로 이 부류에 속합니다.

두 번째 부류는 제사장과 레위인처럼 '있으나 마나 한 사람'입니다. 당시 제사장과 레위인은 다른 사람을 가르치는 위치였습니다. 일반 백성보다 성경 연구도 많이 했습니다. 사회적으로는 지도층에 속해 있었습니다. 그러면서도 실제 삶 속에서 고난을 당한 이웃들에게는 있으나 마나 한 사람이었던 것입니다. 이들은 예수님이 가장 마음 아파하시는 부류의 사람들입니다. 오늘날로 말하면 목회자나 중직자들이 이렇게 될 수 있습니다. 지식으로는 알지만 실제 삶 속에서는 행하지 않는 사람들을 책망하고 계시는 것입니다.

세 번째 부류는 선한 사마리아인과 같이 '꼭 필요한 사람'입니다. 선한 사마리아 사람에게는 강도 만난 사람을 도와줄 의무가 없습니다. 자기에게 어떤 유익이 되는 것도 아닙니다. 그럼에도 그는 하나님의 자녀가 해야 할 일은 무엇인지, 구원받은 성도는 어떻게 살아가야 하는지를 삶으로 보여 주는 사람이었습니다.

이처럼 본문을 통해서 우리는 이 시대에 그리스도인들이 어떻게 살아가야 하는지에 대한 예수님의 뜻을 깨달을 수 있게 됩니다.

도움이 필요한 이웃은 누구인가

본문에서 예수님에게 질문한 율법 교사는 율법을 모르는 사람이 아닙니다. 예수님이 물으셨을 때 자기 입으로 정답을 이야기합니다. 하지만 율법은 알아도 정작 자신의 이웃이 누구인지는 알지 못합니다. 그래서 예수님에게 "그러면 내 이웃이 누구니이까"(눅 10:29)라고 묻고 있는 것입니다.

첫째, 강도 만난 사람이 우리의 이웃입니다. 오늘날 우리 주위에는 고통 받고 있는 이웃이 있습니다. 그리스도인은 그들을 결코 외면해서는 안 됩니다. 둘째, 더 나아가 원수까지도 우리의 이웃입니다. 본문에 나오는 선한 사마리아인과 강도 만난 사람인 유대인은 어떻게 보면 서로 원수지간입니다.

사마리아와 유대에는 역사적인 배경이 있습니다. 역사적으로 이스라엘은 바벨론과 앗수르라는 강대국에 의해서 멸망당했습니다. 그런데 바벨론과 앗수르는 멸망시킨 나라의 포로에 대한 정책이 달랐습니다. 남쪽 유다를 멸망시킨 바벨론은 뛰어난 유대인들을 바벨론으로 데려가 최고의 대접을 하면서 철저하게 바벨론 교육을 시킨 후에 유대인들이 바벨론화되게 했습니다. 구약의 다니엘이 대표적인 예입니다. 하지만 앗수르는 다릅니다. 유대인들을 멸망시키기 위해 혼혈 정책을 사용했습니다. 앗수르인들이 사마리아 지역에 와서 이스라엘 여인들과 혼혈 자녀들을 낳아 민족을 동화시키는 방법이었습니다. 사마리아인들은 스스로가 원해서 혼혈 민족이 된 것이 아니었습니다. 오히려 민족의 아픈 역사입니다. 그런데도 유대인들은 사마리아인들이 혼혈이라는 이유만으로 이방인보다 더 부정하게 취급했습니다. 서로 접촉하지 않았습니다. 온갖 박해를 하며 짐승보다도 못한 대우를 했습니다. 하지만 예수님은 바로 그 사마리아인이 고통 받는 사람의 진정한 이웃이며, 진정으로 영생을 얻은 구원받은 백성의 모습이라고 말씀하셨습니다.

유대인에게 사마리아인이 원수라는 것은 거꾸로 사마리아인에게도 유대인은 원수 같은 존재라는 것입니다. 본문에 등장하는 사마리아 사람에게 있어 강도 만난 유대인은 원수입니다. 하지만 자신이 유대인들에게 짐승만도 못한 대접을 받았음에도 그를 치료하고, 나귀에 태우고, 자기의 시간과 돈을 들여 가며 보살펴 줍니다.

이처럼 고통 받는 이웃과 심지어 원수까지도 이웃으로 여기며 사랑하라는 것이 예수님의 뜻입니다. 예수님도 이 땅에서 세리와 창녀같이 사람들에게 멸시와 천대를 받는 사람들을 찾아가셨습니다. 병사, 귀신 들린 자, 앞 못 보는 자와 듣지 못하는 자 등 질병의 고통 속에 있는 자들의 진정한 이웃이 되어 주셨습니다. 주님은 버림받고 소외당한 사람들을 친히 찾아가 행동으로 사랑을 보여 주셨습니다.

이렇게 사랑과 긍휼이 많으신 주님이 왜 바리새인과 서기관 및 사두개인들을 향해서는 '독사의 자식들'이라는 거친 표현을 사용하셨을까요? 그 이유는, 그들이 지도자의 위치에 있음에도 하나님의 말씀대로 살지 않았기 때문입니다. 오히려 '회칠한 무덤'이라는 예수님의 표현처럼 겉으로는 말씀대로 사는 척하지만 속으로는 자신의 이익만을 챙기는 것이 그들의 모습이었습니다.

우리는 아는 것이 문제가 아니라, 아는 것을 삶 속에서 행하는 것이 중요합니다. 과연 하나님은 우리가 어떻게 살아가기 원하시는지를 묵상하며 살아가야 하는 것입니다. 마태복음 5장 44절은 "너희 원수를 사랑하며 너희를 박해하는 자를 위하여 기도하라"고 말씀합니다. 로마서 12장 20절에도 "네 원수가 주리거든 먹이고 목마르거든 마시게 하라"고 기록되어 있습니다. 말씀은 잘 알고 있지만 이것이 삶 속에서 나타나지 않는 것이 문제입니다.

토니 캠폴로의 《회복》이라는 책에는 이런 구절이 있습니다. "하나님은 나만 부르신 것 같았는데, 그것이 아니었다. 하나님은 우리를 공동체로 부르셨다. 모두 함께 성장하고 자라도록 서로를 연결해 놓으셨다. 나의 이웃의 성장이 곧 나의 성장이고, 이웃의 아픔이 나의 아픔이 될 때 그것이 바로 하나님께서 원하시는 삶이다."

우리가 도와야 할 이웃은 고통 받는 사람과 원수를 포함한 모든 사람이라는 것이 예수님의 가르침입니다.

선한 사마리아인은 어떤 사람인가

그렇다면 선한 사마리아인은 어떤 사람일까요? 첫째, 그는 편견을 극복하고 다른 사람의 생명을 소중하게 여기는 사람이었습니다. 자신이 돕고 있는 강도 만난 사람은 그동안 자신들을 박해했던 유대인입니다. 자신들에게는 원수와도 같은 존재입니다. 하지만 선한 사마리아 사람에게는 단지 죽음의 고통 속에 놓인 사람일 뿐이었습니다. 그에게는 이웃의 민족이 중요하지 않았습니다. 사회적인 지위와 재산, 자신에게 이익이 되는가도 따지지 않았습니다. 그저 사람의 생명을 살리고자 한 것입니다. 그리스도인의 시선도 이와 같아야 합니다. 출신이 어디인지, 지위가 무엇인지, 나에게 이익이 되는지 안 되는지를 따지기보다는 고통 받는 사람의 심정과 그 사람의 생명을 바라보는 시선이 필요합니다.

한국 교회도 생명 존중과 이웃을 향한 사랑을 실천하는 면에서는 반성할 필요가 있습니다. 교회의 크기나 건물을 자랑하는 것보다는 고통 받는 이웃과 소외된 사람들에게 예수님의 사랑을 나누고 있느냐가 중요합니다. 헌혈도 앞장서서 하고, 장기 기증도 그리스도인부터 활발하게 이루어져야 합니다. 이 세상에서 하나님이 주신 생명을 다하면, 우리 영혼은 천국에서 영광을 누립니다. 육신 또한 완전히 사라지는 것이 아닙니다. 예수님이 재림하시는 날 가장 신령한 모습으로 부활하게 됩니다. 이런 측면에서 본다면 그리스도인만이 자신의 육신을 희생해서 이웃을 돕는 일이 가능한 것입니다.

둘째, 그는 다른 사람을 긍휼히 여기는 사람이었습니다. "어떤 사마리아 사람은 여행하는 중 거기 이르러 그를 보고 불쌍히 여겨"(눅 10:33). 죄인인 우리가 하나님의 자녀가 될 수 있게 된 이유는 하나님이 우리를 긍휼히 여겨 주셨기 때문입니다. 하나님이 우리를 불쌍히 여겨 주셨기 때문에 우리가 함께 하나님에게 예배드릴 수 있는 것입니다. 마태복음 5장 7절은 "긍휼히 여기는 자는 복이 있나니 그들이 긍휼히 여김을 받을 것임이요"라고 말씀합니다.

헨리 나우웬이 한 정치가에게 '긍휼'이 무엇인지에 대해 물었습니다. 그러자 정치가는 '긍휼은 마치 연필 끝에 달린 조그마한 지우개와 같다'고 대답했습니다. 그 이유는, 경쟁이 치열한 세상 속에서 긍휼은 어떤 문제나 실수가 생길 때만 필요한 영역이라는 것입니다. 평소에는 지우개가 있는지 없는지 잘 모르듯이, 긍휼은 일상생활에서는 그다지 필요 없는 것이라는 대답이었습니다. 그러나 세상 사람들과 달리 항상 긍휼의 마음으로 살아가는 것이 그리스도인이어야 합니다. 문제가 있을 때만 긍휼을 베푸는 것이 아니라, 날마다 이웃들에게 긍휼을 베푸는 삶을 살아야 한다는 것입니다.

긍휼의 사전적 의미는 "남을 불쌍히 여겨 돌보아 줌"(국립국어원 표준국어대사전)입니다. 즉, 이웃의 아픔에 공감하는 것입니다. 이웃의 아픔을 함께하며 그 아픔을 덜어 주려고 하는 것이 긍휼입니다. 본문

33절은 선한 사마리아 사람이 강도 만난 사람을 '불쌍히 여겼다'고 말씀합니다. 불쌍히 여기는 것은 누구나 할 수 있습니다. 예수님이 원하시는 것은 불쌍히 여기는 것에서 더 나아가 긍휼이 삶에서 행동으로 나타나는 것입니다.

선한 사마리아 사람은 강도 만난 사람에게로 가까이 다가가 그 상처에 기름과 포도주를 부어 치료해 주었습니다. 그리고 그를 자기 짐승에 태워 주막으로 향한 뒤 자신의 시간과 돈을 희생하며 정성껏 돌보아 주었습니다. 35절에 보면 그가 주막 주인에게 '데나리온 둘'을 주었다고 말씀합니다. 보통 노동자의 하루 품삯이 한 데나리온이었습니다. 그러니 자신의 이틀 치 품삯을 치료비로 내어 준 것입니다. 당시 가난한 사람은 하루 생활비로 10분의 1데나리온을 썼다고 하니, 이렇게 따진다면 최소한 20일 정도는 생활할 수 있는 거금을 강도 만난 자의 치료비로 사용한 것입니다. 그리고 비용이 더 들면 돌아올 때 갚겠다고까지 이야기합니다.

본문을 헬라어 원문으로 살펴보면 가장 많이 나오는 단어가 '내가'라는 뜻의 '에고'입니다. 세상 사람들은 자기를 드러낼 때, 자신을 자랑할 때 '내가'라는 말을 자주 씁니다. 이것은 교만한 모습으로 잘못된 것입니다. 하지만 선한 사마리아 사람은 섬김과 희생에 있어서 모든 일에 '내가'라고 이야기합니다. '내가' 불쌍히 여기고, '내가' 가까이 다가가고, '내가' 상처를 싸매어 주고, '내가' 짐승에 태워 주막으로 데리고 갑니다. 모두 '내가' 희생하고 섬기는 모습입니다. 이처럼 그리스도인은 이웃을 불쌍히 여기고 긍휼을 베풀 때는 세상 사람들과 달리 '내가' 먼저 희생하는 것이 필요합니다.

토니 캠폴로의 《하나님 나라는 파티입니다》(이레서원 역간)라는 독특한 제목의 책이 있습니다. 그는 서문에서 이 책을 쓰게 된 이유를 이렇게 말합니다. 하와이로 휴가를 떠난 어느 날 밤, 그는 한 식당에 들어갔습니다. 식당 안에는 술집 여인들이 모여 있었습니다. 그중 아그네스라는 한 여인이 쓸쓸한 목소리로 내일이 자신의 생일이라고 동료들에게 말합니다. 그러자 주변에 있던 동료들이 구박하기 시작합니다. 너를 위해 생일 케이크를 준비하고 축하 노래라도 부르라는 말이냐며, 네 주제에 무슨 생일 대접을 받으려 하냐고 비아냥거립니다. 참다못한 아그네스도 화를 내며 큰 소리로 싸우기 시작합니다. 사람들은 이들이 싸우는 것을 보고 인상을 찌푸렸지만, 토니 캠폴로는 생일 한번 제대로 챙겨 받지 못한 여인을 불쌍히 여깁니다.

다음 날, 그는 식당 주인을 찾아가 모든 경비는 자신이 지불하겠다며 아그네스의 생일 파티를 할 수 있도록 부탁합니다. 그러고는 인근의 사람들을 불러 모아 아그네스가 식당 안으로 들어오자 다 같이 생일 축하 노래를 불러 줍니다. 아그네스에게 촛불을 끄고 케이크를 자르라고 환호성을 칩니다. 그때 아그네스는 울면서 이렇게 말합니다. "나 같은 사람을 이렇게 소중하게 생각해 주는 사람이 있을지 몰랐어요. 이 케이크는 미안하지만 집에 가져가서 보관하고 싶어요." 그 이야기를 들은 토니 캠폴로는 아그네스를 포함한 함께한 모든 사람을 위해 기도해 주었고, 서로 교제를 나누었습니다. 그는 마지막에 이렇게 고백합니다. "그날 밤, 가장 교회 같지 않은 곳에서 가장 경건한 기도가 드려졌다. 이처럼 하나님은 우리가 교회 안에서 머물기를 원치 않으시며, 우리 삶의 현장이 교회가 되기를 원하신다. 하나님의 뜻은 내가 있는 곳에 하나님의 사랑이 전해짐으로, 그곳이 거룩한 곳이 되는 것이다."

누가복음 6장 35절은 "오직 너희는 원수를 사랑하고 선대하며 아무 것도 바라지 말고 꾸어 주라 그리하면 너희 상이 클 것이요 또 지극히 높으신 이의 아들이 되리니 그는 은혜를 모르는 자와 악한 자에게도 인자하시니라"라고 말씀합니다. '긍휼'은 영어로 컴패션(compassion)입니다. 여기서 com은 '함께'라는 뜻이고 passion은 '고통'이라는 의미입니다. 즉, 긍휼이라는 것은 '고통을 함께하는 것'이라는 뜻입니다. 진재혁 목사의 《일상 영성의 힘》(두란노)이라는 책에 보면 '긍휼을 어떻게 베풀 것인가'에 대해서 이렇게 쓰고 있습니다. "우리가 이웃들에게 긍휼을 베푸는 방법, 첫 번째는 함께하는 것이고, 두 번째는 그들을 위하여 기도하는 것이고, 세 번째는 돌봐 주는 것이다." 이러한 점에서 우리는 선한 사마리아 사람이 보여 준 사랑이 마치 예수님의 사랑과 닮아 있다는 것을 깨닫게 됩니다. 맥스 루케이도는 《예수님처럼》(복있는사람 역간)이란 책에서 이렇게 말합니다. "우리는 예수님을 따라갈 수는 없지만, 최소한 그분의 흉내를 내며 살아가야 합니다. 왜냐하면 우리는 예수님의 긍휼하심으로 생명을 구원받았기 때문입니다."

스페인의 위대한 철학자 미구엘 데 우나무노(Miguel de Unamuno)는 "없어서는 안 될 사람이 되는 것, 그것이 바로 모든 그리스도인들의 의무"라고 말합니다. 강도는 '있어서는 안 될 사람'이었습니다. 제사장과 레위인은 '있으나 마나 한 사람'이었습니다. 오직 선한 사마리아 사람만이 '꼭 필요한 사람', '없어서는 안 될 사람'이었습니다.

더 나아가 본문은 우리에게 세 가지 질문을 던지고 있습니다. 첫째, 예수님은 선한 사마리아 사람의 비유를 통해 우리에게 누구를 사랑하라고 말씀하셨는가? 정답은 '모든 사람'입니다. 예수님은 우리가 모든 사람을 사랑하기를 원하십니다. 예수님은 이 땅에서 세리, 창녀, 병자, 아이들, 이방인, 죄인, 가난한 자들, 심지어 예수님을 십자가에 못 박은 사람까지도 사랑하고 용서하셨습니다.

둘째, 예수님은 어떻게 사랑하셨는가? 정답은 '의도적으로 사랑하셨다'입니다. 예수님은 우리를 당신의 감정에 맞춰서 사랑하지 않으셨습니다. 예수님은 요한복음 4장의 수가 성 여인에게 의도적으로 찾아가셨습니다. 의도를 가지고 질문하셨습니다. 그리고 그 여인을 회복시켜 주셨습니다. 주님은 우리에게도 의도를 가지고 찾아오셨습니다. 어쩌다 보니 찾아와 우연히 사랑해 주신 것이 아닙니다. 주님은 분명한 의도를 가지고 찾아와 사랑하며, 회복시켜 주십니다. 마찬가지로 우리도 주변 이웃들에게 의도를 가지고 사랑을 나누어 주어야 합니다.

셋째, 예수님은 얼마만큼 사랑하셨는가? 정답은 '충분하게 사랑하셨다'입니다. 본문에 나오는 선한 사마리아인은 강도 만난 사람을 넘치도록, 충분하게 사랑해 주었습니다. 강도 만난 사람을 치료해 주고, 주막으로 데려가 주고, 돈을 지불해 주고, 돌아올 때 모자람이 있다면 자신이 주겠다고 약속까지 합니다. 이것이 충분하게 사랑하는 모습입니다. 에메트 폭스(Emmett Fox)는 이렇게 말합니다. "충분한 사랑이 정복할 수 없는 어려움은 없습니다. 충분한 사랑이 치료할 수 없는 병도 없습니다. 충분한 사랑이 무너뜨릴 수 없는 벽도 없습니다. 앞날이 얼마나 절망적으로 보이는지도, 매듭이 얼마나 단단한지도, 저지른 실수가 얼마나 엄청난 것인지도 문제가 되지 않습니다. 충분히 사랑할 수만 있다면, 당신은 이 세상에서 제일 행복하고 강한 사람이 될 수 있습니다."

예수님은 우리가 이웃에게 이러한 충분한 사랑을 전하기를 원하십니다. 2천 년이 지난 지금도 주님은 똑같은 질문을 던지십니다. '누가 강도 만난 자의 이웃이 되겠느냐?' 그리고 말씀하십니다. '가서 너도 이와 같이 하라.'